福建省新质生产力发展研究

华福证券福建研究院　编著

海峡出版发行集团 THE STRAITS PUBLISHING & DISTRIBUTING GROUP | 福建人民出版社 FUJIAN PEOPLE'S PUBLISHING HOUSE

图书在版编目（CIP）数据

福建省新质生产力发展研究 / 华福证券福建研究院编著.
福州：福建人民出版社, 2024. 8. -- ISBN 978-7-211-09470-7

Ⅰ. F120.2

中国国家版本馆CIP数据核字第20246H1B16号

福建省新质生产力发展研究

FUJIAN SHENG XINZHI SHENGCHANLI FAZHAN YANJIU

作　　者： 华福证券福建研究院
责任编辑： 林诗鸿
美术编辑： 林　玲
责任校对： 陈　璟
出版发行： 福建人民出版社
电　　话： 0591-87604366（发行部）
电子邮箱： fjpph7211@126.com
邮　　编： 350001
网　　址： http:www.fjpph.com
地　　址： 福州市东水路76号
经　　销： 福建新华发行（集团）有限责任公司
印　　刷： 福建新华联合印务集团有限公司
地　　址： 福州市晋安区福兴大道42号
电　　话： 0591-88208420
开　　本： 787毫米 × 1092毫米　1/16
印　　张： 17.5
字　　数： 220千字
版　　次： 2024年8月第1版
印　　次： 2024年8月第1次印刷
书　　号： ISBN 978-7-211-09470-7
定　　价： 128.00元

序

助力“新质生产力”，做好“五篇大文章”

苏军良

一、新质生产力是新时代经济发展的新答案

2023年9月，习近平总书记在东北考察时，首次提出了“新质生产力”这一重要理念。不同于马克思提出的“精神生产力”“自然生产力”“科学生产力”等概念，新质生产力强调的并不是某种单一的生产要素，而是要突出其中新生产要素对旧生产要素的全面超越，是以新技术、新经济、新业态为主要内涵的先进生产力。

所谓“新质”，强调的是为了超越传统生产力，为了实现关键性、颠覆性的技术突破，所必须努力尝试的各类创新。而“生产力”又再次强调了务实精神，我们要追求的创新不是空中楼阁，而是要能够落地生根，扎实促进经济发展的务实创新。新质生产力的本质是创新，根基是生产，这是对马克思主义生产力理论的创新和发展，是生产力现代化的具体体现。

当下，我国社会人口老龄化趋势明显，随着人口红利消退，我国的劳动力竞争优势将难以为继。与此同时，近年来以生成式人工智能、人形机器人为代表的新技术不断取得突破，新质生产力在全球范围内不断涌现。利用人工智能、人形机器人等新技术来应对我国即将面临的人口老龄化带来的挑战可谓恰逢其时。随着我国不断攀登“科技树”，在科技创新和经济发展共同推动下，我们现阶段具备了发展新质生产力的客观条件。与传

统生产力相比，新质生产力的技术水平更高、质量更好、效率更快、可持续性更强，是实现经济高质量发展的必然选择，也是提升国际竞争力、实现可持续发展的必经之路。在这个时候提出“新质生产力”这一理念，不仅是对过去成绩的认可，也是对未来发展的期待。

二、发展新质生产力是福建省新时代的新机遇

改革开放以来，福建省在经济建设方面取得了巨大成就，然而近年来经济发展受到传统产业束缚，其中一些行业逐渐显露“大而不优”的迹象。对此，省委、省政府高度重视，在多次经济会议中强调，要认真学习“新质生产力”这一理念，明确以“科技创新推动产业创新”，以“前沿技术催生新产业、新模式、新动能”的发展路径。要抓住本次新技术浪潮，要在以人工智能、机器人、低空飞行等新兴技术为代表的具有战略意义的未来产业上加速布局，尽快完成产业转型升级。

福建省各地资源禀赋、产业基础、发展重点不同，因地制宜发展产业是培养新质生产力的关键。2023年12月召开的全省新型工业化推进大会强调，改造升级传统产业，积极培育新产业新赛道。省政府工作报告也指出，培育壮大新一代信息技术、新能源、新材料、生物医药、低空经济等战略性新兴产业，支持宁德建设新能源新材料产业核心区；前瞻布局人工智能、量子科技、氢能等未来产业，推进福州、厦门、泉州人工智能产业园建设。可见省政府充分考虑到了福建省传统制造产业体量大的实际情况和新兴产业发展的现状，因地制宜地制定了未来产业的发展方向。相信随着省内各级各部门深入贯彻落实中央决策部署，并狠抓落实省委、省政府的工作要求，福建省的新质生产力必将加快形成，为全省产业高质量发展注入新动能。雄关漫道真如铁，而今迈步从头越！

《福建省新质生产力发展研究》编委会

特别鸣谢（排名不分先后）：

邓　伟　谢丽媛　王保庆　张　俊　戴永波　李　骥　杨　钟

钱劲宇　李宏鹏等华福证券研究所分析师

三、做好“五篇大文章”，华福在行动

在2023年底举行的中央金融工作会议上，国务院提出要加快建设金融强国，做好科技金融、绿色金融、普惠金融、养老金融、数字金融“五篇大文章”。“五篇大文章”充分体现了以人民为中心的价值取向和金融服务实体经济的基本宗旨，明确了未来金融业在经济结构优化过程中的五个重要发力点。

一分部署，九分落实。“五篇大文章”各有侧重，为推进金融高质量发展擘画出了一个现代金融体系的多维度途径。华福证券作为省属国有金融企业，充分践行金融工作的政治性、人民性。在“四点一面”的战略方向下，我们积极协同投研、投行、投资，倾力做好“五篇大文章”。

科技金融方面，华福证券不仅通过投行与投资业务持续聚焦先进制造、数字与科技、新能源等重点科技领域，发行了上海证券交易所首单公募创新创业公司债券，公司还积极尝试新科技，2024年面向全体员工推出了基于生成式人工智能技术研发的智能员工助手，极大地提高员工的工作效率。

绿色金融方面，华福证券制定了《华福证券2023年绿色金融业务规划方案》，在组织架构、制度体系、考核激励等顶层设计上不断完善，2023年合计承销绿色债券28.4亿元，完成绿色债券及股权投资35.7亿元。

普惠金融方面，华福证券持续运用承销保荐、并购重组、投资融资、财务顾问等手段，为中小企业规范公司治理、改善融资状况提供专业服务，当前持续督导新三板企业数十家，并已签约多笔北交所IPO项目。

养老金融方面，华福证券持续加强对养老产业的服务及研究，覆盖康养服务、旅居养老、医养结合、老年教育等养老产业相关领域。子公司兴

银基金正在积极研发养老基金产品，推进资管业务与养老金融的深度融合，为社会大众的养老需求提供差异化产品和优质服务，助力多层次、多支柱的养老保障体系建设。

数字金融方面，华福证券坚持从“企业级、标准化”出发完善顶层设计和夯实科技底座，不断强化数智赋能，实现数据驱动、智能运营。近期华福证券正推进“华福大脑”的建设，基于数字算力，结合先进算法，提升业务能力，最终实现以数字赋能金融，以创新驱动变革的目的。

华福证券做好“五篇大文章”，既是服务国家战略的使命要求，也是服务福建新时代民营经济强省战略和高质量发展的责任担当，对此我们责无旁贷，必须全力以赴，在向金融强国迈进的新征程中展现华福风采。

四、助力“新质生产力”，中华有福

当今世界正处在百年未有之大变局，时代的大江大河与华福自身的发展进程在此交汇。“双循环”战略格局下，我国国民经济结构调整颇大，资本市场深化改革持续，金融行业也将迈入全新发展阶段。华福证券作为省属国有金融企业，坚定推进“深耕福建、服务福建”经营战略，并于2023年成立福建业务总部党支部，引领福建省内各子公司、分公司、投行、研究等协同合作，形成合力，服务福建实体经济，助力我省产业转型升级。

同时华福证券紧跟省内发展“新质生产力”的步伐，持续发力省内新质生产力研究。2023年10月，华福证券福建研究院正式成立，以服务福建经济高质量发展为使命，通过专业的宏观、产业、企业研究服务，助力福建高质量发展，展现金融机构的“新质生产力”。去年，福建研究院围绕“五篇大文章”深入开展省内新质生产力研究，目前已调研省内优秀企业超过100家，完成各类报告近百篇，这本即将发布的《福建省新质生产力发展研究》，正是福建研究院研究成果的集中展现。

作为系列丛书首部，本书对福建省各地市过去十年（2012—2022年）取得的经济文化成就、新质生产力成果进行了完整梳理，试图通过区域分析，为读者勾勒出在过去十年中福建省经济发展的亮点。同时本书还在第二部分重点介绍了11家福建省各行业领军企业在新时代里取得的“新突破”和“新成绩”，并与企业一起探索未来发展的“新机遇”。这11家企业覆盖新能源、新材料、先进制造、电子信息等战略性新兴产业，以及福建省的优势重点产业，以求开启福建省“新质生产力”领域研究的大幕，抛砖引玉，助力福建省经济迈上新的台阶。

（福建省金融投资有限责任公司党委委员、副总经理，
华福证券有限责任公司党委书记、董事长）

目录

Contents

第一部分　新质生产力在福建　1

第一章　福建省发展总览　3

一、福建省历史文化、政治经济概览　3

二、经济视角看福建省的过去十年　5

三、福建省 100 强企业　10

第二章　福州市发展总览　13

一、福州市历史文化、政治经济概览　13

二、经济视角看福州市的过去十年　14

三、福州市重点产业分布　16

四、福州市著名企业概览　17

第三章　厦门市发展总览　20

一、厦门市历史文化、政治经济概览　20

二、经济视角看厦门市的过去十年　21

三、厦门市重点产业分布　23

四、厦门市著名企业概览　24

第四章　泉州市发展总览　27

一、泉州市历史文化、政治经济概览　27

二、经济视角看泉州市的过去十年　30

三、泉州市重点产业分布　30

四、泉州市著名企业概览　31

第五章　漳州市发展总览　34
一、漳州市历史文化、政治经济概览　34
二、经济视角看漳州市的过去十年　35
三、漳州市重点产业分布　37
四、漳州市著名企业概览　39
第六章　宁德市发展总览　41
一、宁德市历史文化、政治经济概览　41
二、经济视角看宁德市的过去十年　42
三、宁德市重点产业分布　44
四、宁德市著名企业概览　46
第七章　莆田市发展总览　48
一、莆田市历史文化、政治经济概览　48
二、经济视角看莆田市的过去十年　49
三、莆田市重点产业分布　51
四、莆田市著名企业概览　54
第八章　龙岩市发展总览　56
一、龙岩市历史文化、政治经济概览　56
二、经济视角看龙岩市的过去十年　58
三、龙岩市重点产业分布　59
四、龙岩市著名企业概览　61
第九章　三明市发展总览　63
一、三明市历史文化、政治经济概览　63
二、经济视角看三明市的过去十年　64
三、三明市重点产业分布　66
四、三明市著名企业概览　67

第十章 南平市发展总览 69
一、南平市历史文化、政治经济概览 69
二、经济视角看南平市的过去十年 71
三、南平市重点产业分布 73
四、南平市著名企业概览 74

第二部分 新质生产力在企业 77
第一章 绿色经济源动力——宁德时代 79
引言 79
一、新技术：引领极限“智造” 79
二、新时代：绿色能源革命 84
三、新机遇：高质量发展重点化 89
第二章 超越自我，永不止步——安踏体育 97
引言 97
一、新技术：鞋服制造“黑科技” 97
二、新时代：中国品牌的崛起 105
三、新机遇：世界的“安踏体育” 112
第三章 开拓创新，扬帆海外——紫金矿业 115
引言 115
一、新模式：“紫金模式” 117
二、新时代：全球收购，势在必行 122
三、新机遇：中国矿企“全球本土化” 128
第四章 守正创新，行稳致远——片仔癀 133
引言 133
一、新产品：现代化中药 134

二、新技术：中药工艺新产能　139
三、新机遇：多点开花，引领中药创新　142
第五章　透过福耀，看到未来——福耀玻璃　146
引言　146
一、新技术："一片玻璃"大有可为　147
二、新时代：汽车玻璃搭上智能制造　152
三、新机遇：拥抱新能源汽车浪潮　158
第六章　恒尽所能——恒申集团　164
引言　164
一、新技术：突破原料瓶颈，推动产业升级　165
二、新时代：绿色纺织新时代　167
三、新机遇：发展高附加值新材料　172
第七章　让沟通变得简单——亿联网络　180
引言　180
一、新技术：业务协同，视讯全套解决方案　181
二、新时代：焕发智慧办公新潮流　184
三、新机遇：深化技术核心竞争力　194
第八章　寻找数字世界"新大陆"——新大陆　199
引言　199
一、新技术：智能识别为核，加码人工智能研发　200
二、新时代：智能识别的新时代　206
三、新机遇：数字中国，数字生态　209
第九章　智慧卫浴，洁净生活——九牧卫浴　213
引言　213
一、新产品：科技卫浴，引领潮流　214

二、新时代：智能制造的时代 221
三、新机遇：进军全球卫浴高端市场 225
第十章 AI映智，美启未来——美图公司 231
引言 231
一、新技术：大模型助力数字美 231
二、新时代：AI浪潮中砥砺前行 238
三、新机遇：聚焦“生产力”和“全球化”，AI赋能 243
第十一章 数字纪元追光者——柯尔微电子 247
引言 247
一、新技术：玩转光路，多领域检测 248
二、新时代：半导体回暖，国产化正当时 252
三、新机遇：自主研发填补国内空白 257
后记：为发展新质生产力注入金融动能 260

第一部分

新质生产力在福建

第一章　福建省发展总览

一、福建省历史文化、政治经济概览

福建省下辖福州、厦门、漳州、泉州、三明、莆田、南平、龙岩、宁德等9个设区市和平潭综合实验区，下设11个县级市、31个市辖区和42个县（含金门县）。全省陆地面积12.4万平方千米，海域面积13.6万平方千米，地处中国东南沿海交通要冲，是海上丝绸之路的起点之一。[1]

福建具有悠久的历史。福建地区的人类活动历史可追溯至18.5万年前。福建在春秋时被称作闽越地，秦时设闽中郡，唐中期设福建经略使，始称福建。五代十国时期，福建先后为闽、殷、南唐、吴越各国所据，区划名称几经变迁。北宋时期，置福建路。元末曾设福建行省，又在区域内设建宁、汀州、泉州分省。明时设福州、建宁、延平、邵武、兴化、泉州、漳州、汀州八府。清代，福建区划继承明制，省下辖有福州、兴化、泉州、漳州、延平、建宁、邵武、汀州八府及福宁州。辛亥革命后，历届中央政权均置福建省。1949年8月，福建省人民政府成立。[2]

福建自然资源丰富多样。截至2023年底，福建全省森林覆盖率达65.12%[3]，居全国首位，是我国四大林区之一。福建海域辽阔，全省大陆

1　福建人民政府：《这就是福建》。

2　福建党史方志网：《建置沿革》。

3　福建省统计局：《2023年福建省国民经济和社会发展统计公报》，2024年3月14日。

海岸线3752千米，居全国第二位[1]，拥有厦门湾、福州港、湄洲湾、三都澳等众多优良港湾。全省拥有可作业的海洋渔场面积12.5万平方千米，是我国重要的渔场之一。水产品总产量居全国第二位，人均占有量全国第一。福建水力资源丰富，还蕴藏着丰富的潮汐能、风能等各种可再生资源。全省境内已探明储量的矿种有86种，其中有工业利用价值的达20多种。[2]

福建较早就开展对外经贸及文化交流。早在东汉年代，福建就开始对外往来。唐宋之后，福建成为域外文化传入中国以及中国文化传播至东南亚的重要交汇点，域外文化的传入给福建当地文化增添了色彩，得天独厚的地理位置和海域优势使福建成为世界文化交流和贸易活动的重要节点。[3]

福建红色文化底蕴深厚。福建深厚的红色文化底蕴体现在三个方面：党史事件多、红色资源多、革命前辈多。福建全省有69个老区苏区县（市、区），其中原中央苏区县（市、区）36个，老区人口占全省总人口的86%。在革命战争年代，福建共10万多人参加红军、新四军、游击队，其中参加长征3万多人，为革命牺牲6万多人。福建具有光荣的“双拥”传统，是全国唯一所有设区市连续五届获评双拥模范城（县）的省份。近年来，福建省充分发挥革命老区优势，发扬红色精神，红色文化历久弥新。

1985年6月至2002年10月，习近平同志先后在福建厦门、宁德、福州和省委、省政府担任重要职务。习近平同志福建工作期间，三进下党、七下晋江、深入基层，关心菜篮子、肉案子、米袋子，帮助群众挪穷窝、拔穷根，推行山海协作、谋划数字福建、推进国企改革、治理水土流失、保

1 福建省发展和改革委员会：《海岸线》，2022年7月14日。
2 福建党史方志网：《地理概况》。
3 吴肇光、孙璇：《提升福建特色文化在海丝沿线国家的影响力》，《福建日报》2017年7月24日。

护三坊七巷、推动两岸交流合作等，习近平同志为福建改革开放和现代化建设事业作出一系列极具前瞻性、开创性、战略性的理念创新和实践探索。福建是习近平新时代中国特色社会主义思想的孕育地和实践地。党的十八大以来，习近平总书记多次对福建工作提出了重要指示和批示。在2021年春季，习近平总书记再次亲临福建考察，为新发展阶段的新福建规划了建设蓝图，明确了发展方向。[1]

福建文化源远流长，经济持续稳定增长，福州、厦门、泉州三大中心城市正推动三个发展带的形成，促进工业、现代服务业和现代农业协同发展，展现出迈入新发展阶段的新气象。

二、经济视角看福建省的过去十年

福建省勇担发展重任，经济全面跨越，城乡一体发展，为未来打下坚实基础。2022年，福建省地区生产总值成功突破5万亿元，创新成果丰硕，战略性新兴产业蓬勃发展，制造业综合实力显著提升，新质生产力正在加速形成。数字经济、海洋经济、绿色经济、文旅经济成为新增长极。城市更新和数字城市建设推动了城市宜居化，老区苏区振兴获得突破性进展。自贸试验区推陈出新，外贸外资量稳质升，成为国际合作的前沿。

十年来，福建省综合实力显著提升，经济实现跨越式发展。全省地区生产总值从2013年的2.25万亿元增加到2022年的5.31万亿元。全省一般公共预算总收入在2022年达5382亿元。人民生活显著改善，2022年全省居民人均可支配收入达43118元。人均地区生产总值突破12万元。固定资产投资、社会消费品零售总额均迈上2万亿元台阶，出口总额突破1万亿元。基

1　求是杂志社、福建省委联合调研组：《山海聚力，福建高质量发展》，《求是》2022 年第 15 期。

础设施日臻完善，“两纵三横”综合运输通道已全面建成。厦门、福州和泉州三地被列入国家物流枢纽建设名单。水利、能源等建设实现重大突破，5G、数据中心、工业互联网平台等新型基础设施建设取得积极成效。如今的福建，经济更具实力、发展支撑有力，站在了新的历史起点上。

十年来，福建省加速释放创新动能，加快形成新质生产力。福建省积极培育新能源、新材料、先进制造、电子信息等战略性新兴产业，增强发展新动能。福建省加快创新体系建设，促进民营经济高质量发展，鼓励中小企业走“专精特新”发展道路，助力新质生产力形成。截至2022年底，福建省国家级专精特新“小巨人”企业达349家、制造业单项冠军达45家、国家级服务型制造示范企业达33家。汽车玻璃、动力电池等技术国际领先，白羽肉鸡种源打破国外垄断，大黄鱼育种技术国内领先。现代纺织服装产业突破万亿级的关键水平，电子信息“增芯强屏”步伐加快，先进装备制造迈向智能化高端化，石油化工“两基地一专区”集聚发展。

福建省新质生产力形成产业集群和规模效应，各市积极发展新产业、新模式、新动能。福州市的新型功能材料，厦门市的新型功能材料、生物医药，莆田市的新型功能材料等四个集群已纳入国家战略性新兴产业集群发展工程。省内电子信息、先进装备制造、石油化工、现代纺织服装等支柱产业做大做强。福建在产业升级和新兴领域进展显著，为未来的产业发展奠定了坚实基础。

科技创新是发展新质生产力的核心要素。福建以科技创新引领产业创新，积极培育和发展新质生产力。厦门市、漳州市以新一代信息技术为产业发展重点，超前布局若干个未来产业；福州市、泉州市打造电子信息产业，高科技驱动生产力发展；龙岩市大力发展机械装备，为制造业带来新变革。

发展新质生产力客观上就是在发展绿色生产力。福建省绿色新能源产业创新示范效应不断显现，先进光伏、储能电池等领域“卡脖子”关键核心技术攻关取得重要进展，福州市、宁德市、泉州市等地市持续壮大绿色能源产业，助力构建绿色低碳循环经济体系，培育形成宁德时代，钧石能源等一批产业领军企业。生态环境保护持续推进，绿色经济做大做强。三明市林改成果可圈可点，创新推出“林票”和林业碳票；南平市围绕武夷山国家公园做好生态保护，以绿色为底色发展新质生产力。

十年来，福建省现代服务业发展提速提效，金融实力显著提升。2022年，福建省服务业增加值占地区生产总值的比重达47%[1]；随着金融“八大工程”深入实施，福建省的存款和贷款余额均已突破7万亿元，标志着金融实力的显著提升。截至2024年1月，福建省共有境内外上市公司201家，其中境内上市公司161家。分板块看，沪市主板59家、深市主板51家、创业板41家、科创板8家、北交所2家，合计总市值突破3.3万亿元。[2]

十年来，福建省城乡加快融合发展，区域一体化建设进程提速。福建省坚持统筹兼顾，着力破解发展不平衡问题。城市更新行动滚动实施，数字城市建设加快推进，全省城镇化率达70.1%，城市更加宜居、更有韧性、更显智慧。老区苏区振兴步伐加快，闽西革命老区高质量发展示范区获批建设，居民收入增速持续高于全省平均水平，上杭成为全国百强县中唯一的原中央苏区县。在过去的十年里，福建省推动闽东北和闽西南两大协同发展区齐头并进，福州和泉州两座城市双双跨入地区生产总值万亿元级城市行列。

十年来，福建省深入推进改革开放，发展潜力空间得到新拓展。省内“放管服”、财税金融、国资国企、农村集体产权制度等领域重大改革方

1　福建省人民政府：《2023年福建省人民政府工作报告》，2023年1月20日。
2　数据来源于ifind，范围涵盖A股、港股及美股，A股以办公及注册地址均在福建为准，截至2024年1月。

案实施取得了突破性进展。在全国范围内，三明医改经验得到推广，集体林权制度改革成为全国的标杆。福建省自贸试验区利用多区叠加的政策优势，推出了百余项全国首创举措。丝路海运等标志性工程影响力不断扩大，与共建“一带一路”国家的经贸合作、人文交流更加紧密。首届中国侨商投资大会成功举办，为福建发展凝聚侨商力量。[1]

十年来，福建省聚焦高质量发展，充分发挥有效投资的关键作用。福建省坚持采取多管齐下、多措并举的策略，有力、有序、有效地推进了一系列重大项目建设。同时，省政府持续推动创新驱动发展，注重加强民生保障和社会建设，持续深化投融资体制改革，固定资产投资保持稳定增长，投资结构持续优化。福建省2022年固定资产投资总量再上新台阶，突破2万亿元；落实基础设施投资基金项目105个，总投资3113亿元。国内首批、福建首单保障性租赁住房“中金厦门安居REIT”成功上市。省级预算内投资重点投向重大基础设施、民生社会事业、数字福建等领域，支持一批重大项目加快实施。

十年来，福建省全方位高质量推进经济建设，促进新质生产力发展，确立了“四大经济”领域。福建省发展和改革委员会认真贯彻党中央、国务院的决策部署，积极响应省委、省政府的工作要求，以提高效率、提升效能、提升效益为目标，致力于发展数字经济、海洋经济、绿色经济、文旅经济四大经济。福建在全方位推进高质量发展的实践中，不断取得新的成效和突破。

在数字经济方面，福建省培育数字新质生产力，力争把握新一轮科技革命和产业变革机遇。福建省深入贯彻习近平总书记对福建工作的重要讲话和指示，以及数字中国建设峰会的要求，将数字福建作为基础性先导性

1　福建省人民政府：《2023 年福建省人民政府工作报告》，2023 年 1 月 20 日。

工程，积极推动数字经济领跑行动，成功主办了第五届数字中国建设峰会、数字经济创新发展大会等系列活动。2022年，福建省新增5G基站2.1万个，数字经济增加值达2.6万亿元，通过实施“上云用数赋智”行动，深入推进制造业数字化转型，建成了6个国家级平台、27个省级工业互联网示范平台，培育了222家标杆企业。

在海洋经济方面，福建省实施加快建设“海上福建”行动，推进海洋经济高质量发展，开展100万千瓦海上风电市场化竞争配置试点，首台（套）半潜式渔旅融合深海养殖装备“闽投1号”建成投产。2022年，全省海洋产业生产总值1.2万亿元，位居全国前列。

在绿色经济方面，福建省坚守生态优先、绿色发展的理念，发展以绿色为底色的新质生产力。福建省作为全国首个国家生态文明试验区，致力于构建绿色低碳循环发展经济体系。福建持续打好蓝天、碧水、碧海、净土保卫战，木兰溪治理、生态保护补偿等经验全国推广；深入实施绿色产业指导目录，设立绿色产业发展基金，培育壮大节能环保、清洁生产、清洁能源产业，加速传统产业绿色转型和清洁化改造。

在文旅经济方面，福建省坚持以文塑旅、以旅彰文，扎实推进生态旅游省建设，“清新福建”“全福游、有全福”品牌影响力全面提升。福建省积极围绕游客至上的主题实施文旅经济高质量发展行动计划，2022年吸引3.8亿人次的国内游客，创造了4160亿元国内旅游收入，成功举办了2.9万余场各类群众文化活动，全省新增AAAA级景区12个，露营游、乡村游、研学游、红色游、美食游成为游客新选择。[1]

1　福建省发展和改革委员会：《关于福建省2022年国民经济和社会发展计划执行情况及2023年国民经济和社会发展计划草案的报告》，《福建日报》2023年1月30日。

三、福建省 100 强企业

表1-1-1　福建省100强企业名单

安井食品集团股份有限公司	国投智能（厦门）信息股份有限公司
安踏体育用品集团有限公司	国网福建省电力有限公司
百威雪津啤酒有限公司	合力泰科技股份有限公司
宝钢德盛不锈钢有限公司	恒申控股集团有限公司
达利食品集团有限公司	九牧集团有限公司
戴尔（中国）有限公司	联盛纸业（龙海）有限公司
福建傲农生物科技集团股份有限公司	鹭燕医药股份有限公司
福建百宏聚纤科技实业有限公司	宁德时代新能源科技股份有限公司
福建奔驰汽车有限公司	青拓集团有限公司
福建晟育投资发展集团有限公司	三宝集团股份有限公司
福建大东海实业集团有限公司	三棵树涂料股份有限公司
福建福海创石油化工有限公司	三明市城市建设发展集团有限公司
福建福清核电有限公司	厦门轨道建设发展集团有限公司
福建古雷石化有限公司	厦门国贸控股集团有限公司
福建广源再生资源回收有限公司	厦门合兴包装印刷股份有限公司
福建恒安集团有限公司	厦门恒兴集团有限公司
福建建工集团有限责任公司	厦门宏发电声股份有限公司
福建金牛水泥有限公司	厦门宏发电声股份有限公司
福建龙净环保股份有限公司	厦门火炬集团有限公司
福建路港（集团）有限公司	厦门建发集团有限公司

续表

福建南平太阳电缆股份有限公司	厦门路桥工程物资有限公司
福建宁德核电有限公司	厦门市嘉晟对外贸易有限公司
福建匹克集团有限公司	厦门市明穗粮油贸易有限公司
福建三钢闽光股份有限公司	厦门市政集团有限公司
福建三木集团股份有限公司	厦门天马微电子有限公司
福建省电子信息（集团）有限责任公司	厦门钨业股份有限公司
福建省港口集团有限责任公司	厦门夏商集团有限公司
福建省华荣建设集团有限公司	厦门翔业集团有限公司
福建省金纶高纤股份有限公司	厦门象屿集团有限公司
福建省旅游发展集团有限公司	厦门鑫东森控股有限公司
福建省闽南建筑工程有限公司	厦门信和达电子有限公司
福建省能源石化集团有限责任公司	盛屯矿业集团股份有限公司
福建省汽车工业集团有限公司	特步集团有限公司
福建省冶金（控股）有限责任公司	物泊科技有限公司
福建圣农控股集团有限公司	新大陆科技集团有限公司
福建新华源科技集团有限公司	一柏集团有限公司
福建星网锐捷通讯股份有限公司	永辉超市股份有限公司
福建一建集团有限公司	永荣控股集团有限公司
福建以晴科技集团有限公司	友达光电（厦门）有限公司
福建亿力集团有限公司	中国（福建）对外贸易中心集团有限责任公司
福建友谊胶粘带集团有限公司	中国电信股份有限公司福建分公司
福建漳州城投集团有限公司	中国武夷实业股份有限公司

续表

福建长源纺织有限公司	中国移动通信集团福建有限公司
福建纵腾网络有限公司	中化泉州石化有限公司
福龙马集团股份有限公司	中建海峡建设发展有限公司
福耀玻璃工业集团股份有限公司	中建四局建设发展有限公司
福州京东方光电科技有限公司	中景石化集团有限公司
福州朴朴电子商务有限公司	中乔体育股份有限公司
冠城大通股份有限公司	中铜东南铜业有限公司
冠捷电子科技（福建）有限公司	紫金矿业集团股份有限公司

注：排名不分先后。参考福建省100强企业、100强企业品牌。

第二章　福州市发展总览

一、福州市历史文化、政治经济概览

福州，别称榕城，位于中国华东地区、福建东部、闽江下游及沿海地区，是中国东南沿海重要都市、首批对外开放的沿海开放城市、海洋经济发展示范区。福州是海上丝绸之路的门户，是中国（福建）自由贸易试验区的组成部分，也是近代中国最早开放的五个通商口岸之一。

福州历史悠久，自古以来就是福建省的政治中心。福州建城始于公元前202年，在中国古代历史上，福州曾是多个朝代的政治要地。唐开元二十一年（733年）置福建经略使，驻福州，属江南东道。五代十国时期，福州为闽国都城；南宋景炎元年（1276年），益王赵昰于福州登基，定为行都。元设路，明改路为府。明末，朱聿键即帝位，定都福州。清为府，民国为省会所在地。中华人民共和国成立后，成立福州市人民政府。[1]

福州拥有多样的地方文化。福州的民间文化表现在传统手工艺、戏曲艺术、民间音乐等方面。传统工艺品脱胎漆器、牛角梳、纸伞被称为“福州三宝”。具有1500多年历史的寿山石雕与脱胎漆器、软木画被誉为“榕城三绝”。福州的地方音乐与戏曲艺术有闽剧、评话、十番等。

1　福州市地方志编纂委员会：《建制沿革》。

福州拥有丰富的自然资源。2022年福州市境内发现各类矿产56种，包括亚矿种，优势矿产以砂、石、土、地热为主，金属矿产矿种少，福州特产寿山石自南朝时期开始被用于工艺雕刻。水资源方面，以闽江为最大水系，市区水道密布，拥有晋安河、白马河等30多条内河，水质良好。福州市管辖海域总面积8200平方千米，大陆海岸线总长达963千米，约占福建省大陆海岸线总长的26.3。沿海地区有100多个可兴建深水泊位的天然良港。福州海域内淡水养殖鱼类有120种，海洋鱼类有500余种。[1]

福州是著名的侨乡。福州籍海外乡亲达400多万人，分布在世界177个国家和地区。[2]

二、 经济视角看福州市的过去十年

过去十年是福州市崭新发展的十年，经济腾飞，产业升级的步伐不断加速。城市化和现代化建设迅速推进，产业结构优化调整，新质生产力加速形成，数字经济、海洋经济、绿色经济和文旅经济等“四大经济”蓬勃发展，为福州市注入新动能。

十年来，福州市经济增长迅速，综合实力显著提升。福州市的地区生产总值从2013年的4678.5亿元[3]增至2022年的12308.2亿元，实现了持续增长。2022年，福州市第一产业增加值为683.4亿元，同比增长3.0%；第二产业增加值为4656.9亿元，同比增长5.2%；第三产业增加值为6968.0亿元，同比增长4.0%。福州市坚持巩固加强第一产业、优化升级第二产业、积极发展第三产业，实现了产业结构的优化升级。[4]

1 福州市人民政府：《2022 年福州自然资源情况》。

2 福州市人民政府：《福州市情简介》，2021 年 11 月 12 日。

3 福州市统计局:《2013 年福州市国民经济和社会发展统计公报》,2014 年 4 月 28 日。

4 福州市统计局:《2022 年福州市国民经济和社会发展统计公报》,2023 年 3 月 25 日。

十年来，福州市立足发展新起点，经济建设不断取得新进展。1993年，时任中共福州市委书记的习近平同志倡议并主持编制了《福州市20年经济社会发展战略设想》，即“3820”战略工程，为福州市擘画了发展蓝图。“3820”战略工程收官后，福州市坚持“3820”战略工程的思想精髓，持续谋求发展，继续加快建设闽江口金三角经济圈。2015年，国务院批复同意设立福州新区，这为闽东北地区的发展释放了巨大潜能。2018年，闽东北经济协作区升级为闽东北协同发展区。福州市坚持“3820”战略工程的思想精髓，一张蓝图绘到底，加快建设现代化国际城市。[1]

十年来，福州市积极推动“四大经济”的发展，促进战略性新兴产业集群和未来产业布局形成，培育新质生产力，激活发展新动能，通过找准比较优势和未来增长点，成功将优势转变为胜势，将特色打造成品牌，致力于打造多元发展、多点支撑的现代产业新格局。[2]

数字经济方面，福州迎接数字化浪潮，发展大数据、物联网等战略性新兴产业。数字福建（长乐）产业园成为中国东南地区的大数据集聚地。马尾物联网产业基地成为全省唯一、全国第四个国家级物联网产业基地，是全省物联网企业最为密集的区域。在全球化新格局下，福建省首个国产芯片整机生产基地——海峡星云智能制造基地开始投产，满足省内对国产信创服务器和PC整机的国产化替代需求。

海洋经济方面，福州引入“振鲍1号”“振渔1号”“定海湾”等深远海智能养殖平台，福州的“海洋牧场”不断壮大。临港工业基地成为全市工业的重要增长极，沿海临港工业基地持续发挥产业集聚效应。海洋生物医药、海洋高端工程装备、海洋电子信息等新兴产业蓬勃发展，为福州海洋经济增添新动力。

1　冯雪珠：《都市圈越来越大　经济圈越来越活》，《福州日报》2022年5月20日。
2　福州市人民政府：《2022年福建省政府工作报告》，2022年1月7日。

绿色经济方面，福州坚持产业生态化和生态产业化协同并进，打造一批示范性绿色工厂、绿色园区、绿色产业带，开创绿色高质量发展新局面。福州市通过创新林业碳汇等形式，将“绿水青山”转化为“金山银山”。2021年，福建三峡海上风电国际产业园成为全国首个“碳中和”工业园区，为我国产业园区实现“绿色低碳”发展树立了标杆。

文旅经济方面，福州将全域生态旅游发展理念融入全市经济社会发展大局，以“有福之州”为核心定位，推动形成“市域即景区、景区即市域”的全域生态旅游布局。打造“福州古厝”文化名片，建设“中国温泉之都”品牌，不断拓展旅游空间。[1]

三、福州市重点产业分布

（一）“三化三新”及“344”产业体系

“十四五”时期，福州市坚持“三化三新”，紧盯高端化、智能化、绿色化“三化”发展方向，推动化纤、装备、医药、轻工等产业向高端化升级，推动电子信息、软件信息、工业互联网等产业向智能化发展，推动冶金、建材、食品等产业向绿色化转型，着力培育新材料、新能源和新一代信息技术“三新”产业，构建具有福州特色的“三化三新”现代产业体系。福州市推动产业向“344”产业转型，即重点发展电子信息、化工新材料、纺织化纤三大引领产业，培育壮大软件信息、新能源、高端装备、生物医药四大新兴产业，优化提升冶金、建材、食品、轻工四大基础产业。

1　林瑞琪、颜澜萍、张笑雪等：《福州“四大经济”并驾齐驱引领发展》，《福州日报》2022年8月20日。

（二）“两轴两湾区二十一园区”产业格局

福州市推动产业布局调整，进一步支持重点工业园区发展，着力打造“两轴两湾区二十一园区”产业格局。福州构筑“两轴两湾区”的产业空间格局，引领带动福州都市圈产业竞争力提升。“两轴”即以闽江为发展带构建闽江至台湾海峡的沿江发展轴，以及以海峡西岸为发展带串联沿海城市群、港口群和产业群的滨海发展轴。“两湾区”即以福清湾、江阴湾地区为主体的环福清湾和以罗源湾地区为主体的环罗源湾。福州支持“二十一个重点工业园区”建设，实施标准化战略，强化试点示范，构建具有福州特色的园区建设标准体系，培育形成规模超千亿元园区6家、超五百亿元园区5家。[1]

四、福州市著名企业概览

福耀玻璃工业集团股份有限公司成立于1987年，是国内规模最大、技术水平较高、出口量最大的汽车玻璃生产供应商之一。福耀的产品连续两次被授予“中国名牌产品”称号。公司经过30余年的发展，已在中国16个省市及美国、俄罗斯、德国、日本、韩国等11个国家和地区建立现代化生产基地和商务机构，并设立了11个研发设计中心，全球雇员约2.9万人。

恒申控股集团有限公司始建于1984年，从“草根工业”发展成为集化纤、化工及新材料为一体的先进制造业企业集团。集团拥有申远新材料、恒申合纤、荷兰福邦特、南京福邦特、合盛气体等10多家实体企业，已建立起以福建福州为中心，辐射江苏南京、荷兰马斯特里赫特的三大产业链

1　福州市人民政府办公厅：《福州市“十四五”工业和信息化产业发展专项规划》，2022年1月10日。

（锦纶6）生产基地。集团员工超8000人，业务遍及30多个国家和地区，与超过25家的世界500强企业建立合作关系。2023年位列中国民营企业500强第140位。

福建星网锐捷通讯股份有限公司成立于2000年，是国内领先的信息与通信技术基础设施及人工智能应用方案提供商。2010年，星网锐捷成功上市；2022年，旗下子公司锐捷网络成功上市，星网锐捷成为拥有两家上市公司的上市公司集团。公司拥有11个研发中心，包括福州、厦门、北京、上海、深圳、成都、武汉、苏州、南京、天津等，以及4000多人的高素质研发团队和国家级企业技术中心、博士后科研工作站、国际科技合作基地和下一代网络设备技术国家地方联合工程研究中心，多次承接和入选国家863计划、国家核高基重大专项。

福建福能股份有限公司系福建省能源石化集团有限责任公司间接控股的上市公司。截至2023年3月，公司资产总额489.34亿元，总股本19.55亿股，控股运营总装机599.33万千瓦，清洁能源占比为56.35%。参股运营总装机1181.44万千瓦，权益装机286.19万千瓦。公司重组上市以来，先后获得“2015中国最受投资者尊重的上市公司”入围奖、第十届中国上市公司价值评选主板上市公司价值百强、2016—2022年度信息披露工作最高等级A级评价。

新大陆数字技术股份有限公司成立于1994年，是新大陆科技集团下属企业，长期从事科技创新和创新成果市场转化，2000年于深交所主板上市。目前，公司员工总数近6000人，是国务院批准的大陆首家赴台投资企业。在疫情防控期间，新大陆逆势出海，海外业绩屡创新高，产品和服务已覆盖全球上百个国家和地区。公司多次主持或参与制定物联网、人工智能的国家标准和行业标准，是全国唯一一家掌握二维码识读核心技术的企业（全球仅有四家），拥有全球首颗二维码解码芯片，拥有国家有效专利600多项、国外有效专利9项，拥有软件著作权1000多项，另有在申请中的专利490余项。

表1-2-1　福州市著名企业概览

福建博思软件股份有限公司	福建星网锐捷通讯股份有限公司
福建春伦集团有限公司	福建长源纺织有限公司
福建福能股份有限公司	福耀玻璃工业集团股份有限公司
福建好运联联信息科技有限公司	福州吴航钢铁制品有限公司
福建佳客来食品股份有限公司	恒申控股集团有限公司
福建凯邦锦纶科技有限公司	丽珠集团福州福兴医药有限公司
福建申远新材料有限公司	锐捷网络股份有限公司
福建省港口集团有限责任公司	新大陆数字技术股份有限公司
福建省青山纸业股份有限公司	永辉超市股份有限公司
福建水泥股份有限公司	中国武夷实业股份有限公司

注：排名不分先后。参考上市公司市值、品牌价值、中华老字号认定、中国驰名商标认定。

第三章　厦门市发展总览

一、厦门市历史文化、政治经济概览

厦门市位于台湾海峡西岸中部、闽南金三角的中心。厦门市境域由福建省东南部沿厦门湾的大陆地区和厦门岛、鼓浪屿等岛屿以及厦门湾组成。截至2022年，厦门市下辖6个区，总面积1699平方千米，常住人口530.8万人。

厦门的历史悠久。厦门岛古称嘉禾屿，别称鹭岛。汉代属侯官县地。晋太康三年（282年）隶属同安县（后并入晋安县）。隋唐时期为南安县属地。唐代中叶，厦门岛被称为“新城”，后在岛上设置嘉禾里。后唐长兴四年（933年）改隶同安县。宋代，嘉禾里隶属同安县绥德乡。元代改里为都，厦门设四个都，仍属同安县绥德乡。明代厦门为嘉禾里。清雍正十二年（1734年）为兴泉永道，管辖兴化府（今莆田）、泉州府和永春州。至此，厦门成为福建东南沿海的军事、政治、经济中心。1949年10月，厦门市人民政府成立。1980年10月，国务院正式批准在厦门市湖里区划出2.5平方千米设立经济特区，同年11月成立厦门经济特区管理委员会。1988年，国务院批准厦门为计划单列市，1994年，厦门的行政级别升格为副省级。

厦门海域辽阔，有丰富的海洋生物资源。厦门市海域面积约333平方千米，海岸线总长约234千米。海域含厦门港、外港区、马銮湾、同安湾、九龙江河口区和东侧水道。鼓浪屿以南有水深10米以上的海域14平方千米，可供十万吨级船舶在此停泊。在厦门海域近2000种的海洋生物中，有多达400余种的常见鱼类、软体动物、壳类动物、藻类，有极高的经济价值，更有如文昌鱼、中华白海豚等国家一级保护动物。[1]

厦门文旅资源丰富。厦门有着优美的自然风光，更有着浓厚的人文风情。截至2022年10月，厦门成功申请了包括歌仔戏、高甲戏、中秋博饼、闽南童谣、讲古在内的15项国家级非物质文化遗产，并认定了莲花褒歌、闽南皮影戏、翔安农民画、珠光青瓷烧制技艺在内的47项省级非物质文化遗产。[2]在保护古老文化技艺的同时，厦门积极布局新兴文旅项目，大力推进郑小瑛歌剧艺术中心、丰子恺美术作品展览馆、闽南文化集中展示中心、厦门市美术馆、厦门海防博物馆等文化新地标的建设。[3]

二、经济视角看厦门市的过去十年

栉风沐雨，厦门的经济取得了卓越的发展成效。厦门综合实力大幅提升、企业盈利亮点频频、服务业保持较快增长、新质生产力领域表现活跃。厦门实体经济发展成绩斐然，文化建设持续推进。厦门已经做到软实力与硬实力兼修，成为世界了解中国的“窗口”。

十年来，厦门市经济综合实力明显增强。截至2022年，厦门全市的地区生产总值达7802.7亿元，相较2013年的3018.2亿元已实现翻番。三次产业结构由2013年0.8：47.7：51.5调整为2022年0.4：41.4：58.2，第三

1　厦门市人民政府：《地理环境》。

2　厦门市文化和旅游局：《厦门市非物质文化遗产代表性项目名录（2022年10月）》，2022年10月17日。

3　厦门市人民政府：《旅游事业发展概况》。

产业占地区生产总值的比重提升6.7个百分点。二、三产业发展均衡，分别占地区生产总值的41.4%和58.2%，对全市经济增长的贡献率为36.1%和63.7%。工业结构持续优化，高技术制造业增加值增长4.2%，占规模以上工业的比重达42.2%。财政方面，厦门财政总收入由2013年的825.1亿元增至2022年的1493.8亿元，年均增加66.9亿元。[1]

十年来，厦门市企业盈利平稳增长。2022年，厦门规模以上工业企业实现利润总额551.8亿元[2]，为2013年的2.46倍。工业企业数量规模明显提升，规模以上工业企业数量从2013年的1664家[3]增加到2022年的2889家[4]。全市产值亿元以上企业928家，合计产值占规模以上工业的88.9%。与此同时，厦门产业集聚效应显著，产业集群迅速发展。电子、机械两大支柱行业共有规模以上工业企业1461家，占规模以上工业企业数的50.6%，合计产值占规模以上工业的61.0%。

十年来，厦门市内外需持续增长。内需方面，社会消费品零售总额由2013年的1205亿元增加至2022年的2665.4亿元。2022年全年限额以上消费品零售额1716.8亿元，同比增长6.7%。外需方面，进出口保持增长势头，2022年实现外贸进出口总值9217.8亿元，同比增长3.9%。其中，出口总额4655.1亿元，同比增长8.2%。

十年来，厦门市港口物流业平稳增长。厦门已形成东南沿海区域性陆、海、空枢纽港，正在加快推进国际性综合交通枢纽、港口型国家物流枢纽建设。2022年，全市物流产业实现总收入1698亿元，同比增长11.2%。[5]厦门港口货物吞吐量实现2.2亿吨，比2013年增长14.7%，港口集

1　厦门市人民政府：《国民经济和社会发展概况》，2023年11月23日。
2　厦门市人民政府：《工业经济发展概况》，2023年11月23日。
3　厦门市统计局:《2013年厦门市国民经济和社会发展统计公报》,2014年3月20日。
4　厦门市统计局:《厦门市2022年国民经济和社会发展统计公报》,2023年3月22日。
5　厦门市人民政府：《交通运输事业发展概况》，2023年11月23日。

装箱吞吐量1243.5万标准箱，比2013年增长 55.3%。[1]

三、厦门市重点产业分布

“十四五”时期，厦门市大力布局关键产业链及其核心环节，全力发展“5+X”重点领域，即打造新一代信息技术这一大核心支柱产业，做强生物医药与健康、新材料与新能源两大新兴主导产业，发展数字创意、海洋高新两个特色地标产业，超前布局柔性电子、第三代半导体、航空航天、智能制造装备、精准医疗、绿色低碳技术等X个未来赛道。

一大核心支柱产业——新一代信息技术。厦门把握全球产业链供应链调整机遇，以提升产业自主可控和自主创新能力为重点，积极打通新一代信息技术产业断点、堵点、难点，推动新型显示、下一代信息网络设备产业链延伸和产品升级，促进集成电路产业垂直整合，激发物联网、人工智能、大数据、云计算、区块链等信息技术新质生产力的发展。力争到2025年，新一代信息技术产业总规模达到7000亿元，助力打造具有世界领先水平的电子信息万亿产业集群。

两大新兴主导产业——生物医药与健康、新材料与新能源。厦门聚焦生物医药与健康产业发展关键瓶颈和短板，大力集聚产业基础创新资源，加快完善产业公共服务体系，为新药、高性能医疗器械、智慧医疗健康服务、功能性食品、数字健康器材设备等领域的转型发展提供强力支撑。到2025年，厦门力争建成创新引领、特色突出、生态完备的生物医药与健康产业集群，产业总规模达到1500亿元。

新材料与新能源方面，面向本地及周边制造业的转型需求，发挥龙头企业和大院大所的引领作用，积极推动新材料产业横向拓展和产品应用创

1　厦门市人民政府：《2023 年厦门市人民政府工作报告》，2023 年 1 月 30 日。

新，加强闽西南区域产业链分工协作，大力推动特种金属材料、新能源材料、新型高分子及复合材料、先进碳材料、清洁能源等领域持续创新发展。力争到2025年，新材料与新能源产业的发展水平和质量全面升级，产业总规模达到1400亿元。

两个特色地标产业——数字创意、海洋高新。厦门突出以城育产、以节促产，充分发掘城市特色和区域文化元素，聚力打造特色原创IP，促进数字创意产业与周边产业、内容产业与上下游产业交互赋能，重点推动动漫游戏、创意设计、数字文化服务创新发展，积极推动影视创制产业繁荣发展。力争到2025年，城市形成品牌驱动、技术赋能、特色鲜明的数字创意产业集群，产业总规模达到1800亿元。

厦门以海洋资源高效利用为核心，突出技术升级与产品创新，依托龙头企业积极开展延链、强链，大力推动相关科技成果转化落地，重点发展海洋高端装备与材料、海洋生物科技、海洋新兴服务，加快建设国家海洋经济发展示范区，力争到2025年，海洋高新产业成为全市海洋经济增长的核心支撑力量，产业总规模达到2000亿元。

X个未来产业：厦门立足产业特色基础，紧跟前沿科技发展趋势，积极发掘具有爆发力的新技术、新业态，以创新为主导，发展未来产业，加速新质生产力形成，前瞻布局柔性电子、第三代半导体、航空航天、智能制造装备、精准医疗、绿色低碳技术等一批具有爆发式增长潜力的未来产业赛道。[1]

四、厦门市著名企业概览

厦门建发集团有限公司始创于1980年，控股上市公司建发股份。40多

1　厦门市人民政府办公厅：《厦门市“十四五”战略性新兴产业发展专项规划》，2021年10月。

年来，建发在中国改革开放的大背景下，紧紧围绕服务国家战略、服务地方发展、服务民生福祉、建立健全现代企业制度等一系列重大命题，积极探索国有企业高质量发展之路。公司年营业收入超8400亿元，资产规模超7200亿元，提供就业岗位6万多个，2023年位列《财富》世界500强排行榜第69名。

厦门国贸控股集团有限公司为厦门市属国有企业集团。2023年，公司第七次蝉联《财富》世界500强，位居榜单第95位；同时位居“中国企业500强”排行榜第29位。公司业务布局供应链、先进制造、城市建设运营、消费与健康、金融服务五大赛道。公司全资、控股上市公司厦门国贸、厦门信达、厦工股份、中红医疗、正通汽车。

厦门象屿股份有限公司成立于1997年，同年在上交所主板上市。公司主要从事大宗商品采购供应和综合物流，以及物流平台（园区）开发运营业务，其主要产品有金属矿产、农产品、能源化工。2023年，公司连续12年进入《财富》中国上市公司500强榜单，跃居第25位。公司荣获2023年全国通用仓储企业第一位，获评2022中国物流与供应链金融服务优秀案例、国际粮油博览会金奖；入选2023中国上市公司品牌价值榜Top100总榜单。象屿股份主体长期信用评级维持AAA级，为国内最高信用等级。

厦门钨业股份有限公司成立于1997年，于2002年在上交所主板上市。公司有钨钼、稀土和能源新材料三大核心业务。公司的“面向碳纤维复合材料切削的金刚石涂层刀具研制及产业化”成果获福建省科技进步二等奖，“高档数控刀具用抗粘结涂层的设计、制备、检测及其应用”成果获福建省科技成果转化二等奖，“高性能功能性钨钼制品关键制备技术与应用”成果获厦门市科技进步二等奖。

安井食品集团股份有限公司成立于2001年12月，于2017年在上海证券交易所主板挂牌上市。公司主要从事速冻火锅料制品、速冻面米制品和速冻菜肴制品等速冻食品的研发、生产和销售。经过20多年的发展，公司现已成长为国内较具影响力和知名度的速冻食品龙头企业。安井食品荣获“国家级企业技术中心”“农业产业化国家重点龙头企业”“全国主食加工业示范企业”“国家冷冻调理水产品加工技术研发专业中心”等称号；获得“CNAS国家实验室证书”“全国工业品牌培育示范企业”“出入境检验检疫信用管理AA级企业”“福建省海洋产业龙头企业”等多项荣誉。

表1-3-1　厦门市著名企业概览

安井食品集团股份有限公司	厦门建发集团有限公司
国投智能（厦门）信息股份有限公司	厦门金龙汽车集团股份有限公司
国药控股星鲨制药（厦门）有限公司	厦门美图网科技有限公司
宏发科技股份有限公司	厦门厦钨新能源材料股份有限公司
鸿星尔克（厦门）实业有限公司	厦门钨业股份有限公司
华厦眼科医院集团股份有限公司	厦门象屿集团有限公司
三安光电股份有限公司	厦门亿联网络技术股份有限公司
厦门法拉电子股份有限公司	厦门银鹭食品集团有限公司
厦门国贸控股集团有限公司	圣元环保股份有限公司
厦门吉比特网络技术股份有限公司	盛屯矿业集团股份有限公司

注：排名不分先后。参考上市公司市值、品牌价值、中华老字号认定、中国驰名商标认定。

第四章　泉州市发展总览

一、泉州市历史文化、政治经济概览

泉州市位于福建省东南部，是福建省三大中心城市之一。泉州北邻福州、莆田，南接厦门，东望宝岛台湾，西毗漳州、龙岩、三明。行政区划包括鲤城、丰泽、洛江、泉港四个区，晋江、石狮、南安三个县级市，惠安、安溪、永春、德化、金门五个县，以及泉州经济技术开发区、泉州台商投资区。泉州海域广阔，拥有14个大小港湾和270个岛屿。

泉州具有悠久的历史。在三国吴永安三年（260年）设立的东安县治为泉州设置县治之始，在南朝梁天监年间（502—519年）首置郡治。唐久视元年（700年）建立武荣州，后于711年改名为泉州。中华人民共和国成立后，泉州在区划上经历了行政督察区、专区、地区，1985年，泉州升为地级市。

泉州拥有丰富的自然资源。泉州拥有的森林、能源、矿产等资源较多。泉州的森林蓄积量达到4338.5万立方米。全市已发现各类矿产46种，已探明资源储量的矿种有29种。全市内有34条溪流，总长1620千米，水资源总量87.6亿立方米，可利用水量14.56亿立方米，水电蕴蓄量达43万千瓦。泉州最大的河流是晋江，长404.8千米，流经多个县区，注入泉州湾。

泉州人文底蕴深厚。泉州是古代“海上丝绸之路”的重要节点，也是国务院首批公布的24个历史文化名城之一，同时也当选了首届“东亚文化之都”。在唐朝，泉州是中国对外贸易的四大口岸之一。宋元时期，刺桐港曾被誉为东方第一大港，与100多个国家和地区进行通商贸易。泉州文化遗产丰富，拥有各级非物质文化遗产628项，其中世界级有5项、国家级36项。此外，该地还拥有各级文物保护单位945处，其中全国重点文物保护单位44处，省级文物保护单位104处，市、县（市、区）级文物保护单位797处。

泉州是全国著名的侨乡和台湾汉族同胞的主要祖籍地。泉州籍华侨、华人分布在全球170多个国家和地区，人数达950万人；泉州籍港澳同胞70多万人，台湾同胞约900万人。长期以来，泉州侨胞积极参与泉州的建设，通过投资兴办企业、支持教育事业、慈善捐赠及引进人才等形式，为泉州经济社会发展做出了重要贡献。团结合作的侨乡群体成为推动泉州经济发展的重要力量，也是泉州与世界各地密切联系的纽带和桥梁。

泉州地方文化丰富多彩。泉州是世界闽南文化的发祥地、闽南文化遗产的富集区，是国家文旅部评定的全国首个文化生态保护区——闽南文化生态保护区的核心区，形成南音、南戏、南建筑、南拳、南派工艺等独具特色的“五南”文化。泉州保留着弥足珍贵的戏曲文化遗产，有梨园戏、高甲戏、打城戏、“嘉礼”戏等剧种，其中蜚声海内外的有晋唐士乐余韵南音、宋元南戏“活化石”梨园戏和中国一绝“提线木偶”。作为南少林武术的发源地，泉州具有薪传不息、独树一帜的武术文化。[1]

二、经济视角看泉州市的过去十年

过去十年，泉州市经济发展谱写新篇章，产业结构不断优化，数字

1 泉州市人民政府：《泉州概况》。

化转型加速，城市规模壮大，乡村振兴步履坚实。工业技术改造蓬勃进行，消费需求不断释放。泉州以坚实的发展步伐，在繁荣兴盛的道路上继续前行。

近年来，泉州市的经济总量实现了翻番，从2013年的5218亿元增长到2022年的12103亿元，成功跻身“GDP万亿城市”之列。2022年泉州人均地区生产总值达136533元，同比增长3.0%。随着经济的蓬勃发展，泉州获批国家民营经济综合配套改革试点城市、国家21世纪海上丝绸之路先行区、国家跨境电子商务综合试验区、国家级海峡两岸集成电路产业合作试验区。在全面深化改革的领域里，泉州一直走在前列，焕发着新的生机。

十年来，泉州市积极打造特色经济，形成了九大超千亿产业集群，包括纺织服装、鞋业、石油化工、机械装备、建材家居、健康食品、工艺制品、纸业印刷、电子信息，形成了泉港“石化基地”、丰泽“中国树脂工艺之乡”、晋江“中国鞋都”、石狮“中国服装名城”、南安“中国建材之乡”、惠安“中国石雕之乡”、德化“工艺陶瓷之乡”、永春“芦柑之乡”、安溪“乌龙茶之乡”等特色经济。专业化、基地化、区域化、集群化的生产模式推动了城乡一体化的进程，繁荣了泉州的城市建设。

十年来，泉州市持续壮大产业规模，2022年全市工业增加值达到6182.8亿元，占地区生产总值的比重达到51.1%。通过数字、科技、链条和生态等多重赋能，泉州加速生产力转型，推动“泉州制造”向“泉州智造”转变。半导体产业迅速成形，泉州芯谷成功获批为海峡两岸集成电路产业合作试验区，全市超过五成的规模以上工业企业参与数字化改造。在新的发展格局中，泉州努力推动投资、消费和出口这“三驾马车”齐头并进，全面释放经济社会的活力和动能。

十年来，泉州市投资结构不断优化，服务业投资的主导地位得以稳固。民间投资成为投资的主体，而工业技术改造投资的比重也得到提升。消费需求持续释放，消费结构不断优化。2022年，社会消费品零售总额达到5983.94亿元，比2013年的1896亿元翻一番，消费已成为经济增长的重要推动力。

十年来，泉州市多措并举服务实体经济，取得了显著成效。泉州以金融活水灌溉实体经济，进一步优化营商环境。“无间贷”、中小微企业信用信息交换共享平台、小微企业信贷风险补偿共担资金、民间借贷登记备案等一系列创新举措正在全国、全省范围内推广。2014年，泉州被批准为全国民营经济综合改革试点地区；2021年，泉州成为全国首批“民营经济示范城市”创建城市。[1]

三、泉州市重点产业分布

泉州市着力打造三大万亿元级和三大五千亿元级产业集群。泉州市聚焦2035年的发展目标，打造纺织鞋服、石油化工、建材家居三大万亿元级产业集群，以及机械装备、电子信息、健康食品三大五千亿元级产业集群。泉州将通过打造世界级产业集群、树立战略性新兴产业集群，确立泉州在全球产业标准的领导地位，打造以高科技、高效能、高质量为特征的新质生产力。

在开发区建设方面，泉州目前拥有4个国家级开发区，分别是泉州出口加工区（泉州综合保税区）、泉州台商投资区、泉州经济技术开发区、泉州高新技术产业开发区（江南园、石狮园）。此外，还有11个省级开发

1　泉州市人民政府：《经济发展》。

区，分别是泉州半导体高新技术产业园区、福建洛江经济开发区、泉港石化工业园区、福建晋江经济开发区、福建南安经济开发区、福建惠安经济开发区、泉惠石化工业园区、福建安溪经济开发区、福建永春工业园区、福建德化陶瓷产业园区、惠南工业园区。这些开发区将在推动泉州产业发展和经济持续增长方面发挥重要作用。

泉州市打造三大万亿级产业集群。在纺织鞋服领域，泉州市致力于打造世界纺织鞋服基地和中国纺织鞋服流行趋势策源地，力争到2025年实现产值达到7200亿元的目标。在石油化工领域，泉州市旨在打造具有国际竞争力的世界级绿色石化产业基地和海峡西岸石化产业先导区，计划在2025年实现产值达5000亿元的目标。在建材家居领域，泉州市计划建设全球泛家居产研销中心和全国建材（装饰）产业现代化基地，力争到2025年实现产值达7000亿元的目标。

泉州市推进三大五千亿级产业集群发展。机械装备产业集群力争至2025年产值达3000亿元。电子信息产业围绕建设泉州“芯谷”、全国领先的新一代信息技术应用服务示范基地，力争至2025年产值达1500亿元。在健康食品领域，泉州将打造全国健康食品基地，力争至2025年产值达2000亿元。[1]

四、泉州市著名企业概览

安踏体育用品有限公司成立于1991年，是中国领先的品牌运动鞋类企业之一。2007年于香港交易所主板上市。公司专注于体育用品市场，旗下有多个品牌，包括“安踏”“斐乐”“迪桑特”“可隆运动”品牌。2002年，该集团运动鞋所用的安踏商标被评为“中国驰名商标”。安踏

1　泉州市人民政府：《泉州市国民经济和社会发展第十四个五年规划和二〇三五年远景目标纲要》。

体育亦为亚玛芬体育（Amer Sports Inc.）的最大股东，亚玛芬体育是一个全球的标志性体育和户外品牌集团，包括始祖鸟（Arc'teryx）、萨洛蒙（Salomon）、威尔胜（Wilson）、壁克峰（Peak Performance）和阿托米克（Atomic），其股票于纽约交易所上市。

恒安集团创立于1985年，是目前国内最大的生活用纸和妇幼卫生用品制造商，于1998年在香港联交所上市，2011年恒安国际入编香港恒生指数成分股。恒安旗下拥有安尔乐、心相印、七度空间、安儿乐4个主要品牌，卫生巾、纸尿裤、生活用纸三大主导产品的国内市场占有率名列前茅。恒安在实现企业发展的同时，自觉承担社会责任，企业发展30多年以来，恒安及其主要股东累计捐款超20亿元。

达利食品集团诞生于历史文化名城、东亚文化之都泉州。自1989年创办至今，历经30多年飞速发展，达利食品集团已成长为位列中国民营企业500强的综合性现代化食品企业集团。2015年，集团于香港联交所主板挂牌上市。

九牧成立于1990年，经过30多年的发展，已成为一家以数智卫浴为核心，集研发、制造、营销、服务于一体的全产业链、创新型国际化企业，荣获“中国第一、世界前三”的国际地位。公司专注高端领域，旗下有“JOMOO九牧”“小牧卫浴”“THG”“THG Urban”等多个品牌。2023年，九牧的品牌价值达1368.25亿元。九牧致力于数智卫浴的研发和制造，在世界范围已布局16个研发中心与15家数智工厂，其中包含了行业首创“绿色黑灯工厂”，让行业创新技术和产品遍布全球、领跑全球。

特步集团有限公司，是中国领先的体育用品企业之一，始创于1987年，2001年创立特步品牌，2008年正式在港交所挂牌上市。2019年，特步海外并购多个国际品牌，开启多品牌、国际化发展道路。经过30多年的发展，特步已成为中国领先的体育用品企业。集团旗下拥有主品牌特步（Xtep），以及索康尼（Saucony）、迈乐（Merrell）、盖世威（K-Swiss）、帕拉丁（Palladium）等国际知名的运动品牌。

表1-4-1　泉州市著名企业概览

安踏体育用品集团有限公司	福建柒牌时装科技股份有限公司
安通控股股份有限公司	金冠（中国）食品有限公司
达利食品集团有限公司	九牧集团有限公司
福建百宏聚纤科技实业有限公司	九牧王股份有限公司
福建凤竹纺织科技股份有限公司	恺英网络股份有限公司
福建恒安集团有限公司	三六一度国际有限公司
福建火炬电子科技股份有限公司	特步集团有限公司
福建盼盼食品有限公司	雅客（中国）有限公司
福建匹克集团有限公司	游族网络股份有限公司
福建七匹狼实业股份有限公司	中乔体育股份有限公司

注：排名不分先后。参考上市公司市值、品牌价值、中华老字号认定、中国驰名商标认定。

第五章　漳州市发展总览

一、漳州市历史文化、政治经济概览

漳州市地处东南沿海，位于福建最南端，是海西南部重要的交通枢纽，背靠龙岩，面对台湾，地形整体西北高东南低，以山地、丘陵、平原为主，是海峡西岸经济区中心城市。漳州整体的森林覆盖率高达45.2%，生态条件优越。漳州平原被福建第二大江——九龙江穿城而过，是福建最大的冲积平原。[1]

漳州地区历史悠久。据考古发现，在漳州东山海域发现的肱骨化石，是晚期智人在此活动的证据。唐垂拱二年（686年），陈元光请建漳州获准，始设漳州州治。漳州地区后又改称漳州郡、漳州府等。中华人民共和国成立后建立第六行政区，又叫龙溪专区，1969年改为龙溪地区，1985年改为漳州市。1985年被国务院列为全国沿海经济开放区，是全国较早实行对外开放的地区之一。

漳州是国务院公布的历史文化名城，1300余年的建州历史孕育了底蕴深厚的文化和风情多姿的民俗。漳州名人辈出，有张燮、黄道周、许地山、杨骚、林语堂等。漳州拥有具有浓厚乡土气息的民俗文化，如被称为“掌中艺术”的布袋木偶戏、“海峡两岸戏曲姐妹花”的芗剧，以及民间

1　漳州市统计局、国家统计局漳州调查队：《漳州统计年鉴2023》，中国统计出版社2023年版。

传统舞蹈大鼓凉伞、古老民间曲艺锦歌。四季如春的气候条件、依山傍海的地理位置和1300多年的文化积淀赋予漳州三大独具特色的旅游资源——秀丽、神奇的海滨风光，绚丽、诱人的花果生态，悠久、璀璨的民俗史迹，更使得漳州成为集观光、休闲、度假、健身为一体的旅游胜地。

漳州是台胞的主要祖籍地和台湾文化的发祥地，台湾现有的2300多万人口中，祖籍漳州的近1000万人。自台湾开放民众赴大陆探亲以来，台胞返闽寻根谒祖、续谱联谊者纷至沓来。近年来，漳台两地民间往来不断加强。2021年漳州共接待台胞8万多人次，重要团组324个。不少台胞在寻根谒祖的同时，选择在祖籍地投资创业，漳州因此成为台商投资的密集区。2013年，台商投资区在国务院批准后于漳州正式设立，进一步促进了两地的经济合作与交流，为漳州及周边地区带来了更多的投资机会。台商投资区的设立加强了两岸经济合作，推动了地方经济的发展。[1]

二、经济视角看漳州市的过去十年

回首求索之路，漳州的发展方向明确、路径清晰。在经济总量持续增长的同时，漳州投资保持高质高量，企业盈利可圈可点，消费、进口、科技方面均有明显亮点。

2013年，漳州市地区生产总值成功跨越2000亿元大关。往后十年间，漳州经济总量提前四年完成“比2010年翻一番”的小康目标。2022年地区生产总值达5706.6亿元，是2013年的2.48倍。人均地区生产总值从2013年的46493元增至2022年的112578元。漳州一般公共预算总收入从2013年的237.8亿元增至2022年的341亿元。

十年来，漳州市企业规模日益壮大，制造业增量提质。漳州规模工业

1　张金川、叶秋云：《探访台胞祖地福建漳州：“根亲”文化促两岸民间交流》，中国新闻网2020年7月12日。

企业数从2013年的1867家增至2022年的2529家，其中，亿元企业突破900家，由2013年的692家增至2022年的918家，形成了食品加工、装备制造、新材料三大千亿产业集群；工业增加值由2013年的不到千亿元增至2022年的2232亿元。

十年来，漳州市节能降耗，注重可持续发展。漳州市全面落实节能目标责任制，积极实施节能降耗技术改造，严格贯彻落实产能淘汰制度，节能降耗效果显著。全市节能降耗与经济增长有力推进，全市能源消费种类不断丰富，能源结构逐步优化，能源消费品种由以煤炭为绝对主导向清洁化和低碳化逐步转型。

十年来，漳州市商品消费市场繁荣兴旺。全市商品消费市场总量稳步扩大，结构不断优化，供给质量提升，新的增长点正在形成，消费持续发挥对经济增长的基础性作用。2022年，全市社会消费品零售总额达1904.2亿元，是2013年的2.6倍；人均社会消费品零售总额突破3万元，达35628元，是2013年的2.6倍。

十年来，漳州市进出口总额高速增长。漳州凭借良好的地理优势和政策优势，大力拓宽国际市场，“走”出国际新形象。2022年，全市进出口总额首次突破千亿元，达1054.2亿元，是2013年的1.8倍。其中，出口总额690.8亿元，是2013年的1.7倍；进口363.3亿元，是2013年的2倍；贸易顺差从2013年的236亿元扩大至2022年的328亿元，进出口总额、出口和进口值均创历史新高。

十年来，漳州市不断科技创新，将科技创新作为引领发展的第一动力源，培育发展新质生产力的新动能。漳州市深入实施创新驱动发展战略，不断加快建设高水平的创新型城市，为高质量发展提供更加有力的科技支撑。2022年，全市拥有15个省级企业重点实验室、43个省级企业工程技术研究中心、5个省级科技企业孵化器、1个产业技术公共服务平台；拥有国家级创新型（试点）企业2家、省级创新型（试点）企业53家；拥有高新技术企业769家。[1]

三、漳州市重点产业分布

（一）“三大三新”产业

漳州市“三大三新”产业是指大石化、大健康、大装备和新一代信息技术、新材料、新能源。根据《漳州市国民经济和社会发展第十四个五年规划和二〇三五年远景目标纲要》，漳州市将围绕推动产业基础高级化和产业链现代化，做大做强“三大三新”产业，构建完善漳州现代产业体系。

“三大”产业方面，大石化产业突出以古雷石化基地为依托，加快打造大炼油、大乙烯、大芳烃、大仓储全产业链条，重点发展“三烯三苯”产业，加快建设炼化一体化、中沙乙烯等龙头项目，加快布局精细化工产业，促进石化产业上下游成龙配套。

大健康产业以健康食品为核心，发展健康食品、功能保健食品、生物医药、医疗器械、婴童用品、体育用品等行业，重点加快食品向高附加值功能保健产品转型，培育规模大、核心竞争力强的健康食品产业集团，扶持企业建设规范化原料基地，建设国内知名的大健康产业基地。

大装备产业大力发展精密机械、新能源汽车及关键零部件、海洋装备及通用机械装备产业。发展以数控机床、半导体设备、工业机器人、智能仪器仪表为核心的精密机械产业链；引导产业关键环节和零部件生产企业

1　漳州市统计局:《漳州市2022年国民经济和社会发展统计公报》,2023年3月17日。

集群，积极发展化工、农业、食品、纺织、印刷及木工等通用机械；建设新能源汽车产业基地，加快形成整车制造能力，发展相关配套产业；开发深海大洋资源，布局海上风电大型母港，发展智能化海洋装备，加快海洋船舶制造业转型升级，打造漳浦国家级深远海装备制造产业示范区。

“三新”产业方面，新一代信息技术产业突出增强自主创新和推进“应用+产业”，重点发展电子核心产品、软件与信息服务、光电子、消费电子、人工智能等行业，超前布局量子信息工业，推动新一代信息技术与实体经济深度融合。

新材料产业突出集聚化、规模化，发展高品质特种钢、高端绿色造纸、石墨烯、高性能防火材料、特种玻璃制品、化工新材料、电子级多晶硅、集成电路上游材料、绿色建材等行业，重点推动钢铁产业向高品质特种钢材料转型升级，打造具有区域特色的新材料产业基地。

新能源产业突出以发展清洁能源为核心，努力探索“核光风储氢一体化”发展路径。重点发展核电、光伏发电、海上风电、储能、制氢等产业，打造东南沿海最大清洁能源基地。[1]

（二）“3+4+X”战略性新兴产业体系

漳州市立足产业基础和比较优势，构建“3+4+X”的产业体系，打造标志性产业链。《漳州市“十四五”战略性新兴产业发展专项规划》指出：“漳州市要立足产业基础和比较优势，重点打造新材料、高端装备、新能源三大战略支柱产业，积极培育电子信息、生物与新医药、海洋高新、数字服务四大战略特色产业，超前谋划未来产业，构建‘3+4+X’的产业体系，打造具有战略性和全局性的标志性产业链，引领带动全市产业

1 漳州市发展和改革委员会：《市发改委党组书记、主任蔡兴州参加市委新闻发布会并现场答记者问》，2020年12月28日。

升级和经济社会高质量发展。”[1]

空间布局方面，《漳州市“十四五”战略性新兴产业发展专项规划》明确指出，依托漳州市不同区域的产业基础、发展导向和功能定位，打造沿九龙江生态高新产业带、厦门湾南岸先进制造产业带、环东山湾沿海临港产业带三大战略性新兴产业集聚区。[2]

四、漳州市著名企业概览

漳州片仔癀药业股份有限公司于1999年12月由原漳州制药厂改制创立。公司生产片仔癀、安宫牛黄丸、复方片仔癀含片、茵胆平肝胶囊等20多种中成药，核心产品片仔癀是国家一级中药保护品种，其传统制作技艺入选国家非物质文化遗产名录，连续多年居中国中成药单品种出口前列，被誉为“海上丝绸之路”上的“中国符号”。2003年，公司在上交所挂牌上市交易。2006年，公司成为经商务部认定的首批“中华老字号”企业之一。2008年，公司成为经科技部认定的首批“国家级高新技术企业”之一。2011年，“漳州片仔癀制作技艺”被列入“国家级非物质文化遗产项目名录”。

福建万辰生物科技集团股份有限公司于2011年在漳州创立，2013年，其全资子公司南京金万辰生物科技有限公司成立。万辰生物是集食用菌研发、工厂化培育、销售为一体的全产业链现代化企业，主要工厂化生产金针菇、蟹味菇、白玉菇、海鲜菇等食用菌鲜品，目前产品销往国内各地，

1　漳州市人民政府办公室：《漳州市“十四五”战略性新兴发展专项规划》，2022年2月12日。

2　漳州市工业和信息化局：《解读〈漳州市人民政府办公厅关于印发漳州市“十四五”战略性新兴产业发展专项规划的通知〉》，2022年3月9日。

国外出口东南亚、欧美等地区。万辰生物2020年3月被国家五部委[1]列入全国疫情重点防控保障企业，2020年11月被列入农业产业化国家重点龙头企业，2021年4月正式登陆A股创业板。

联盛纸业（龙海）有限公司于2010年在福建省漳州台商投资区建厂，是一家以再生资源废纸为主要原料的环保型造纸与热电联产为一体的福建省龙头企业。公司拥有员工2300多人，占地面积1500多亩，年产包装纸260万吨。公司主导产品包括涂布白板纸、涂布牛卡纸、高强瓦楞纸、高档牛卡纸、纱管原纸、灰版纸、T纸等7个品种多个级别的包装纸，产品被誉为“福建省名牌产品”。

表1-5-1　漳州市著名企业概览

福建立兴食品股份有限公司	联盛纸业（龙海）有限公司
福建龙溪轴承（集团）股份有限公司	太龙电子股份有限公司
福建万辰生物科技集团股份有限公司	漳州灿坤实业有限公司
福建以晴科技集团有限公司	漳州片仔癀药业股份有限公司
福建紫山集团股份有限公司	漳州天福茶业有限公司

注：排名不分先后。参考上市公司市值、品牌价值、中华老字号认定、中国驰名商标认定。

1　财政部、国家发展和改革委员会、工业和信息化部、中国人民银行、审计署。

第六章　宁德市发展总览

一、宁德市历史文化、政治经济概览

宁德市位于福建省东北部，地处东海以西，福州以北，南平以东，浙江省温州市以南。宁德地形丰富，以山地、丘陵为主，有零星的海积、冲积平原沿海分布。宁德地势大致呈梯状“门”形——西北部向东南部倾斜，中部隆起。宁德市人口呈现多民族聚居的特点，宁德的44个少数民族中畲族人口占86.4%。

宁德地区历史悠久，史称“福宁”。先秦时期是闽越族驻地，晋代设温麻县，唐代为长溪县，元朝升为福宁州，清称为福宁府，近代先后改为东路道、闽海道，而后设为行政督察区。1949年设立第三行政督察专员公署于福安，后改称福安专区专员公署，1970年7月专署迁驻宁德，1971年6月改称宁德地区。2000年11月，在国务院批准撤地设市的一年后，宁德市人民政府正式挂牌。

宁德地处东南沿海，环境宜人。宁德属中亚热带海洋性季风气候，全市气候类型丰富，包括山地气候、盆谷地气候等。全市生态环境质量稳定在优良水平：2022年饮用水水源地水质达标率100%、中心城区空气质量优良天数（达标天数）比例高达99.7%。2022年，城市区域环境噪声以55.6分贝的均值获得二级的质量评级；城市道路交通噪声以66.9分贝的均值获得一级的质量评级。

宁德海阔港深，河流众多。全市大陆海岸线长达1046千米，海域面积4.46万平方千米，海域面积及岸线长度均约占全省的三分之一，居全省首位[1]；拥有世界级深水港口岸线资源；海岛660个，数量居全省首位。宁德境内河多呈西北—东南走向，其中有24条较大的河流，最大的交溪和霍童溪两条水系的干流及其10条较大的支流，占全市流域总面积的65.5%。

宁德素有“天然鱼仓”之称。宁德海域有水产资源600多种，其中有藻类10多种，虾类、蟹类60多种，贝类70多种和鱼类500多种，较为珍贵的有官井洋大黄鱼、东吾洋对虾、二都蚶、沙塘剑蛏、沙江牡蛎等。宁德也是中国重点产茶区、食用菌产地，盛产油柰、四季柚、芙蓉李、板栗、水蜜桃、晚熟荔枝、龙眼等水果。

矿产资源方面，非金属矿较丰富，金属矿次之，能源矿产贫乏。宁德矿产资源以银、铅、锌、钨、钼、铜、高岭土、叶蜡石、伊利石、钾长岩、饰面用花岗石、矿泉水为主，目前已发现矿产资源51种，已探明一定储量的有18种。

宁德物产丰美，旅游资源丰富。全市山环水绕，岛屿星罗棋布，旅游资源融“山海川岛湖林洞”为一体，十分丰富。“宁德世界地质公园”被联合国教科文组织正式列入世界地质公园网络名录，成为福建省第2个世界地质公园。宁德境内还有AAAAA级景区境内屏南白水洋鸳鸯溪、福鼎太姥山和AAAA级景区周宁九龙漈鲤鱼溪景区、福安白云山。[2]

二、经济视角看宁德市的过去十年

山海宁德，有福之地。党的十八大以来，宁德经济快速发展，在农

1 宁德市人民政府：《宁德概况》。
2 宁德市统计局：《宁德统计年鉴2023年》，2023年12月5日。

业、工业、服务业领域均保持较快增长，并形成以锂电新能源、不锈钢新材料、新能源汽车、铜材料为主导的产业结构，新质生产力发展成绩斐然，人民群众在高质量发展中不断向“富起来”的目标迈进。

十年来，宁德市经济飞速发展。宁德市地区生产总值从2013年的1269亿元增至2022年的3554.6亿元，平均增速为12%，跨入全国百强城市行列。其中，第二产业的发展尤为迅速，较2013年翻两番。规模以上工业增加值连续5年居全省首位。同时，人民群众在高质量发展中得到了更多实惠，全市新增就业人口近4万人，城镇居民人均可支配收入从2.4万元增至4.3万元，农村居民人均可支配收入从8829元增至2.3万元。宁德市财政收入稳步增加，财政总收入由2013年125亿元增至2022年273亿元，年均增加14.8亿元。

十年来，宁德市四大主导产业表现活跃。宁德市2022年四大主导产业产值突破5200亿元，其中锂电新能源、不锈钢新材料、新能源汽车、铜材料产值分别达2758亿元、1923亿元、285亿元、266亿元。宁德入选全国首批产业链供应链生态体系建设试点城市，动力电池集群入选国家先进制造业集群，不锈钢新材料产业园入选国家新型工业化产业示范基地。

十年来，宁德市开放合作的步伐不断加大。2022年，宁德市进出口总值达1292.8亿元，相较2013年增长超1000亿元，晋位全省第四；实际利用外资达3.5亿元。[1]漳湾作业区正式对外开放，霞浦三沙—福州江阴集装箱航线正式开通。2022年，宁德市开展宁台文化、青年交流活动70多场，新增闽台农业融合发展推广基地3个、乡建乡创合作项目9个，成功举办闽浙赣皖福州经济协作区第23次市长联席会议、闽东北协同发展区暨福州都市圈（宁德）联席会议。[2]

1　宁德市统计局：《宁德统计年鉴 2023 年》，2023 年 12 月 5 日。
2　宁德市人民政府：《宁德市 2022 年国民经济和社会发展计划执行情况及 2023 年国民经济和社会发展计划》，2023 年 2 月 13 日。

十年来，宁德市致力建设美好家园。宁德市组织推进城乡品质提升工程、“十个十”城市民生项目等工作。这十年，宁德城先后获评“国家园林城市”“国家森林城市”“全国文明城市”。宁德省级以上历史文化名镇、名村和传统村落数量居全省首位。全市“绿盈乡村”占比达85.4%，霍童溪入选全国首批美丽河湖优秀案例，寿宁下党、屏南龙潭、霞浦花竹等一大批昔日贫困的山村，变成了如今的网红景点。生态治理方面取得显著成效。

十年来，宁德市致力办好民生实事。宁德市政府每年将80%左右的财力投向民生领域，不断满足人民群众日益增长的美好生活需要。全市新增学位16.6万个；新增医疗床位8297张；市县乡村养老服务实现全覆盖，而且越来越多农村困难群众和留守老人可以在家门口的“互助孝老食堂”吃上“暖心饭”；合福铁路、衢宁铁路和6条高速公路建成通车，农村公路总里程突破1万千米，县县通高速，镇镇通干线，公交开到了村门口；治安更加有序，平安建设工作综合考评连续五年保持全省优秀，群众有越来越多的获得感、幸福感、安全感。[1]

三、宁德市重点产业分布

宁德市打造了锂电新能源、新能源汽车、不锈钢新材料、铜材料等四个具有全国乃至全球影响力的产业地标，构建形成新质生产力的产业矩阵。宁德市已经成为全球最大的锂电池和不锈钢生产基地，正加快建设全球新能源、新材料产业的核心区，阔步迈向“万亿工业时代”。[2]

1　梁伟新：《不断从〈摆脱贫困〉中汲取智慧和力量》，《求是》2022年第18期。
2　叶伏国、潘月容：《宁德今年力争四大主导产业产值突破6500亿元》，东南网2023年1月5日。

不锈钢新材料方面，宁德市不锈钢新材料以青拓科技热轧和甬金、宏旺等冷轧为产业链延伸，引进70多个中下游产业链项目在宁德集聚发展，建立起涵盖“原料—冶炼—热轧—冷轧深加工—不锈钢制品”的产业集群，实现不锈钢200系、300系、400系、双相不锈钢，以及高耐蚀高强度含氮奥氏体不锈钢QN系列产品全覆盖，建成中国乃至世界最大的不锈钢生产及深加工基地。

锂电新能源方面，宁德市锂电新能源引进建设卓高、杉杉、厦钨、青美、邦普等80多个产业链项目，形成较为完整的以正极材料、负极材料、电解液、涂层隔膜等四大主要原材料为主，以及以智能装备制造、包装材料、电子元器件等为辅的上下游产业链，建成全球最大的锂电池生产基地。

新能源汽车方面，宁德引进延峰安道拓、振华等40多家一二级配套供应商企业，涵盖了汽车内饰、外饰、电池包、座椅、底盘、冲压件、空调系统等零部件，零件体积占整车的80%，是福建省设计产能最大的新能源乘用车生产项目，也是上汽集团的重点出口基地和新能源汽车生产基地。

铜材料方面，宁德引进落地正威铜基材料、福浦铜铝加工、嘉元科技铜箔等一批产业链项目，着力打造东南沿海最先进的铜产业基地，东南铜业阴极铜产品取得国内国际期货交易“双牌照”。

在企业和政府努力下，四大主导产业在宁德形成了高度融合的“生态系统”：锂电池是新能源汽车核心部件，不锈钢原材料红土矿中的镍、钴是锂电池的重要材料，铜产品又是汽车和锂电池制造过程中不可或缺的。宁德产业已形成产销一体、互为市场的格局，得益于高效产业循环的支撑，宁德正逐步树立全球产业版图的“宁德地标”。[1]

1　顾钱江、李慧颖、赵雪彤：《昔日贫困之地变身产业新星》，《闽东日报》2022年8月21日。

四、宁德市著名企业概览

宁德时代新能源科技股份有限公司成立于2011年，2018年6月在创业板上市。公司是全球领先的新能源创新科技公司，主要从事动力电池及储能电池的研发、生产及销售，以推动固定式化石能源替代、移动式化石能源替代，并以电动化+智能化为核心，推动市场应用的集成创新。根据公司2023年半年报披露，公司2017年至2022年连续6年动力电池使用量排名全球第一，2023年1—5月公司动力电池使用量全球市占率为36.3%，同比提升1.7个百分点，仍排名全球第一；公司2021年、2022年储能电池出货量排名全球第一。2023年1—6月，根据上海有色网（SMM）数据，公司储能电芯产量排名全球第一。

中铜东南铜业有限公司于2015年注册成立。宁德铜冶炼项目选址在福建省宁德市漳湾临港工业区冶金产业园，紧邻三都澳港区，港口运输和仓储优势明显。项目是中铝集团和福建省的重点工程，建设规模为年产40万吨高纯阴极铜、146万吨硫酸；年处理铜精矿量约180万吨；占地面积1300余亩，计划总投资约50亿元。公司凭借该项目与其他上、下游企业大力开展合作，进一步带动周边区域经济增长，为中铝集团和福建省转方式、调结构、推动产业转型升级做出积极贡献。

福建闽威实业股份有限公司始创于1992年，坐落在美丽的“中国鲈鱼之乡”——福鼎市，是一家集鱼类育苗、养殖、加工和销售于一体的农业产业化国家重点龙头企业，主营鲈鱼、大黄鱼。2017年在新三板挂牌上市，先后获得国家高新技术企业、全国质量标杆企业、全国商业质量奖、福建省产业领军团队等荣誉。公司拥有“国家级水产良种场”“国家级水产健康养殖示范场”之称的育苗养殖基地，依托“花鲈生殖调控与室内人工育苗”核心技术，每年可培育优质苗种超一亿尾。公司已成功向泰国、新加坡、马来西亚、菲律宾等国家和中国台湾、香港等地区出口水产品。

表1-6-1　宁德市著名企业概览

安发（福建）生物科技有限公司	福建亚南电机有限公司
福建闽东电力股份有限公司	福建岳海水产食品有限公司
福建闽威实业股份有限公司	宁德时代新能源科技股份有限公司
福建品品香茶业有限公司	三祥新材股份有限公司
福建新坦洋集团股份有限公司	中铜东南铜业有限公司

注：排名不分先后。参考上市公司市值、品牌价值、中华老字号认定、中国驰名商标认定。

第七章　莆田市发展总览

一、莆田市历史文化、政治经济概览

莆田市位于福建省沿海中部，陆域面积4200平方千米，海域面积达1.1万平方千米，2022年末户籍人口数为367.29万人，常住人口319.9万人。莆田北连省会城市福州，南接历史名城泉州，西依戴云山，东南濒临台湾海峡，与台湾隔海相望。莆田西北部多为中低山，有千米以上的山峰43座；中部为低山与丘陵。平原与盆谷错综其间，地势较平坦；东南部为沿海低丘陵带和岛屿，海岸线曲折，呈锯齿状。莆田拥有平海、莆禧、醴泉3个半岛、150多个岛屿，其中有常住居民的岛屿12个。

莆田建制至今已有1400多年，莆田地区县级以上建制最早出现在南朝陈光大二年（568年）。[1]

历史上，莆田是“兴化”的所在地。中华人民共和国成立后，福建省分为8个专区及福州、厦门两市，莆田、仙游两县隶属福建省第五行政督察区（驻泉州）。1983年9月，经国务院批准，莆田市设立，以莆田县部分行政区域为该市行政区域，将晋江地区的莆田、仙游二县划归莆田市管辖。莆田地区人才辈出，自唐代以来，产生了2482名进士、21名状元，有

1　陈楚楚：《国务院正式批复！福建莆田何以入列国家历史文化名城？》，人民网2023年10月11日。

17名宰相，素有“海滨邹鲁”“文献名邦”之美称。[1]

莆田妈祖文化独特，是“海上和平女神”妈祖的故乡。妈祖精神以“立德、行善、大爱”为核心，全世界有2亿多信众。2016年11月，在党中央、国务院和省委、省政府的关心支持下，莆田成功举办了首届世界妈祖文化论坛，此后每年举办一次，扩大了妈祖文化的影响力。

莆田基础设施完善，拥有“世界不多，中国少有”的湄洲湾深水良港，可建万吨级以上泊位150多个，已建成49个深水泊位。铁路方面，福厦铁路、向莆铁路贯穿全境，湄洲湾港口铁路支线投入使用。公路交通方面，福厦高速、沈海复线、莆永高速、湄渝高速形成“两纵两横”格局。航空方面，莆田机场正在谋划筹建，未来交通出行将更加便捷。

莆田人居环境优越，主城区拥有65平方千米城市生态绿心、6万亩的荔枝林带，森林覆盖率达59.8%。莆田城市内河水系发达，饮用水源地水质达到国家二级标准，空气质量连续多年居全省前列。

莆商实力雄厚，在全国及旅外经商从业的乡亲有220万人，其中海外侨胞150万人，分布在85个国家和地区，一批知名莆籍华侨在港澳、东南亚地区具有较大影响力；在国内，约85%的占民营医疗行业、近70%的木材市场、60%的金银珠宝行业、占三分之一的油画出口都由莆商经营。[2]

二、经济视角看莆田市的过去十年

回望十年征途，莆田市坚持高质量发展，增进民生福祉，让人民生活更加美好。这十年，莆田市建设生态城市，注重环境治理，在生态修复领域重点发力，打造了一座生态宜居之城。

1　中共莆田市委党史和地方志研究室：《历史沿革》，莆田史志网2021年5月7日。
2　邓文龙：《福建工业的百年梦想》，《中国工业报》2022年12月3日。

十年来，莆田市经济发展态势良好。莆田地区生产总值由2013年的1371.7亿元增加到2022年达3116.3亿元，地区生产总值翻番。一般公共预算总收入由153.2亿元增加到218.6亿元，年均增长4.0%。莆田市三次产业发展迅速，第一产业增加值由2013年的90.6亿元增加到146.1亿元，年均增长5.5%；第二产业增加值由772.1亿元增加到1630.8亿元，较2013年翻番；第三产业增加值由509.02亿元增加到1339.3亿元，是2013年的2.63倍。[1]对外贸易方面，2022年，莆田市全年进出口总额675.9亿元，其中，出口额379.3亿元，进口额296.6亿元。[2]

十年来，莆田市市场繁荣发展，居民可支配收入持续提高。莆田市社会消费品零售总额由2013年的760.5亿元增加到2022年的1804.6亿元，年均增长10.1%，全市基本生活必需品保持稳定增长。2022年，莆田居民人均可支配收入达到3.7万元，相较2013年的1.8万元实现翻倍，城乡居民人均可支配收入比值由2013年的2.13下降至1.89，城乡收入差距进一步缩小。

十年来，莆田市重点产业势头强劲，着力推进产业科技创新，发展新质生产力。莆田市明确了鞋服、工艺美术、食品、新型功能材料、电子信息、新能源、高端装备、生命健康、数字经济、海洋经济、绿色经济和文旅经济12条重点产业的发展方向。2022年，莆田市鞋服产业已形成千亿元产业集群，工艺美术、新型功能材料两大产业集群超500亿元；电子信息、新能源产业、高端装备产业三大产业集群超300亿元，莆田市连续五次荣获全国科技进步先进城市称号。

十年来，莆田市建设生态宜居城市取得了一定成就。木兰溪流域获评全国“绿水青山就是金山银山”实践创新基地；湄洲岛入选国家级再生水利用配置试点，获评全国水系连通及水美乡村建设试点县优秀等次；绿色

1　莆田市统计局：《莆田统计年鉴2023》，中国统计出版社2023年。
2　莆田市统计局:《2022年莆田市国民经济和社会发展统计公报》,2023年3月27日。

低碳发展案例亮相联合国气候变化大会等。莆田获评全国绿化模范城市、国家森林城市、国家水生态文明城市等称号。莆田以生态打造美城，让百姓家园更宜居。

十年来，莆田市罗屿港建设从无到有。东南沿海最大的铁矿石码头——罗屿码头建成投用，党的十八大以来，罗屿港建设从无到有，已形成集铁路、公路、水水中转于一体的综合集疏运体系。2022年，罗屿港码头矿石吞吐量达到5000万吨，未来将进一步全力打造“智慧港口”。

十年来，莆田市深度融入新发展格局。这十年，莆田获批国家跨境电子商务综合试验区、新能源产业创新示范区、北斗三号综合应用示范城市、产融合作试点城市和信息消费示范城市，并获批设立国家级“海峡两岸生技和医疗健康产业合作区”，经济焕发新的活力。开通莆台集装箱班轮航线、对台供气通道，实现莆台海上货运直航，莆台进一步深化融合发展。[1]

三、莆田市重点产业分布

莆田市重点推进鞋服、工艺美术、食品、新型功能材料、电子信息、新能源、高端装备、生命健康、数字经济、海洋经济、绿色经济和文旅经济12条重点产业链的发展。每条产业链由市委书记、市长担任“总链长”，按照“一产业链一专班”，成立12个重点产业发展专项领导小组，分别由市领导担任领导小组组长，统筹协调推进各产业链发展的各项工作。[2]

1　余静、陈霖：《莆田这十年，很硬核！》，腾讯网2022年10月21日。
2　林剑波、陈荣富：《莆田：“链长”带头，重点产业链建设加速》，《福建日报》2023年7月10日。

根据《莆田市创新驱动发展战略行动方案（2023—2025年）》，莆田将围绕12条重点产业链，重点推进技术创新、产品创新、管理创新和商业模式创新，鼓励企业研发新技术、新产品，发展新业态、新模式。

鞋服产业方面，鼓励企业发展智能制造，加强新材料、新技术、新设备应用；运用元宇宙、3D打印等新技术推动莆田鞋服产业迈向时尚化；通过开展个性化定制和细分领域的产品创新，满足消费者新的消费需求。

工艺美术产业方面，推广三维数字化设计、三维雕刻、3D打印等技术。鼓励企业研制或使用智能化生产设备，发展直播电商。推动工艺美术产业和文化旅游产业深度融合。

食品产业方面，鼓励企业研发食品新型配方，支持应用新技术、新装备、新模式，发展专业化规模化冷链物流。推动食品产业和文化旅游、医养健康等产业深度融合。

新型功能材料产业方面，推广超临界二氧化碳发泡等技术，鼓励企业研发阻燃、抗菌、防污、透气、可再生鞋服面料，以及轻质、高弹、高强运动鞋底材料。支持企业研制水性聚氨酯防水涂料、高端装饰内墙艺术漆、鲜呼吸抗病毒全效水性木器涂料等新型环保涂料产品，以及聚碳酸酯、聚丙烯、己内酰胺等高性能树脂产品。

电子信息产业方面，重点发展智能终端、集成电路、可穿戴设备、高清液晶面板、电子元器件、柔性电子等。引进一批集成电路设计、制造、封装、测试等企业。支持企业开发高端TFT-LCD液晶显示模组、柔性OLED显示模组。

新能源产业方面，重点发展海上风电和新能源汽车。鼓励企业研发风电、光伏、液化天然气（LNG）、储能等领域新技术，以及氢能、生物质能等领域新产品。支持湄洲岛建设多能源互补微电网示范项目，发展能源互联网。

高端装备产业方面，引进和推广“三电”（电池、电机、电控）新技术，支持云度研发智能网联汽车。发展制鞋、雕刻、食品加工等智能装备，加快物联网等技术与机械装备融合应用。

生命健康产业方面，结合国家级海峡两岸生技和医疗健康产业合作区建设，发挥莆田市民营医院优势，重点开展核医学与肿瘤诊断治疗、智能诊断与早期筛查、创新生物治疗、生物制药与高端医疗设备等，鼓励企业发展健康大数据，研制智能诊断系统、智能诊疗设备和医用机器人，运用新一代信息技术提高新药和新型医疗器械研发效率。与北京大学合作建立莆田生物医药器械产业园。支持和推进湄洲湾职业技术学院与健康力（莆田）医疗科技有限公司合作共建“全国医疗器械维修研发中心”。

数字经济方面，加快推进数字产业化和产业数字化，重点发展平台经济，推进制造业数字化转型。强化平台思维，善于找平台、建平台、用平台，在更高层次、更大空间整合行业资源和发展要素。建设一批产业互联网平台，支持平台企业做大做强。大力发展智能制造、网络化协同制造、大规模定制、服务型制造、云制造、共享制造等先进制造业，建设一批数字化工厂，推动制造业高质量发展。建设“莆田制造业数字化转型促进中心”，分级分类推进中小企业数字化转型。

海洋经济方面，重点发展海产品选育、海洋生态养殖、海洋生物医药、海上风电等。加强双线紫蛤、花蛤、南日鲍、牡蛎“四大贝苗”良种资源保护，培育“真蛸”“绿盘鲍”“龙须菜”等新品种。建设数字海洋，发展智慧渔业。鼓励企业研制水下机器人等海洋装备。

绿色经济方面，开展碳捕集利用与封存技术研究，助力莆田市实现碳达峰、碳中和目标，创建一批绿色园区，开展园区循环化改造示范试点。通过信息化建设、技术改造等推进工业企业节能减排；鼓励大中型企业开展合同能源管理，提高能源利用效率。推动LNG冷能综合利用，打造国家级LNG战略储备基地。以钜能电力为龙头，加快异质结太阳能电池迭代升级，做大做强国家新能源产业创新示范区核心区。组建莆田市“双碳”智库。完善绿色金融、绿色贸易、碳交易等认证体系，衔接好省级碳达峰碳中和综合管理平台，打造“绿色双碳服务+绿色公共服务+绿色金融服务”的绿色经济新模式。

文旅经济方面，大力发展数字文化和智慧旅游。实施莆田文化数字化战略，对公共文化设施进行数字化、智能化改造。规划建设文化创意产业园，加快发展电子竞技、数字娱乐等产业。整合涉旅信息资源，为游客随时随地提供基于位置的信息服务，实现“一机游莆田”。积极开展旅游目的地网络营销，把湄洲岛等建设成为智慧景区。加快发展“互联网+乡村旅游”，助力乡村振兴。引导旅行社、星级酒店等涉旅企业开展信息化建设，更好地满足游客需求。[1]

四、莆田市著名企业概览

三棵树涂料股份有限公司创立于2002年，2006年在上海证券交易所A股主板上市。公司致力于在工程领域打造集内外墙涂料、防水、保温、工业涂料、地坪、家居新材料、基辅材、施工服务为一体的绿色建材一站式集成系统，在零售领域打造乳胶漆、艺术漆、美丽乡村、胶黏剂、基辅材、防水涂料、小森板“七位一体”产品和马上住服务的美好生活解决方案。2022年，公司位居全球建筑装饰涂料排名第8位，全球涂料上市公司市值25强排行榜第9位、中国第1位。公司参与了103项国家、行业等各项标准的制定，拥有700多件授权专利，研制了30多个一级保密配方，并在核心技术期刊发表论文127篇。

1　莆田市人民政府：《莆田市人民政府办公室关于印发莆田市创新驱动发展战略行动方案（2023—2025年）的通知》，2023年5月18日。

达芙妮投资（集团）有限公司是一家从事鞋类产品及其配件的制造、分销、零售业务的上市企业。公司核心品牌分部从事达芙妮（Daphne）、鞋柜（Shoe Box）品牌产品的销售，其他品牌分部从事爱意（Aee）、杜拉拉（dulala）等品牌产品的销售。达芙妮在经历重大调整后，决定开启品牌年轻化和新零售战略。公司于2021年孵化了全新产品线DAPHNE.LAB，该产品线的主要目标客群为“Z世代”消费者。同年，达芙妮在缩减线下门店规模的同时，开始拓展新的渠道方式，通过与抖音等新兴短视频平台合作，布局电商领域。

福建省亚明食品有限公司成立于2003年，是一家集研发、生产、销售高端酒店速冻菜肴的企业。公司产品销往全国及海外，日产值达百万元以上，是莆田市持续增长型的纳税大户。公司三次获评国家级“高新技术企业”，是省“专精特新”企业，获得了“中国食品工业优秀龙头企业”和“中国食品安全年会百家诚信示范单位”等称号。2019年，公司引进孙宝国院士专家团队，成功设立省级“院士专家工作站”，已申获知识产权300多项，做到连续6年荣获全国食品行业最高科技奖。公司的“梦8金牌骨”获得福建省改革开放40周年食品工业“单项产品冠军奖”。

表1-7-1　莆田市著名企业概览

百威雪津啤酒有限公司	福建复茂食品有限公司
才子服饰股份有限公司	福建省亚明食品有限公司
达芙妮投资（集团）有限公司	福建永荣科技有限公司
方家铺子（莆田）绿色食品有限公司	青春之家（福建）体育用品有限公司
福建豆讯科技有限公司	三棵树涂料股份有限公司

注：排名不分先后。参考上市公司市值、品牌价值、中华老字号认定、中国驰名商标认定。

第八章　龙岩市发展总览

一、龙岩市历史文化、政治经济概览

龙岩市位于福建省西南部，通称闽西，北与三明市接壤，南与广东省梅州市相邻，东与泉州、漳州两市接壤，西邻江西省赣州市。龙岩市是闽南沿海连接内地的主要通道，具有较大区位优势。地势方面，龙岩市总体呈东高西低的特点，平均海拔652米，山地丘陵占全市总面积的94.95%，该地区气候温和，四季分明，属亚热带季风气候。

龙岩的历史悠久。龙岩周时属“七闽”部落，先秦时期是“闽越人”的聚居地。西汉初期的古国“南海国”定都于此。龙岩还是客家祖地。中华人民共和国成立后，闽西各县属于福建省第八专区。1950年，第八专区改称龙岩专区。1970年，龙岩专区改称龙岩地区。1981年设立县级龙岩市。1997年3月，撤销县级龙岩市，设立新罗区。同年5月1日设立地级龙岩市。[1]

龙岩是著名的革命老区。龙岩曾是中央苏区的中心区域，也是毛泽东思想的重要发祥地。1929年12月，中国工农红军第四军第九次党的代表大会在古田召开，通过了古田会议决议，对中国共产党和工农红军的发展产生了深远影响。1930年，毛泽东在这里写下《星星之火，可以燎原》。龙

1　中共龙岩市委党史和地方志研究室：《建制沿革》，龙岩史志网 2020 年 4 月 27 日。

岩也是红军长征出发地之一，长征时期，闽西地区建立游击根据地，抗日战争和解放战争时期的闽西积极配合全国形势展开斗争，直至闽西解放，被赞誉为“二十年红旗不倒”。[1]

龙岩有丰富的森林、水资源和矿产等自然资源。龙岩市是福建省三大林区之一，森林覆盖率达79.3%，森林储积量达12725万立方米，毛竹立竹量4.6亿株。全市拥有144条流域面积大于50平方千米的河流，总长度为4231.7千米，河川年径流量288.55亿立方米。龙岩市已发现64种矿物，其中49种已探明资源总量，其中21种资源探明储量占全省第一位。位于龙岩曹溪乡的马坑铁矿是华东第一大铁矿，龙岩还拥有中国大型的高岭土矿之一东宫下高岭土矿，以及紫金山金铜矿。

龙岩有众多旅游景区及文物保护单位，全市拥有世界文化遗产地福建土楼永定景区、国家AAAAA级旅游景区2个、国家AAAA级旅游景区13个、国家AAA级旅游景区44个，以及16处（124个点）国家重点文物保护单位，已形成古田红色游、永定土楼游、长汀古城游、丹霞温泉游、休闲生态游等五大文旅品牌。[2]

龙岩获得了多项荣誉称号，入选多个城市建设名单。龙岩是全国文明城市、国家级可持续发展实验区、全国生态文明建设试点地区、国家普惠金融发展示范区、中国专用汽车名城、福建省整体投资环境最佳设区市，入选新一批城市开展创新型城市建设名单、全国市域社会治理现代化试点合格城市，获得“全国无偿献血先进城市”称号，成为首批国家知识产权强市建设试点城市。[3]

1　邱德昌：《龙岩：客家廉贤红土清风》，龙岩史志网2021年6月15日。
2　龙岩市统计局、国家统计局龙岩调查队：《龙岩统计年鉴2023》，中国统计出版社2023年版。
3　龙岩市人民政府：《走进龙岩》。

二、经济视角看龙岩市的过去十年

党的十八大以来，龙岩市落实新发展理念，坚定不移走高质量发展之路。龙岩拼搏奋进，发展水平和质量显著提高，城市面貌日新月异，城镇化建设持续推进，人民幸福指数不断提升。

十年来，龙岩市落实新发展理念，经济发展势头良好。龙岩大抓招商、大抓产业、大抓项目，推动经济持续平稳增长，发展质量显著提高。2013年，全市实现地区生产总值1526.2亿元；2022年，全市实现地区生产总值3314.5亿元，平均增长率达9%，综合经济竞争力跻身全国百强。第一产业增加值从2013年的168.6亿元增长到2022年的311.3亿元，是2013年的1.85倍；第二产业增加值从765.7亿元增长到1420亿元，第三产业增加值从591.9亿元增长到1583.2元，是2013年的2.67倍。

十年来，龙岩市居民人均可支配收入高速增长，用工待遇水平持续提升。2013年，城镇居民人均可支配收入23788元，农村居民人均可支配收入10842元；2022年，城镇居民人均可支配收入45990元，农村居民人均可支配收入24407元。居民人均可支配收入高速增长，城乡居民收入差距进一步缩小，由2013年的2.19：1缩小为2022年的1.88：1。2022年龙岩市在岗职工年平均工资102124元，较2013年增长128.1%，用工待遇水平呈持续提升态势。

十年来，龙岩市城镇化建设持续推进，居民生活更加便利。2022年，全市常住人口城镇化率达到64.2%，比2013年提升12.8个百分点，年均提升1.3个百分点。党的十八大以来，国务院批复同意永定撤县设区、龙岩高新区升级为国家高新区、古田镇列入国家首批特色小镇试点，美丽乡村建设取得明显成效，新型城镇化稳步推进。十年来，随着经济社会稳步发展，城乡建设日新月异，居民收入和消费水平不断提高，出行变得越来越便利，龙岩人民的幸福感大幅提升。[1]

十年来，龙岩市重大产业项目加速落地，大批项目实施建设。福建龙钢、力隆氨纶、新安阻燃剂、新能源乘用车等重大产业项目相继落地实施，紫金铜业铜冶炼技改、龙马高端环卫装备车辆、龙净智慧环保、常青三元前驱体、时代思康等带动性强的高端项目建成投产。[2]龙岩建设闽西革命老区高质量发展示范区获批实施，与粤港澳大湾区共建产业合作试验区、与广州对口合作等一批重大事项获国家明确支持，长连武可持续发展实验区政策延续至2025年；九龙江山水林田湖草沙保护修复、能源互联网产业园等一批重大项目落地实施，国家园林城市、海绵城市等一批国字号品牌成功创建，累计争取中央和省级预算内资金超90亿元。[3]

三、龙岩市重点产业分布

（一）“5+N”重点产业体系

龙岩市形成了“5+N”重点产业培育发展体系，即做大做强有色金属、机械装备、建筑业、文旅康养、特色现代农业5个主导产业；培育壮大数字产业、新材料新能源、生物医药、现代物流4个新兴产业；优化提升烟草、纺织、建材、商贸服务业4个传统产业，培育新质生产力，构建高质量现代产业体系。

1　龙岩市统计局、国家统计局龙岩调查队：《龙岩统计年鉴2023》，中国统计出版社2023年出版。

2　龙岩市人民政府：《非凡这十年 奋进新征程·聚焦老区苏区高质量发展》，2022年9月28日。

3　王尚华：《青山焕新颜　红土绽芳华——党的十八大以来龙岩老区苏区发展成就综述》，《闽西日报》2022年10月16日。

龙岩坚持把实体经济作为立市之本，构建现代产业体系，通过突出重点，大抓招商、大抓产业、大抓项目，形成了有色金属、机械装备、文旅康养、建筑业等千亿级产业，拥有龙马环卫、龙工集团、龙净环保等“龙字号”龙头企业，拥有世界500强企业紫金矿业。培育形成了稀土新材料、锂电新能源材料、含氟新材料等产业链，相关产品广泛应用于半导体制造。德尔科技含氟电子气体、天甫电子湿电子化学品、贝思科纳米钛酸钡粉体材料等多项技术成功解决我国的难点问题。[1]

（二）“2+4”工业产业

在发展壮大“5+N”产业的基础上，龙岩市重点抓好“2+4”工业产业，即有色金属、机械装备2个主导产业，以及新材料、新能源、电子信息、节能环保4个战略性新兴产业。2022年，龙岩市有色金属、机械装备两大主导产业的产值分别达1445亿元、900亿元，新材料、新能源、电子信息、节能环保4个战略性新兴产业产值快速增长。中共龙岩市委、龙岩市人民政府于2023年10月印发的《龙岩市加强科技创新推动闽西革命老区高质量发展行动计划（2023—2030年）》指出，龙岩将聚焦“2+4”产业布局，围绕产业链部署创新链、围绕创新链布局产业链，建设产业研发平台、科技创新创业园区和全生命周期科技创新服务机制。

预计到2030年，龙岩“2+4”产业研发平台建设进一步提升，力争“2+4”产业开放式研发机构全覆盖，开放合作共享的科技创新平台工作机制基本形成，有力支撑我市科技创新事业发展；科技创新创业园区建设更加完善，全生命周期科技创新服务机制更加健全，“2+4”产业研发平台、科技创新创业园区成为闽西革命老区高质量发展的强力引擎，全社会

1　蓝明丰、黄大润、兰明桂：《龙岩市实施“产业强市”战略推动产业转型升级》，闽西新闻网2021年8月12日。

研发投入水平明显提升，产业技术创新体系持续优化，科技自立自强能力显著增强。[1][2]

四、龙岩市著名企业概览

紫金矿业集团股份有限公司是一家以金、铜、锌等金属矿产资源勘查和开发为主的大型矿业集团，形成了以金、铜、锌等金属为主的产品格局，投资项目分布在国内24个省（自治区）和加拿大、澳大利亚、巴布亚新几内亚、俄罗斯、塔吉克斯坦、吉尔吉斯斯坦、南非、刚果（金）、秘鲁等9个国家。公司拥有中国黄金行业唯一的国家重点实验室，以及国家级企业技术中心、院士专家工作站等一批高层次的科研平台，拥有一批适用性强、产业化水平高、经济效益显著的自主知识产权和科研成果。公司还与福州大学共同创办紫金矿业学院，为中国和世界培养优秀矿业人才。公司本部及部分权属企业获得国家高新技术企业资格。

福建龙净环保股份有限公司创建于1971年，2000年在上海证交所上市，是中国环保产业的领军企业和国际知名的环境综合治理服务企业和能源服务供应商。公司专注于环保、节能领域研发及应用，致力于提供综合治理系统解决方案，业务涵盖大气污染治理、水污染治理、固危废处置、土壤修复及生态保护、低碳节能等领域产品及工程业绩遍布全国34个省、自治区、直辖市，并出口欧洲、亚洲、非洲、南美洲的40多个国家和地区。现位列“中国大气污染治理服务企业20强”首位、中国环境企业50强第8位。

1　张杰、戴敏：《打造新时代革命老区振兴发展“龙岩样板”》，《福建日报》2023年7月5日。

2　《加快实施创新驱动发展战略　让闽西革命老区焕发新风采——〈龙岩市加强科技创新推动闽西革命老区高质量发展行动计划（2023—2030年）〉解读》，《闽西日报》，2023年10月12日。

龙岩卓越新能源股份有限公司是一家专业利用废油脂（地沟油、酸化油等）从事生物柴油、衍生产品工业甘油、生物酯增塑剂、水性醇酸树脂等的研发、生产与销售的资源循环利用企业。公司是我国生物柴油行业产能规模大、出口量多、创新能力强劲的龙头企业。公司为国家级“高新技术企业”，拥有“省级企业技术中心”“生物质能企业重点实验室”“生物柴油企业工程技术研究中心”。公司拥有4个生物柴油生产基地，合并年产能超过50万吨；拥有2个生物基绿色材料生产基地，合并年产能超过9万吨。

表1-8-1　龙岩市著名企业概览

福建龙净环保股份有限公司	龙岩卓越新能源股份有限公司
福建赛特新材股份有限公司	龙洲集团股份有限公司
福龙马集团股份有限公司	永定采善堂制药有限公司
连城美玉堂连史纸文化有限公司	紫金矿业集团股份有限公司
龙岩沉缸酒业有限公司	紫金铜业有限公司

注：排名不分先后。参考上市公司市值、品牌价值、中华老字号认定、中国驰名商标认定。

第九章　三明市发展总览

一、三明市历史文化、政治经济概览

三明市位于福建中部，地处武夷山脉和戴云山脉之间，东部与福州连接、东南部与泉州相接、西南接龙岩、西濒江西、北通南平，全境土地总面积2.29万平方千米，全境地势总体呈现西南部高、东北部低的态势，域内林木资源丰富，气候宜人。

三明自古人杰地灵，底蕴厚重。三明是闽人之源、闽学之源、闽师之源、闽江之源和客家祖地。在万寿岩发现的古人类遗址，把福建人类活动的历史推向了18.5万年前。夏商时期，三明属于扬州地，周时属“七闽”部落，战国时期属楚国，秦汉时期属闽中郡及扬州会稽郡东冶县。中华人民共和国成立后，三明境域曾属龙岩、永安、南平专署。经多次建制改制后，于1983年成立省辖三明市，实行以市带县的管理体制。

三明全域为原中央苏区县，是著名的红土地。三明是毛主席诗赞“风展红旗如画”的中央苏区核心区，是中央红军长征的四个出发地之一。毛泽东、周恩来、朱德等老一辈革命家曾在三明留下革命足迹。红军五次反“围剿”都与三明密切相关。革命战争年代，共3.7万名三明子弟参加红军、1.12万名参加长征，承担起最艰巨的任务，涌现了许多可歌可泣的英雄事迹，为中国革命胜利做出重大贡献。2021年1月，三明被国务院列入革命老区高质量发展示范区。

三明是著名的客家祖地，客家文化底蕴深厚，是客家先民繁衍生息的聚集地。三明全市中有10个县（市、区）是客家县，历史上，三明曾成为中原汉人躲避战乱灾祸的重要迁居之所，因而成为客家文化与历史孕育发展的祖地。其中，三明市宁化县是世界公认的客家祖地，具有较为明显的客家地域特色，宁化石壁村在客家文化形成的过程中起到了重要作用，被认定为“客家摇篮”“客家祖地”。

三明有丰富的矿石及森林资源。截至2022年底，三明市发现各类矿产79种，其中已登记入册的矿产49种，已开发利用的矿产43种，主要矿种有石灰岩、萤石、铅锌、稀土、钨、隐晶质石墨、高岭土等。已形成大田—永安煤矿、清流—明溪萤石矿、尤溪梅仙铅锌矿、宁化行洛坑钨矿、永安坑边水泥用灰岩等一批重要资源基地。三明市林地面积189.85万公顷，占土地总面积的82.7%；森林面积177.1万公顷，森林覆盖率77.12%，森林蓄积量2.1亿立方米，位居全省各设区市前列；生态公益林46.3万公顷（国家级40.3万公顷，省级6.0万公顷）；重点生态区位内商品林13万公顷。

三明文旅资源丰富，截至2022年底，三明市共有全国重点文物保护单位12处、世界自然遗产1个、世界地质公园1个、国家地质公园5个、国家级风景名胜区3个。A级旅游景区73个，其中，国家AAAAA级旅游景区1个，国家AAAA级旅游景区23个，国家AAA级旅游景区49个。三明市有国家级非物质文化遗产项目7个；省级非物质文化遗产项目有65个。[1]

二、经济视角看三明市的过去十年

过往十年，三明发展势头良好，经济社会发展再上一个新台阶，人民

1　三明市人民政府：《三明市概况》。

生活水平不断提高。三明着眼于改革与发展相融合、与民生共促进，推动改革向更深层次挺进。三明市在医改、林改领域持续探索，成为医改和林改领域的全国模范生。

十年来，三明市经济蓬勃发展。2013年，三明全市地区生产总值1533.47亿元，2017年突破两千亿元，2022年，三明全市地区生产总值突破三千亿元，达3110.1亿元，平均增长率8.2%。其中，第一产业增加值从2013年的208.1亿元增长到2022年的339.6亿元，平均增长率5.6%；第二产业增加值从842.2亿元增长到1580.9亿元，平均增长率7.2%；第三产业增加值从483.1亿元增长到1189.6亿元，平均增长率10.5%。工业增加值从645.4亿元增长到1148.9亿元，平均增长率6.6%。地方一般公共预算收入从2013年的89.9亿元增长到111.4亿元，平均增长率2.4%。

十年来，三明市居民生活质量不断提升。2022年，三明市社会消费品零售总额883.3亿元，较2013年的419.1亿元翻一番，物价指数保持平稳运行；全体居民人均可支配收入34994元，较2013年的16895元翻一番，城镇居民、农村居民人均可支配收入分别平均增长7.7%、9.2%，城乡发展差距进一步缩小。城镇化率从2013年的53.7%上升至2022年的64.4%。十年来，三明市社会安定有序、团结和谐、充满活力，居民生活水平不断提升。

十年来，三明市成为全国首个深化医改经验推广基地，党的十八大以来，随着医改的不断深化，三明医改成为全国样板，被列为全国首个深化医改经验推广基地。2012年以来，三明市启动医药、医保、医疗“三医联动”改革。通过一系列举措，三明市斩断医药领域利益链，打掉洗钱、回扣、促销、贿赂黑幕，让药品、医生回归治病救人本位，逐步破解“看病贵”问题，获得了“药价下降、医务人员收入增加、医保扭亏为盈”三赢。2021年3月，习近平总书记亲临三明考察，对三明医改等给予充分肯定。[1]2021年10月，三明医改持续推进，研究制定了《三明市实施“六大工程”推进医改再出发行动方案》，在基本解决“看病难”“看病贵”的基础上，探索解决“看好病”“大健康”问题，逐步实现“大病不出省、常见病在市县基层解决”的目标。

十年来，三明市林改成绩亮眼，打好新质生产力绿色底色。三明市被确定为全国集体林业综合改革试验示范区。十年来，三明全市封山育林面积从2013年的65.6万亩增长至2022年的181.7万亩。在三明市政府的领导下，全市成立多家林权收储机构。三明首创中长期林权按揭贷款，创新性地推出“支贷宝”“福林贷”等多种金融工具，解决林权交易中的资金周转及贷款难的问题。2019年，三明探索林票改革，将林权资产化，推出一定范围内可流通的“林票”，实现资源资产化、股权林票化和林农股东化。2021年5月，三明签发了全国首批林业碳票。此外，沙县官庄国有林场探索森林资源合作模式，让林农们有了稳定收入。[2]

三、三明市重点产业分布

三明市重点发力打造“433”产业链体系，即培育钢铁与装备制造、新材料、文旅康养、特色现代农业等四大主导产业；壮大新型建材、高端纺织、现代种业等三大优势产业；积极扶持数字信息、生物医药、建筑产业等三大产业发展。三明充分发挥主导产业资源优势，推进资源优势往产业优势发展，加快“433”产业链体系的构建。三明拥有稀土储量200万吨、萤石储量3000万吨、石墨储量1亿吨以上；拥有3个世界级和190余个

1 徐文锦：《三明：以“改”解题创新发展》，《福建日报》2022年8月22日。
2 三明市林业局：《三明市“十三五”林业发展专项规划》，2021年11月23日。

国家级旅游品牌，以及近300种地域特色品类的农林产品。

三明围绕“433”产业链体系，加快产业链补链强链，组建专班推进，由市领导担任“总链长”和“一级链长”，统筹推进特色产业链建设。通过围绕产业链近期与中长期建设目标与工作任务展开专项规划的编写工作，实行“一链一策”，分链制定完善产业链建设扶持政策。[1]

三明市积极开展招商引资推进特色产业链发展。三明举办特色产业链招商活动，推介钢铁与装备制造、生物医药、高端纺织、文旅康养等特色产业链。三明将利用域内丰富的资源与扎实的产业基础，与投资方共商合作，吸引优秀人才，配置优质资源，汇聚优惠政策，与企业携手共创未来，推动三明市产业发展，共同谱写三明市高质量发展新篇章。[2]

四、三明市著名企业概览

福建三钢闽光股份有限公司是一家采用“焦化—烧结—高炉—转炉—连铸—全连轧”的长流程钢铁生产企业，拥有福建省较大的焦炉、烧结机、高炉、转炉和全省唯一的板坯连铸生产线，工艺技术及装备处于国内先进水平。公司主营业务为钢材产品的生产和销售，辅以配套、延伸等附属产业。“闽光”商标是福建省著名商标，产品多次获得“金杯奖”“全国实施用户满意工程先进单位用户满意产品”“冶金行业品质卓越产品”“福建名牌产品”“福建省用户满意产品”“福建省优秀新产品”等荣誉称号。

福建省八一村永庆竹木业开发有限责任公司是目前国内资深的竹材综合深加工企业之一，始创于2007年，是中国永庆集团在福建省三明市投资

1　《三明市百亿特色产业链“建链补链强链”招商行动工作方案》。

2　章龙、刘岩松：《我市特色产业链招商推介活动在厦门举行》，《三明日报》2023年9月7日。

兴建的三家竹业精加工企业之一。公司拥有竹林20万亩、竹材加工基地12个、关联加工点数百个，拥有质量优良、稳定的原料供应。公司生产的“永庆牌”全竹、竹木复合集装箱地板，经过10多年的市场检验，在集装箱地板领域市场占有率第一。公司连续3年获评集装箱制造商巨头——中集集团的优秀供应商，另外还与胜狮能源装备、东方国际、中铁集团、中南集团、万荣集团等业内头部客户建立了长期战略合作伙伴关系。

福建省永安林业（集团）股份有限公司成立于1994年，目前已发展成为集“生物质能源、森林培育与综合利用、人造板研产销”于一体的综合上市公司。公司森林经营面积115万亩，中密度纤维板生产能力为每年20万立方米，拥有博士后科研工作站、省级企业技术中心等科研平台，“永林”“永林蓝豹”“企鹅”等多个注册商标，低密度纤维板制备方法等45项专利。公司先后获得国家林业重点龙头企业、全国林业突出贡献奖“先进企业”、福建省农业产业化重点龙头企业、福建省知识产权优势企业等称号。

表1-9-1　三明市著名企业概览

福建和其昌竹业股份有限公司	福建省八一村永庆竹木业开发有限责任公司
福建金牛水泥有限公司	福建省永安林业（集团）股份有限公司
福建金森林业股份有限公司	福建省永安轴承有限责任公司
福建铙山纸业集团有限公司	福建一建集团有限公司
福建三钢闽光股份有限公司	三明市丰润化工有限公司

注：排名不分先后。参考上市公司市值、品牌价值、中华老字号认定、中国驰名商标认定。

第十章 南平市发展总览

一、南平市历史文化、政治经济概览

南平古称“闽北”，是福建省土地面积最大的设区市。辖两区三市五县，辖区土地面积2.63万平方千米，具有中国南方典型的“八山一水一分田”特征。南平境内有武夷山、杉岭、仙霞岭、鹫峰山四大山脉。主要河流有“一江八溪”，即闽江、建溪、富屯溪、崇阳溪、南浦溪、松溪、麻溪、沙溪和金溪。截至2022年末，南平市户籍人口313.7万人，常住人口265.1万人。

南平历史悠久，可以追溯到新石器时代。南平是福建开发最早的地区之一，4000多年前的新石器时代就已存在人类活动的痕迹。东汉时期，南平、建瓯、浦城就已建县。中华人民共和国成立后，域内设有第一、第二行政督查专员公署。经多次易名后，1956年3月，两署所属各县划归南平专员公署。1967年成立南平地区革命委员会，翌年改称南平专区革命委员会。1970—1988年，南平专区迁至建阳，1988年迁回南平，1994年9月设立地级南平市。

南平文化积淀深厚，是福建文化的发源地之一、闽越文化的摇篮，被誉为“闽邦邹鲁”和“道南理窟”。闽北曾涌现出了2000多位进士和19位宰相，而历史文化名人如朱熹、宋慈、辛弃疾、陆游、蔡襄、杨时、柳永、严羽等都曾在闽北留下足迹。特别是朱熹在闽北“琴书五十载”，所以后人有“东周出孔丘，南宋有朱熹，中国古文化，泰山与武夷”之说。

南平森林茂密，草场肥沃，植被及动植物资源丰富。南平森林覆盖率达78.89%，为中国南方重点林区，素有“绿色金库”“南方林海”之誉。全市森林面积3113.4万亩，林业用地面积3252.6万亩，针叶树、常绿阔叶树和乔灌木等森林植物有400余种。境内山区有银杏、楠木、黄檀、紫檀等珍稀名贵树种。南平市天然草场面大土沃，为发展牲畜业提供良好条件。南平市有植物1790多种，仅种子植物就有110科、1200多种。

南平雨量充沛，溪河纵横，水力资源潜力较大。南平市河流都是外流河，河水来源于降水，受地形、气候和植被的影响，具有源短流急、暴涨暴落、水量充足、季节性变化大、河道坡降陡、含沙量少、山绿水清等特点。主要河流“一江八溪”中的闽江、建溪、富屯溪干支流水力资源理论蕴藏量为387.4万千瓦，居福建省设区市第一位。

南平有良好的成矿条件和丰富的矿产资源。南平市地处武夷成矿带中部，是全国重点成矿带之一，有良好的地质成矿条件，矿产资源较为丰富。目前域内已发现的矿种有76种，已探明储量的矿产资源有59种。金、铀、硫铁矿、石墨等储量居福建省首位。

南平独特的地貌、气候条件构成得天独厚的旅游资源。以北部武夷山、古汉城为龙头，向二区三市五县延伸的景点有茫荡山、延平湖、天成岩、万木林、佛子山和归宗岩等150多个景点，自然景观、人文景观与生态景观交相辉映。至2022年末，全市共有A级旅游景区61家。[1]

1　南平市统计局、国家统计局南平调查队：《南平统计年鉴2023》，中国统计出版社2023年版。

二、经济视角看南平市的过去十年

党的十八大以来，南平市坚持以习近平新时代中国特色社会主义思想为指导，立足新发展阶段、贯彻新发展理念、服务和融入新发展格局。这十年，南平市经济发展迈向新台阶，经济总量跨越式扩张，人民生活水平不断提高。南平市建设绿水青山，以生态优先谋发展，坚定不移走高质量发展路线。

十年来，南平市经济增速较快，经济总量实现了跨越式扩张。十年来，南平市地区生产总值从2013年的1124.7亿元，增长到2022年的2211.8亿元，生产总值比2013年增长近一倍。2022年，全市人均生产总值达83136元，是2013年42521元的1.96倍；城乡居民人均可支配收入年均增速分别为6.9%和9.4%。地方公共财政收入从2013年的71.6亿元增长到2022年的104.1亿元，平均增速4.2%。

十年来，南平市始终坚定不移走生态优先、绿色发展之路，围绕推进生态产业化、产业生态化，发展绿色生产力。南平市做大绿色经济，聚焦“双碳”目标，把南平的生态优势、资源优势转化为高质量发展的经济优势、产业优势。南平市培育“五个一”生态优势产业和“3+4+5”重点产业集群，2022年，南平市规模工业企业“3+4+5”产业产值占全市规模工业产值比重达九成，南平市绿色发展路径逐渐明晰，以绿色为底色的新质生产力持续发展，富有活力的绿色产业体系逐步完善。[1]

十年来，南平市累计实施省市重点项目超4000项，建成通车合福高速铁路、南三龙铁路、衢宁铁路3条铁路，铁路建设里程居全省前列；建成通车宁武、松建、邵光、京台、延顺、南平联络线、顺邵7条高速公路，

1　南平市统计局：《2022年南平市规模工业“3+4+5”产业比重及贡献度均超九成》。

沙南高速公路正在建设中；建成通车全省首条旅游观光有轨电车武夷新区旅游观光轨道交通南平市站至武夷山景区线，全市交通基础设施显著改善。武夷新区基础设施建设、南平中心城区城市道路改造、县（市、区）道路改造工程等一批城市道路建成使用，县（市、区）棚户区改造及老旧小区改造等一批安居工程建成，全市人居环境进一步改善。[1]

十年来，武夷新区建设成效显著。2012年，《武夷新区城市总体规划》获福建省政府批准通过，武夷新区正式开展建设工作。十年来，南平市推进区域协调和城乡统筹发展，建起了绿色、宜居的武夷新区。目前，武夷新区的商业体、剧院、图书馆等文娱设施逐渐完备；多所学校落成，全面覆盖幼儿园到高中教育；轻轨、机场等公共交通设施未来可期；体育中心、市民公园、云谷水系公园串联起15分钟休闲体育圈。武夷新区呈现一派蓬勃发展的景象，逐步建起一座山水相融、城景相依、绿色生态的宜居新城。

十年来，南平市武夷山国家公园建设高质量推进。2021年3月，习近平总书记在福建考察时，明确要求武夷山“要坚持生态保护第一，统筹保护和发展，有序推进生态移民，适度发展生态旅游，实现生态保护、绿色发展、民生改善相统一”[2]。武夷山国家公园正围绕建设“文化与自然遗产世代传承、人与自然和谐共生的典范”目标，突出自然和人文兼备、保护和发展兼容、全民和集体兼顾、科研和游憩兼具，高起点、高标准、高质量推进国家公园建设。武夷山国家公园治理巡护方面，正在持续向智能化、科技化转型，摆脱了耗时费力的人海战术。公园智慧管理中心综合运用智能化技术，实现了对公园“天地空”全方位、全天候监测管理，用最

1 刘萍：《南平发展改革这十年 舵稳帆满向前进》，中国网2022年9月30日。
2 林永龙、张辉、赵锦飞：《绿色发展，生态高地展新姿》，《福建日报》2022年3月14日。

智慧先进的手段，保护好生态。[1]

三、南平市重点产业分布

（一）“3+4+5”重点产业集群

南平市打造“3+4+5”重点产业集群，即食品加工、林产工业、旅游康养3个千亿产业集群，机电制造、新型轻纺、新型建材、氟新材料4个五百亿产业集群，新能源、生物医药、电子信息和数字产业、现代物流、教育文化5个百亿产业集群。

“十四五”时期，南平市加快推动产业链、供应链、创新链、价值链深度融合，着力培育“3+4+5”重点产业集群。2022年，南平市规模工业“3+4+5”产业累计实现产值1801.2亿元，占全市规模工业产值的比重达90%，同比增长6.4%，对全市规模工业产值增长的贡献度达96.3%，拉动增长5.8个百分点。其中，增长居前三的产业分别是电子信息和数字产业（44.1%）、氟新材料（32.5%）和生物医药（20.2%）；贡献度居前三的产业分别是食品加工（33.2%）、林产工业（19.9%）和氟新材料（20.2%）。[2]

（二）“五个一”特色产业

南平市“五个一”特色产业指一座山、一片叶、一只鸡、一根竹、一瓶水。

1 福建台融媒体中心：《非凡十年｜南平：绿色发展地 生态宜居城》，腾讯新闻2022年8月26日。
2 南平市统计局：《2022年南平市规模工业“3+4+5”产业比重及贡献度均超九成》，2023年1月16日。

南平做美“一座山”，持续推进环武夷山国家公园保护发展带等项目建设；做香“一片叶”，深入践行习近平总书记提出的“三茶”统筹，切实落实全国茶叶标准园示范基地、生态茶园的建设，不断提升茶产业科技水平；做全“一只鸡”，培育打造以圣农为龙头的食品加工千亿产业集群，做深做长做强全鸡产业链；做深“一根竹”，南平深耕全竹综合利用，培育竹木行业工业设计研究院，开展“以竹代塑”技术攻关，真正实现从一棵笋到一根竹全链循环利用；做活“一瓶水”，用活用好水资源，推进水产业高质量发展。[1]

四、南平市著名企业概览

福建圣农发展股份有限公司专注于白羽鸡生产30多年，是国内同行业现代化程度最高、品质最好、规模最大的集饲料加工、祖代与父母代种鸡养殖、种蛋孵化、肉鸡饲养、肉鸡屠宰加工为一体的联合型企业。公司是肯德基的长期战略合作伙伴、麦当劳唯一中国本土鸡肉供应商，以及双汇、太太乐、安井、海霸王等品牌和沃尔玛、麦德龙等大型超市重要鸡肉供应商。公司生产基地主要分布在福建和江西，并在浙江及上海设立了创新营销中心和产品研发中心，根据公司2023年半年报披露，公司白羽鸡养殖产能已超7亿羽（含圣越农牧产能），已建及在建食品深加工产能合计超过43.32万吨，产品辐射范围广，并远销海外。

福建南平南孚电池有限公司注册成立于1988年，是中国先进的电池科技公司，专注于小电池领域，坚持以科技为先导、以产品为重心、以客户为中心。公司拥有技术中心和博士后科研工作站，并与全国重点大学、中

1　南平广播电视台新武夷：《福建省这场新闻发布会　南平重点介绍“五个一”特色优势产业》，2021 年 8 月 11 日。

国科学院研究所合作成立多个新型能源研究中心，形成了科研创新机制，是中国电池领域中拥有雄厚科技力量的企业。公司产品行销世界五大洲60多个国家和地区，向消费者展现中国产品的品质和民族企业的魅力。

福建南平太阳电缆股份有限公司创建于1958年，从事电线电缆研究、制造已有60多年历史，于2009年在中国A股市场上市。公司先后获得了福建省政府质量奖、中国电线电缆行业竞争力二十强、2022年电线电缆十大品牌等荣誉。公司是国家电网、南方电网、人民大会堂、北京奥运工程、长江三峡向家坝水电站、福州地铁、广州白云国际机场、海峡国际会展中心等国家大型重点项目的供应商，产品出口到美国、日本、新加坡、也门、阿联酋等国家。近年来，公司加快企业数字化转型步伐，推进智能制造的转型升级，开发了质量追溯系统及智联制造等不同场景，提高产品生产与质量管控的水平。

表1-10-1　南平市著名企业概览

福建闽瑞新合纤股份有限公司	福建双龙戏珠酒业有限公司
福建南平南孚电池有限公司	福建武夷山国家级自然保护区正山茶业有限公司
福建南平太阳电缆股份有限公司	福建元力活性炭股份有限公司
福建省武夷山瑞泉茶业有限公司	龙竹科技集团股份有限公司
福建圣农发展股份有限公司	武夷星茶业有限公司

注：排名不分先后。参考上市公司市值、品牌价值、中华老字号认定、中国驰名商标认定。

第二部分

新质生产力在企业

第一章　绿色经济源动力——宁德时代

引　言

1746年，马森布罗克第一次用“莱顿瓶”收集到了电荷。

1887年，英国人赫勒森第一次把收集到的电荷装进干电池。

1890年，美国人爱迪生第一次让电池可以充电，循环利用。

1956年，北京成立第一个电池研究所，我国开始了电池技术探索。

61年后，也就是2017年，历经无数坎坷，宁德时代成为动力电池出货量全球第一的企业。

宁德时代，这家新能源赛道的超级巨头，已经连续7年动力电池使用量全球排名第一，连续3年储能电池全球排名第一。也正是因为宁德时代在动力电池领域的不断突破，才有了当下新能源汽车如火如荼的出海浪潮，才能让新能源汽车扛起新时代出口“新三样”的大旗。

宁德时代，不仅仅是福建省发展“新质生产力”的杰出体现，放眼世界，也是我国发展“新质生产力”的一张名片。

一、新技术：引领极限“智造”

宁德时代新能源科技股份有限公司成立于2011年，是全球领先的动力电池和储能电池企业。根据新能源设备研究资讯机构SNE Research统计，2023年公司全球动力电池使用量的市场占有率为36.8%，同比提升0.6个百分点，连续7年排名全球第一；2023年公司全球储能电池出货量的市场占有率为40%，连续3年排名全球第一。

宁德时代重视研发体系建设，已经培养了超万人的研发团队。公司拥有电化学储能技术国家工程研究中心、福建省锂离子电池企业重点实验室等各具特色的研发机构，并设立了“博士后科研工作站”“福建省院士专家工作站”。公司与上海交通大学、清华大学、复旦大学、中国科学院等多所知名高校及科研院所在联合人才培养、科技攻关等方面开展深度合作。截至2023年12月31日，宁德时代研发技术人员达到20604名（比2022年底增加4282人），其中，博士学历人员361名、硕士学历人员3913名。公司拥有8137项境内专利及1850项境外专利，正在申请的境内和境外专利合计19500项。

先进的研发和管理体系帮助宁德时代实现了绿色、高效的极限制造水平。宁德时代从产品质量、生产效率、安全保障等方面入手，不断提升电池制造能力，利用先进分析、数字孪生仿真、5G+、3D打印、边缘计算与云计算等技术，创新性推进设计、工艺、检测智能化，持续提升品质和效率。

2023年，公司获得瑞欧盈—埃非索管理咨询公司（ROI-EFESO）颁发的“工业4.0中国奖”和“工业4.0全球奖”，入选美国《时代》周刊“最有影响力的100家企业榜单”，公司首席科学家荣获2023年欧洲发明家奖项。

先进的研发体系帮助公司持续推出各类创新性技术，引领行业前行。

在保障安全性的前提下，电池结构的升级成为增加能量密度、降低成

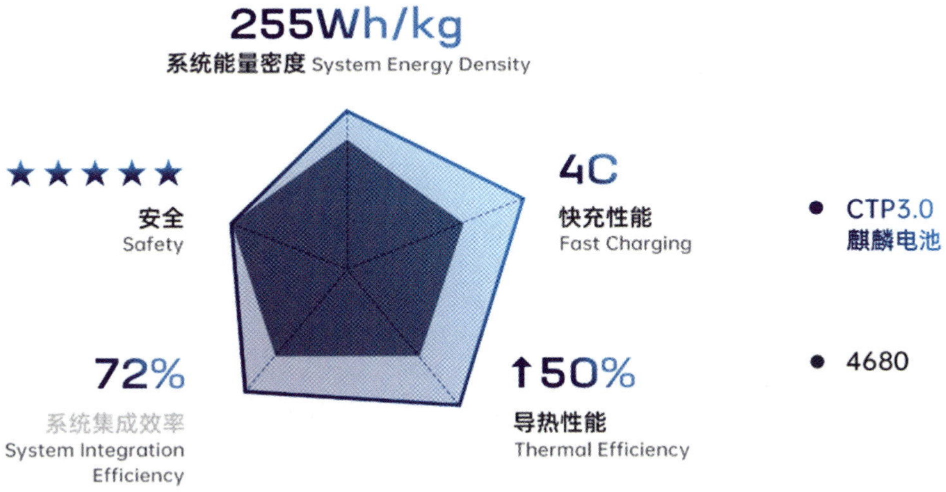

宁德时代第三代麒麟电池 vs4680 电池

本的新突破口。公司具备业界首创的高效成组技术（CTP），通过高集成结构设计，提升电池包体积利用率。从第一代CTP到最新的第三代麒麟电池（CTP3.0），电池包体积利用率从55%提升到72%。三元体系的麒麟电池系统能量密度可达255Wh/kg，磷酸铁锂体系可达160Wh/kg。

进一步地，公司还通过CTC（Cell to Chassis，电池底盘一体化）技术，将电芯与车身、底盘、电驱动、热管理及各类高低压控制模块等集成一体，在阿维塔2024年春季发布会上，阿维塔和宁德时代共同宣布，阿维塔将成为全球首家采用宁德时代磐石高安全滑板底盘的新能源品牌，共同打造中国新能源汽车安全+豪华“新标准”。通过CIIC一体化智能底盘和CTC技术创新，磐石底盘可吸收80%以上的整车碰撞能量，实现120km/h正面碰撞不爆炸、不起火，超过全球NCAP汽车碰撞测试五星安全56km/h正碰速度标准。

除了结构升级，公司也重视材料体系创新。当前锂离子动力电池市场的两大主流品类中，安全性能相对较好、成本相对较低的磷酸铁锂受制于电压低（3.2V）、比容量低等客观因素，能量密度基本已接近天花板。公司前瞻布局电压平台更高的磷酸锰铁锂材料。但磷酸锰铁锂材料存在双电压平台、导电率差等因素，一直未成功推动量产。2022年7月22日，在世界动力电池大会上，宁德时代首席科学家吴凯表示，公司M3P电池已经量产，次年将推向市场运用。该电池通过在磷酸锰铁锂材料中掺杂其他金属元素，或掺混、复合三元正极材料，实现能量密度高于磷酸铁锂、成本低于三元正极的解决方案。

2023年4月，宁德时代在上海国际汽车工业展览会发布凝聚态电池，该电池单体能量密度高达500Wh/kg，突破了液态锂离子电池体系能量密度天花板，创造性地实现电池高比能与高安全兼得，并可快速实现量产，开启了载人航空电动化的全新场景，持续引领行业技术创新风向。凝聚态电池聚合了包括超高比能正极、新型负极、隔离膜、工艺等一系列创新技术，使之既具有优秀的充放电性能，又具备高安全性能。这一最新前沿技术的发布，突破了长期以来限制电池行业发展的天花板，将激活以高安全

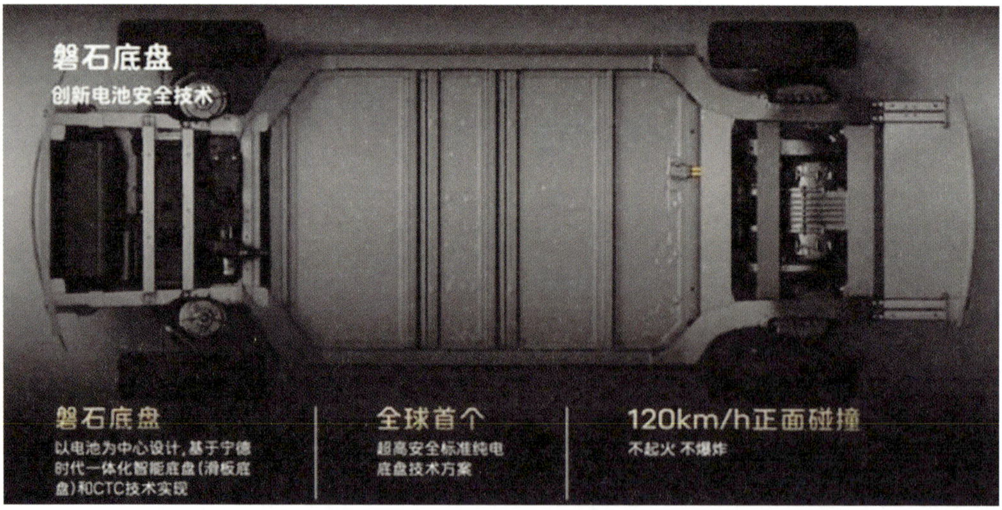

宁德时代磐石高安全滑板底盘

2023 年宁德时代发布航空用凝聚态电池

和轻量化为核心诉求的全新电动场景。目前，宁德时代正在进行民用电动载人飞机项目的合作开发，执行航空级的标准与测试，满足航空级的安全与质量要求，计划推出凝聚态电池的车规级应用版本。

公司在补能上也推出了更具备普适性的快充方案,解决了纯电动车的续航焦虑。2023年8月，宁德时代发布全球首款采用磷酸铁锂材料并可实现大规模量产的4C超充电池——神行超充电池，实现了“充电10分钟，续航400千米”的超快充速度，并达到700千米以上的续航里程，极大地缓解了用户补能焦虑，全面开启新能源车的超充时代。随着电池技术的不断进步，快速补能焦虑已成为阻碍消费者选购新能源车的主要原因。宁德时代始终聚焦电化学本质，在材料及材料体系、系统结构等方面全方位持续创新，再次突破磷酸铁锂材料体系的性能边界，开创性地实现超快充、长续航和高安全兼得，持续引领行业技术创新风向。

2023 年宁德时代发布神行超充电池

在保证超长续航的基础上，宁德时代将安全保障放在首位，同时采用电芯温控技术使得低温快充如常温一般。神行电池于2023年成为全球动力电池行业首个获得被誉为欧洲汽车界的“奥斯卡”AUTOBEST公布的最佳技术（TECHNOBEST）奖的产品。同年11月，宁德时代与广汽集团开展深化合作，携手推进神行超充电池“低温版”和“长寿命版”的问世之路。

二、新时代：绿色能源革命

宁德时代主要从事动力电池、储能电池和电池回收利用产品的研发、生产和销售，从三项业务的营业收入情况来看，动力电池业务收入占据了公司收入的绝大部分，2023年宁德时代动力电池业务收入为2853亿元，超过公司全年70%的营业收入，动力电池是宁德时代目前的核心业务。

动力电池是为电动汽车、电动列车、电动自行车等提供动力的蓄电池，是新能源汽车的核心部件，也是未来能源转型的重要方向。铅酸电池是最早装在电动汽车上的动力电池，1884年第一辆实用的电动汽车在伦敦被研制出来，但随着人们对长途旅行的需求增多，铅酸电池低续航的弊端难以满足人们的消费需求，此时燃油车在欧美实业家的努力下走上街头，电动汽车越来越被忽视。

但在20世纪末，连续三次石油危机的爆发导致石油价格暴涨，许多国家开始对电池技术进行研究，电池行业迎来了新的机遇。

日产是最早开展电动汽车研究的车企之一，日产汽车的纯电之路始于其合作伙伴——东京电动汽车公司在1947年推出的TAMA EV车型，凭借其可靠的表现及出色的续航里程，TAMA EV开始被日本社会广泛接受，作为出租车穿梭在日本的大街小巷，自此拉开了日产汽车纯电的发展序幕。彼时动力方面，TAMA EV搭载一台直流电机，使用两组铅酸电池供电。

丰田在1997年首先使用高功率镍氢电池的普锐斯混合动力汽车在日本上市，之后，2000年起在北美、欧洲及世界各地公开发售，销售非常火爆。直到如今，丰田的一些混动车型仍然在使用镍氢电池。镍氢电池具有稳定性高、生产成本低、低温性能好、回收价值高等优点。但是它的缺点也比较明显，如能量密度较低，并且循环次数也并不太高等，因此，纯电驱动的车辆采用镍氢电池并不合适。电动汽车发展还需要能量密度更高、循环性能更好的电池。

锂离子电池以容量大、电压高、循环性能好等优越性能脱颖而出，成为最理想、最有发展前景的技术方案。自从20世纪90年代锂离子电池商业化以来，索尼、松下等日本企业迅速崛起，率先占领了以笔记本电脑为代表的数码消费电池领域，同时在动力电池开始布局。但那时动力电池行业尚处于初级阶段，其投资、研发、技术攻关都具备高壁垒特性，导致动力电池供应商较少，产出更少。日产汽车于1996年推出了Prairie Joy EV车

1996 年日产汽车推出 Prairie Joy EV 纯电动车型

型，它是世界上首款并且也是当时唯一搭载和应用圆柱体锂电池的纯电动车型。此后各国电池巨头纷纷布局动力电池行业，加大研发投入。

相较于发达国家，中国动力电池行业起步较晚。自2001年开始研究车载用动力电池以来，经历了初创期和积累期，在行业发展的早期只有少量企业在深耕，这是因为动力电池行业具有较高的技术壁垒，长期的技术积累对其发展至关重要。材料、电芯、模组、电池包、电池管理系统的研发和生产均有较高的技术要求，这也意味着缺乏核心技术的企业将很难生产出有竞争优势的产品。然而，随着2010年上海世博会、广州亚运会，以及国家“十城千辆”[1]计划实施，催生了众多电池厂的涌现。但这同时也伴随着技术同质化、缺乏品质管控等问题。

1 全称为“十城千辆节能与新能源汽车示范推广应用工程”，主要内容是通过财政补贴，计划用 3 年左右的时间，每年发展 10 个城市，每个城市推出 1000 辆新能源汽车开展示范运行。

我国高度重视动力电池行业，不断推出多项政策支持其发展与创新，出台多项法规来规范动力电池生产。其中，生态环境部、国家发展改革委等七部门印发的《减污降碳协同增效实施方案》文件提出了优化环境治理，推进新型废弃物回收利用等措施。此外，国务院办公厅也印发了相关文件，严格要求产品的安全质量。这些政策的实施为动力电池行业提供了明确、广阔的市场前景，同时也为动力电池企业提供了良好的生产经营环境。

2014年，新能源汽车的爆发式增长，使得国内动力电池行业竞争格局开始清晰。随后的5年，宁德时代和比亚迪脱颖而出，2018年，比亚迪和宁德时代合计占市场份额的63.6%，带动我国动力电池行业迅速发展。如今得益于持续不断的技术创新、产业结构创新和商业模式创新，我国动力电池市场已成为全球佼佼者，动力电池产业市场规模多年全球领先。

动力电池行业属于制造业的一部分，行业景气度很大程度上取决于供需两端的结构变化。从需求端看，动力电池绝大部分服务于各类新能源车产品。随着新能源车型产品力的不断提升、充换电等基础设施的持续完善，消费者对新能源车的认可度和接受度逐渐提高，全球新能源车市场需求持续增长，动力电池行业也因此受益。

新能源车渗透率在中、美、欧三大市场都快速增长。2023年，中国新能源车销量为949.5万辆、同比增长37.9%，新能源车渗透率达到31.6%、同比提升5.9个百分点；欧洲地区实现新能源乘用车注册量300.9万辆、同比增长16.2%，新能源车渗透率为23.4%、同比提升0.5个百分点；美国新能源轻型车实现销量141.5万辆、同比增长52%，新能源车渗透率为9.5%、同比提升2.5个百分点。

新能源车销量增长也会带动动力电池市场增长。2023年全球新能源车动力电池使用量达705.5GWh，同比增长38.6%；其中中国新能源车动力电

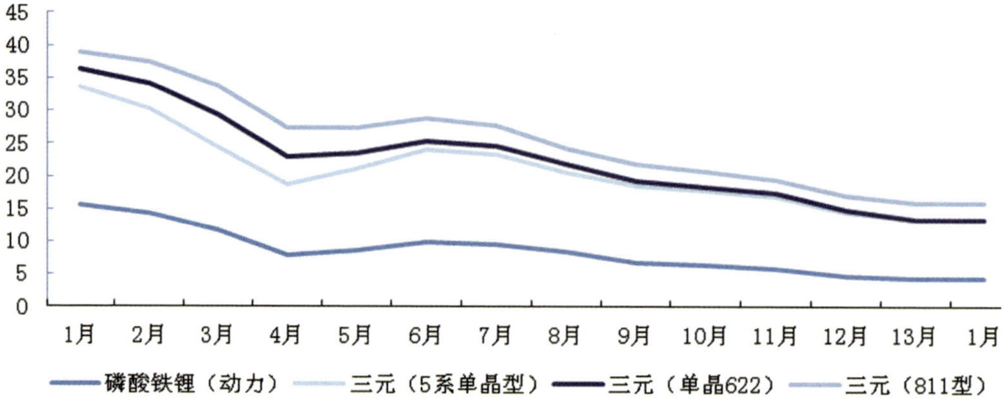

2023年以来正极材料价格不断下降

池使用量达386.1GWh，同比增长34.9%。

从供给侧来看，动力电池有四大关键原材料——正极材料、负极材料、隔膜、电解液。正极材料是提高动力电池性能的关键，其表面特性和结构稳定性很大程度上决定了动力电池的安全性能和循环次数，同时，正极材料也是动力电池所有环节中成本最大的部分，占比高达40%以上。正极材料的核心原材料是锂、镍、钴、锰、磷等矿产资源，开采加工扩产周期比中下游长，2020—2021年，在需求快速提升的过程中，原材料价格一度大幅上涨，尤其是碳酸锂价格从底部的每吨4万元左右，最高时超过

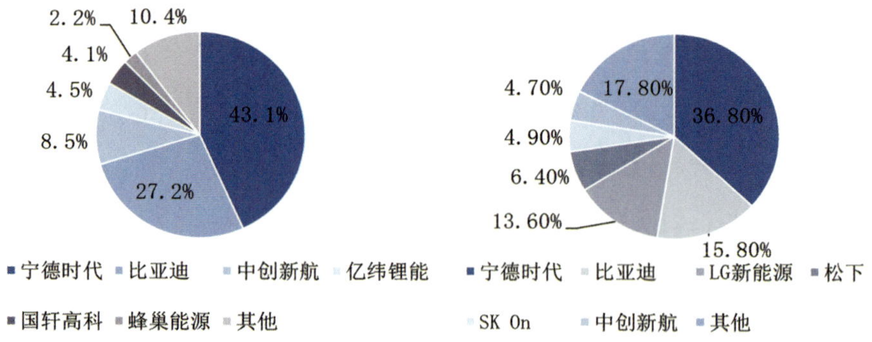

2023年国内动力电池装车量占比（左）、装机量占比（右）

每吨60万元。而在预期供给集中释放，中下游库存高垒，需求的增速又阶段性放缓后，碳酸锂价格又快速下跌，2024年初一度跌破每吨8万元。负极、电解液、聚偏二氟乙烯（PVDF）等原材料也经历了供求关系的两次反转，价格在上涨后也快速回落，目前已经到达历史低点。中游材料的激烈竞争和技术进步，也推动了电池成本的快速下降。

从供给与需求两端分析，一方面，在中、欧、美全球三大主要汽车市场共振下，新能源汽车仍有广阔的成长空间，另一方面，动力电池成本下降将进一步提升电动车的经济性，这两方面共同带动动力电池行业的规模继续扩张。

公司动力电池客户覆盖新势力、全球龙头。国内客户覆盖广汽、上汽、一汽、吉利、长安、蔚来、小鹏、理想等企业；海外客户包含特斯拉（Tesla）、宝马（BMW）、奔驰（Benz）、戴姆勒（Daimler）、标致雪铁龙（PSA）等企业。公司作为动力电池行业内的龙头企业，将充分受益行业增长红利。

三、新机遇：高质量发展重点化

2019年10月，宁德时代位于德国图林根州的首个海外工厂正式破土开工，标志着宁德时代全球战略布局向前迈出一大步。2020年，公司与特斯拉签订了合作协议，为进入美国市场蓄力。在美国IRA法案等约束下，宁德时代与福特汽车建立了一种新的合作方式，用技术授权形式合作共赢。2024年3月，宁德时代董事长接受采访时称公司正与特斯拉合作开发充电速度更快的电池，并且正向特斯拉位于美国内华达州的工厂提供设备。

根据近5年宁德时代海外收入情况来看，宁德时代全球战略布局已从萌芽阶段推进至稳步发展阶段，海外收入增速有所放缓但仍超过50%，

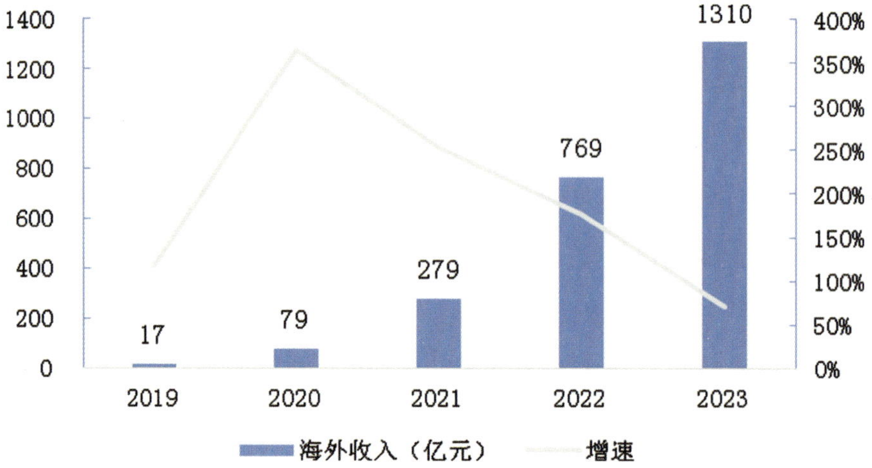

2019—2023 年宁德时代海外收入

2023年海外收入已占全部营业收入的33%，在宁德时代加快海外布局的战略下，海外业务有望成为日后宁德时代的主要收入来源。目前海外新能源车市场渗透率仍处于较低水平，随着近期电池原材料碳酸锂价格下跌以及各国补贴政策的出台，海外新能源车渗透率有望大幅提高。

在国内，宁德时代与各方广泛合作，使公司有望在未来实现整合资源、互利共赢。随着储能产业与动力电池行业的发展，一方面市场内卷严重，卷价格、卷技术屡见不鲜。另一方面企业之间由竞争走向竞合，更要加强协同。作为行业的龙头企业，宁德时代不断与政府、企业、机构等合作，通过各方的优势互补、整合资源，达到互利共赢的目的。

近一年来，宁德时代进行了多次国内重要会谈交流、签约合作，如与肇庆市政府、深圳市人民政府、鄂尔多斯市政府等签约推进政企合作；与中城大有、正泰集团、中国电建、光大绿色环保等企业进行了会谈交流，开展储能等领域合作。此外，宁德时代还与滴滴、理想汽车、陕汽集团、哪吒汽车等车企建立合作关系，在新能源汽车充换电方面深化合作。广泛的合作体现了宁德时代作为行业领军者的格局，也为其产业链进一步纵向延伸开辟了道路。

在与各方合作的同时，宁德时代不只满足于做电池的供应商，更推出了占领消费者心智的to C布局。首先，宁德时代与滴滴等合作伙伴成立换电合资公司，这是宁德时代直接接触消费者的重要场景之一。通过与滴滴等合作伙伴的深度合作，宁德时代进一步扩大了其在新能源汽车产业链中的影响力，同时也提升了其品牌在消费者心中的认知度。其次，宁德时代在抖音等社交媒体平台上积极推广其品牌形象和产品，吸引了大量粉丝关注。这种线上推广的方式有助于宁德时代更好地与消费者建立联系，传递其品牌理念和产品优势。此外，宁德时代计划于2024年8月开设首家线下品牌展示门店。这家店的用途是全面展示印有“CATL Inside”标识的车型，即选用了宁德时代动力电池的新能源汽车，预计涵盖超20家车企、超50款车型，展示车辆超150辆，让消费者更直观地感受到宁德时代的品牌魅力。最后，宁德时代还通过优化和集成电池系统设计，提升其产品的续航里程和性能。这种技术上的创新和突破，使得宁德时代的产品在市场上更具竞争力，也更容易获得消费者的认可和青睐。

综上所述，宁德时代的2C（即C to C）布局旨在通过与合作伙伴的深度合作、线上品牌推广、线下品牌展示和技术创新等多个方面将其高质量电池产品直接向终端消费者展示，提升品牌知名度，开拓新的增长点。

宁德时代通过投入大量研发费用形成丰富的产品矩阵，大力发展新质生产力来保障未来的盈利增长。科技创新能够催生新产业、新模式、新动能，是发展新质生产力的核心要素，而宁德时代面对市场竞争一贯的思路之一就是通过持续高强度的研发投入，不断创新产品，实现产品的差异化，满足市场的需求。近5年来，宁德时代的研发投入不断增加，2023年研发费用投入达183.56亿元，同比增长18.35%。

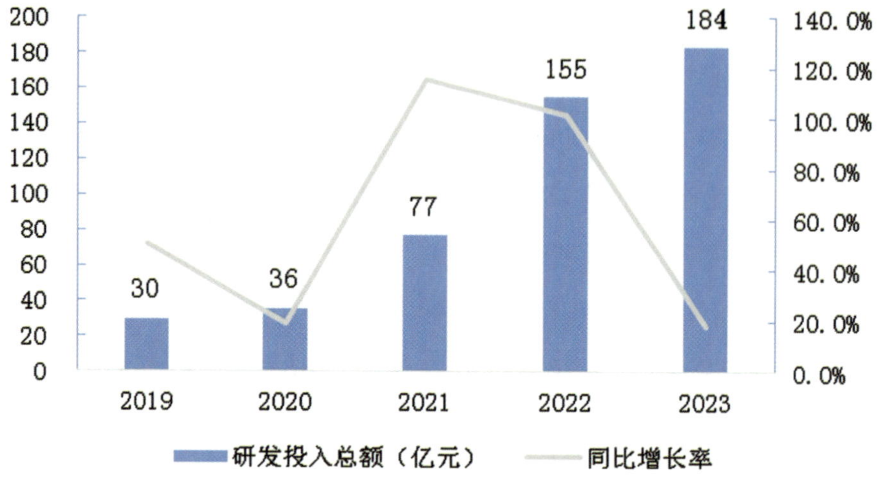

2019—2023年宁德时代研发投入情况

如今，宁德时代研发的多种产品不断地“开花结果”。2022年宁德时代发布第一代M3P电池，首款搭乘宁德时代M3P电池的新能源乘用车于2023年4月在奇瑞车型上实现首发落地。麒麟电池持续领先，2023年即配套极氪001、009与理想Mega，实现产业化应用，首次将纯电新能源车的续航里程推到1000千米级别，在针对长续航、快充的解决方案产业化落地中遥遥领先。

2023年8月，宁德时代发布“神行电池”铁锂4C快充技术，700千米续航叠加常温充电10分钟续航400千米，直击消费者痛点，领先于其他电池厂，广受客户青睐，阿维塔、哪吒、奇瑞、北汽新能源、东风岚图、广汽等已官方宣布将配套搭载神行电池。2024年3月，具备更长续航、更高性能的麒麟电池与神行电池全能系列正式亮相，首发落地于小米SU7系列。根据发布会现场展示的PPT显示，小米SU7 Pro将搭载神行电池全能系列，电量为94.3kWh，续航里程为830千米。小米SU7 MAX搭载三元麒麟电池，电量为101kWh，续航里程为800千米。

2024年4月25日，宁德时代在北京车展上发布“神行PLUS”电池，为

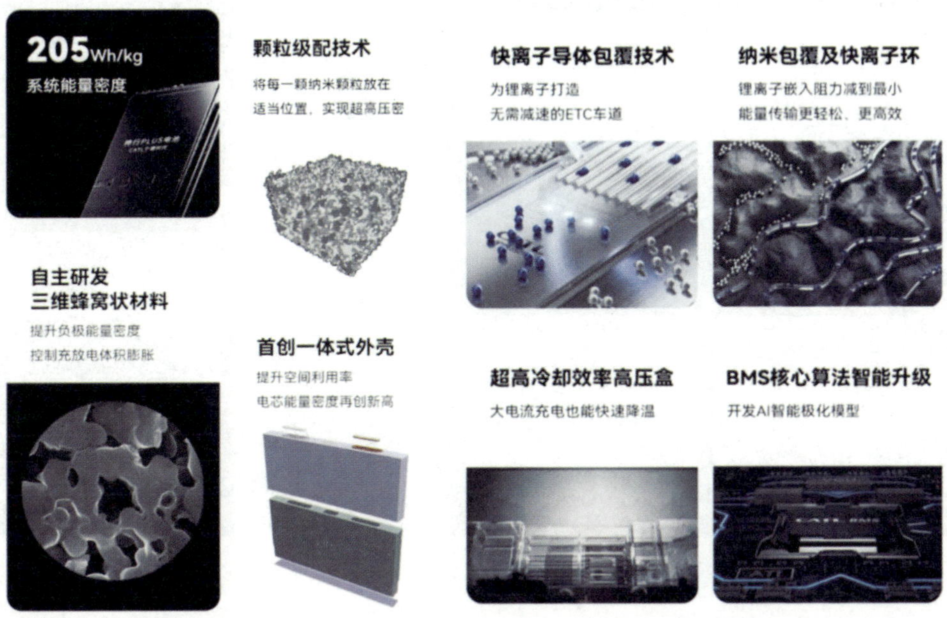

宁德时代发布神行PLUS电池

全球首款实现1000公里续航的磷酸铁锂电池。神行PLUS电池支持4C倍率快充，实现充电10分钟，续航600公里。神行PLUS电池首创一体式外壳结构，大幅提升空间利用率，电池系统在CTB 3.0基础上优化，体积效率提升7%，能量密度达到205Wh/kg。宁德时代打造国内最大超充服务平台，携手行业合作伙伴，构建神行超充网络，持续升级用户的超充装备，创建行业首个神行车主俱乐部，提供道路救援、电池检测、维护等一站式服务。

储能电池方面，2023年公司发布了集长寿命、高安全、高效率多种优势于一体的零辅源光储直流耦合解决方案，并在超级充电站等场景落地公司升级产品EnerOne Plus、EnerD等，能量密度与充放电效率较上一代产品实现较大幅度提升。CTC方面，2024年3月底，宁德时代磐石高安全滑板底盘首发落地阿维塔，通过采用该底盘可以实现“120km/h正碰不起火、不爆炸的极致安全性能”。总体来看，在新技术方面，宁德时代是电池新

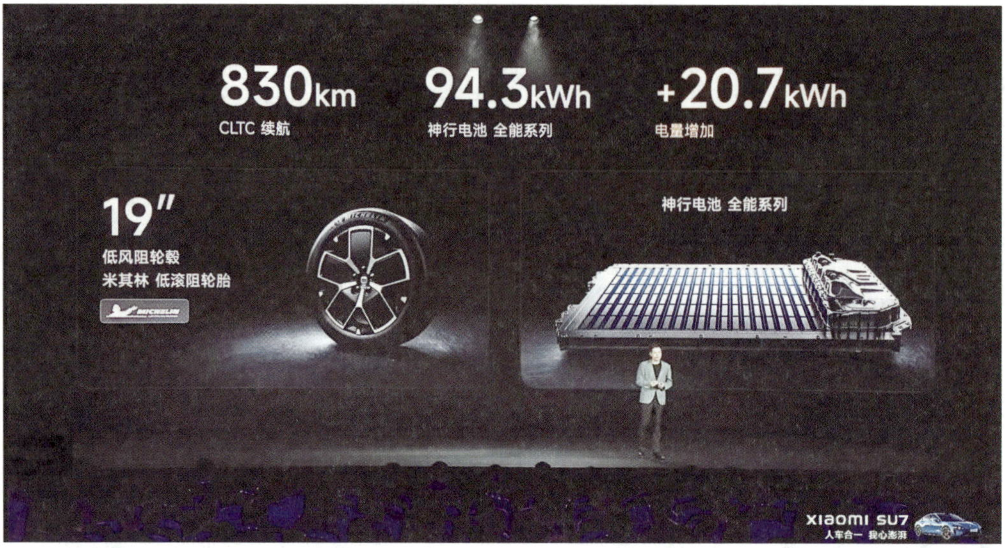

小米 SU7 Pro 将搭载神行电池全能系列

技术的推动者，在诸多锂电新技术方向中，宁德时代与其他电池厂相比保持较明显的领先优势，从而保障了其长期盈利水平的增长。

宁德时代作为动力电池技术的领军者得益于其具备强大的“智造”能力，以及对于自身产品有着严苛的要求。2024年一开年，一个词就火遍了各行各业——新质生产力，这是习近平总书记在面临世界百年未有之大变局之际，从生产力视角回答中国之问、世界之问、人民之问、时代之问的最新成果，是未来我国发展的重点及新趋势。宁德时代作为动力电池行业领军企业，充分展现了锂电制造业蓬勃发展的活力和智能制造实力，全球仅有的三家锂电行业“灯塔工厂”均由宁德时代所拥有。

其中，位于江苏溧阳的江苏时代新能源电池生产工厂更是被央视数次报道，把其视作具有代表性的“灯塔工厂”。该工厂在2023年12月被世界经济论坛与管理咨询公司麦肯锡评选为“灯塔工厂”，这一荣誉代表着全球智能制造和数字化领域的最高水准。江苏时代工厂拥有先进的智能制造能力，通过应用人工智能、大数据等技术对全流程进行智能化改造，使得

宁德时代溧阳工厂

生产效率提高320%，制造成本降低33%。每天生产的电池组件足以装配2000多辆新能源汽车。不仅如此，通过上线智能能源管理系统监测工厂能源变化情况，以及自建分布式光伏发电和储能电站等，江苏时代工厂的二氧化碳排放量减少了47.4%，“含绿量”不断飙升。

而在应对产品量产交付、质量管控方面，宁德时代可谓煞费苦心，推出了极限制造模式。宁德时代首席制造官倪军解释“极限制造”的含义和目标是对不良品的要求上升到十亿级，也就是每十亿个产品当中，只允许出现1～3个不良品，相较于原先百万分之一的要求实现了三个数量级的提升。2020年，宁德时代上线了智能制造系统，这套系统链接了产线上的100多台自动化设备和6800多个核心质量控制点，严苛的目标使得人工经验的判别和调整已经远远达不到生产要求，必须依托智能化的手段，宁德时代也正稳步踏上数智化转型的道路。

一方面宁德时代持续加码研发投入，探索前沿科技，另一方面不断创新合作形式，对外分享技术成果，推动全球科技普惠，构建绿色社区。2024年1月，习近平总书记指出，绿色发展是高质量发展的底色，新质生产力本身就是绿色生产力。[1]宁德时代充分贯彻绿色发展的思维，在保证自身高质量发展的同时不忘维护全球气候问题。2024年3月，宁德时代董事长、总经理曾毓群在香港“一个地球”峰会（One Earth Summit）上提出，以“开放式创新”推动全球可持续发展。“开放式创新”的价值，不仅在于加速突破技术壁垒，同时也将推动科技红利的共享与共赢。公司与美国客户采用LRS模式（许可、授权和服务模式）帮助主机厂乃至电池厂商快速建成电池工厂。

宁德时代作为新能源时代的领头羊企业，为实现碳中和、碳达峰战略目标，立下“军令状”。2023年4月，宁德时代发布了零碳战略，即2025年实现核心运营碳中和，2035年实现价值链碳中和。截至目前，宁德时代旗下共有4家工厂入榜零碳工厂，获评数量和速度在新能源行业遥遥领先。随着4家建设基地升级为“零碳工厂”，宁德时代向“2025年实现核心运营碳中和，2035年实现全价值链碳中和”的零碳战略目标更进一步。

未来，宁德时代立志于将创新的零碳解决方案向零碳社区、零碳岛屿、零碳城市拓展，最终实现零碳世界。通过技术开放，推动全球能源转型，加快应对气候变化步伐。宁德时代以科技创新和开放式创新双重要素构建新质生产力，不仅推动公司进行高质量经济发展，更是将全球气候问题以及复杂交织的矛盾和挑战，转化为全人类愿意为之奋斗的使命。

1　谢圣礼：《发展新质生产力具有重大意义》，《人民日报》2024年2月22日。

第二章　超越自我，永不止步——安踏体育

引　言

亚玛芬体育于2024年2月1日正式登陆纽约证券交易所，股票代码为“AS”。安踏集团拥有庞大的全球商业版图，在不知不觉中，这家低调务实的泉州企业已经拥有了始祖鸟、斐乐、迪桑特、威尔胜、可隆等16个国际知名品牌。

国产运动用品企业从制造到品牌，从单一品牌到多元化矩阵，从国内市场到走向国际，经历了漫长的发展历程。从2002年中国成功申办奥运会开始，国产运动用品企业迎来了黄金发展机遇，它们不仅逐渐从单纯的制造业角色转变为具有国际竞争力的品牌，还在品牌架构上实现了从单一品牌向多元品牌矩阵的跨越，不断拓展海外市场，提升国际影响力。

国产运动品牌不仅在设计和生产技术上追赶甚至超越国际标准，更在市场营销、品牌文化塑造、全球资源整合等方面展现出强大实力。我们见证着以安踏集团为代表的众多国产鞋服品牌，通过技术革新、数字化生产提质增效，带动传统鞋服行业深度转型。

一、新技术：鞋服制造“黑科技”

安踏体育凭借其敏锐的市场洞察力和持续的研发投入，成功推出了诸

多搭载先进技术的创新产品，如“氮科技”“弦科技”，以及安踏体育膜和柔心纱等。此外，针对新零售业态，公司对全国物流网络进行了统一规划，并且重点布局数字产业园，以期实现数字化转型及智能制造。

（一）创新产品

安踏体育作为一个走在科技创新前沿的运动品牌，始终坚持将技术研

安踏体育鞋面新科技“弦科技”

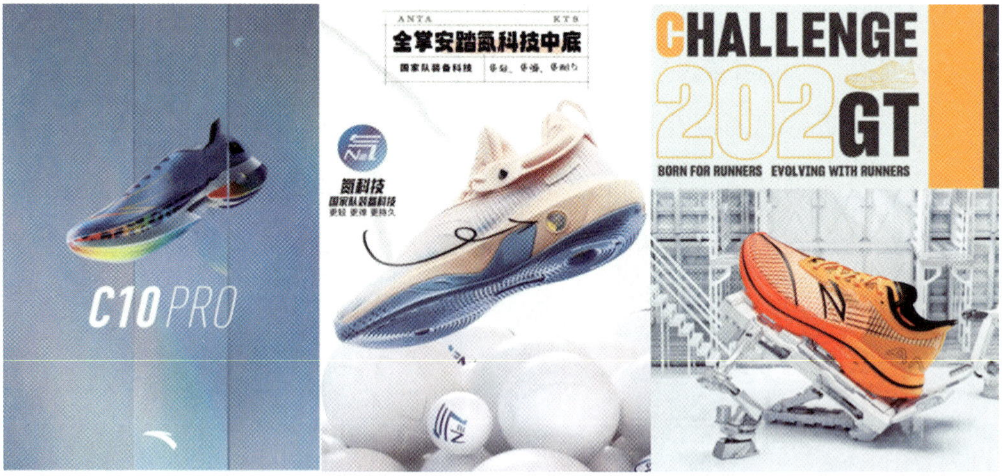

安踏体育“氮科技”产品

发和产品创新作为驱动企业不断前行的核心引擎，以创新之力突破行业瓶颈，积极塑造和引领全新的市场竞争格局。

安踏体育尤为注重运动装备性能的提升与成本效益的优化，这一理念在诸如“C10PRO前掌跑鞋”“C202 5代GT”“C202 5代GTPRO”等一系列专业跑鞋产品的研发与设计中体现得淋漓尽致。在这些跑鞋产品中，安踏体育采用了独家开创的“氮科技”中底技术。兼具性能与成本的ZFTPU氮科技和POE氮科技，在实现降本的同时仍保持了优异的性能，为各类高水平运动员提供有力支持。

2023年，安踏体育正式推出鞋面新科技“弦科技”，该科技采用蚕丝仿生结构，使得鞋面相较于普通材质，在整体强度翻倍的同时，重量也实现减半。该新型鞋面材质的韧性是传统涤纶材质的2.6倍，重量较飞织面料降低了57%，耐磨性是普通涤纶材质鞋面的2.5倍。

从“氮科技”这一颠覆性中底技术的研发与应用，到创新推出的“弦科技”鞋面技术，安踏体育展现出了对产品技术研发的执着追求和卓越的创新能力。通过不断推出这些革新产品和技术，安踏体育不仅在国内市场

安踏体育鞋材料工程实验室

赢得了广泛的赞誉和市场份额，也在全球体育用品行业中树立起了中国的创新形象。其持续不断的创新步伐，引领了中国体育用品市场的技术升级和消费升级，也对全球体育用品行业的创新发展趋势产生了深远影响。可以说，安踏体育通过科技的力量，不断推动行业向前发展，书写着中国智造在全球舞台上的辉煌篇章。

为了更好地为产品全方面赋能，安踏体育鞋供应链从材料到技术上搭建了科研机构、头部供应商、创研中心三大创新平台。

在科研机构平台层面，目前安踏体育鞋供应链已与8家科研院所共同搭建创新平台，与供应商共同搭建六大创研中心，产学研中长期项目合作20余项。2022年12月及2023年5月，安踏体育鞋供应链分别与中国科学院长春应用化学研究所、中石化巴陵石油化工有限公司签订战略合作协议，安踏体育—中科院长春应化所和安踏体育—巴陵石化鞋材创新联合实验室正式揭牌成立，承担起安踏体育核心材料创新孵化基地的科研重任。

安踏体育鞋供应链已经在智能制造、高性能材料研发等层面进行了战略布局，例如3D打印技术、超临界发泡技术、高性能橡胶、超轻超强纱线等。未来，鞋材料工程实验室也将建设成为省级研发实验室平台，加强与科研机构、头部化工企业、专精特新企业的创新资源整合，专注于新材料性能及结构的研究。

目前，安踏集团全球科创中心实现了规模扩张和技术升级，成功构建了全链路创新闭环。在中国行业内率先设立了首个院士工作站及国家级博士后科研工作站就是这一突破性进展的最好体现，这两者均入驻福建省晋江市，有力地推动了高端技术研发与人才培养的结合。

与此同时，安踏体育携手各大院校企业共同研发的创新成果，如安踏体育膜和柔心纱，不仅对行业既有标准进行了重新定义，还显著提升了消

安踏体育在创新领域的奖项

费者的产品使用体验，并成功实现了市场化应用和价值转化。目前，安踏集团主导构建起一个汇聚了全球六大顶尖设计研发中心、联动70多所知名高校及科研机构力量、集结了250多位国际级科研专家智慧、与800余家供应商紧密合作的“全球开放式创新生态网络”，展现了其在技术创新与产业链协同上的卓越领导力。

持续加大研发投入是安踏集团实现可持续发展、巩固和提升市场地位的战略举措。2023年度，安踏集团达成研发投入额超16亿元这一重要里程碑，持续领先行业。2016年至2023年，安踏集团逐年增加研发投入，始终保持研发费用占总收益的比例在2%以上这一较高水平。在过去十年间，集团在创新技术研发上的累计投入已经超过60亿元，预计到2030年创新累计投入将达到200亿元，足以证明其对研发的高度重视。

2023年11月，福布斯中国权威发布了本年度“2023福布斯中国创新力企业50强”榜单，安踏体育因在体育用品产业中突出的科技创新实力和行业内的标杆地位脱颖而出，成为该榜单中唯一入选的体育用品企业。

2003年12月，安踏体育的科技创新生态体系建设及其所取得的丰富科

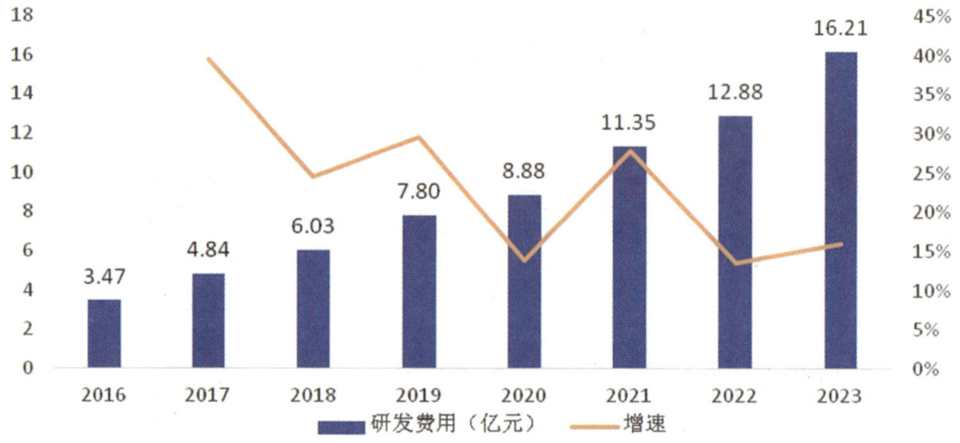

安踏集团研发费用及增速

技成果再度受到了国际认可，荣登“蓝鲸50·全球大企业开放式创新50强”排行榜，成为唯一一家获此称号的体育用品企业。在2023中国品牌论坛上，安踏体育与国内其他知名领军企业一同获得了“2023年度中国品牌创新案例”的荣誉称号，显示了其在中国乃至全球市场上强劲的品牌创新能力和深远影响力。

截至2023年底，安踏集团所拥有的有效专利数量累计已超过2300项，这不仅反映了其深厚的创新积累，也彰显了安踏在技术研发上的累累硕果。随着集团不断加快创新的脚步，这一专利数量在未来还将持续攀升。

安踏体育通过坚持不懈的科技创新，成功实现了从制造到品牌，再到多元化矩阵的蜕变，不仅在国内市场稳扎稳打，更在国际市场中开拓疆域。安踏体育的成功经历也向外界表明，在面对瞬息万变的时代发展趋势时，企业唯有切实掌控核心技术，方能在激烈的市场竞争中赢得实质性的战略高地，确立和保持其不可替代的优势地位。

（二）创新供应链

聚焦新零售的新业态，安踏集团实施物流“5+N”的网络战略布局，即在国内筹建5个一级区域总仓及多个二级云仓的物流体系。

安踏集团深耕和完善自身的供应链物流体系，打通线上线下系统，构建全新的DTC模式（直接面向消费者的营销模式），将80%～90%的商品从总仓直接发到门店（包括加盟、直营门店、经销商门店等），帮助企业与终端零售门店实现高效打通，该模式不仅极大地缩短了配送时效，亦提升了消费体验与零售价值。安踏集团又通过供应链和物流体系的数字化与智能化，提高企业经营效率。

安踏体育数智一体化产业园二期项目

位于晋江的安踏体育数智一体化产业园二期项目是安踏集团在数字化转型和智能制造领域的重要布局，旨在通过整合现代化的数字技术和智能化生产线，构建集研发、设计、生产、仓储、物流、销售等多功能为一体的综合型产业园区，以提升整个供应链的效率和响应速度，同时降低生产成本，实现更环保、更高效的运营模式。

2023年底，二期项目顺利完成并投入使用，该园区整合了从收货、入库、存储、拣货、发货的全套物流流程，坐拥17万平方米的巨大仓储空间，可容纳多达2000万件商品，每日单品处理能力高达100万件以上，借由智能化供应链体系强力驱动零售业态的创新改革。

该园区配备先进的轻载堆垛机与自动定位系统，全面实现货物自动接收和智能上下架作业，通过引入多层穿梭车、密集储存系统，以及高效的输送线等尖端技术，成功将传统的“人找货”模式升级为更为高效的“货找人”自动化物流操作方式。

园区内集成的管理系统无缝衔接了供应链上下游与终端销售的信息，构建起一套完整的智慧物流体系，由此显著增强了处理订单的速度和准确性，加快了运输效率，并极大提升了消费者的物流体验。这一创新物流系统的运行，标志着安踏集团在智能物流和供应链管理方面迈上了新的台阶。

不同于一期项目将不同业态的业务分开管理，二期项目则基于“全渠道一盘货”的整合理念，将线上线下所有渠道的商品库存整合在一起。其亮点一是收发货全程包裹不落地，可实现从物流车直接对接仓储流水线，反之亦然；二是该仓储中心兼顾B2B与B2C业务，对全渠道零售物流的流程进行终极的融合，例如在电商大促的波峰时段，仓储中心可以暂停B2B业务，将所有设备资源用以支持电商发货；三是二期项目内所有的零拣皆

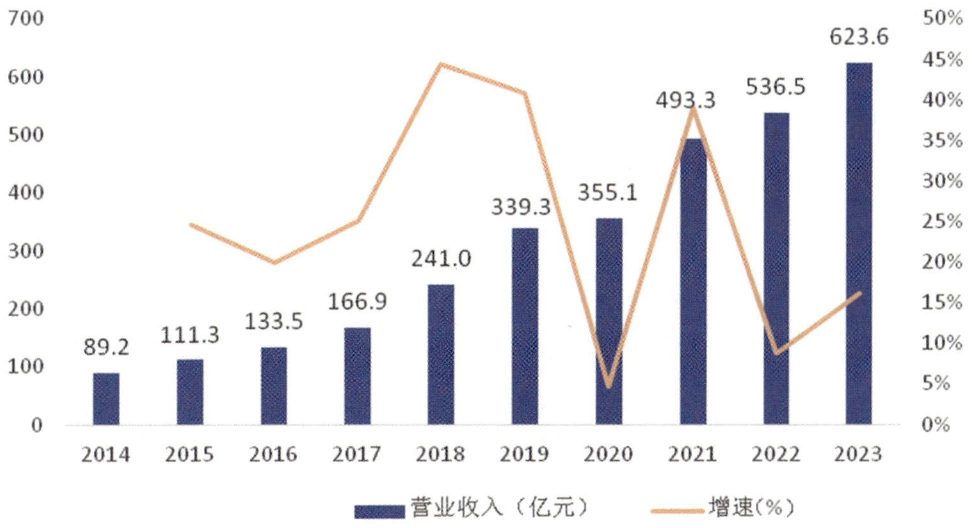

安踏集团营业收入及同比增长

可以做到100%的“货到人”。

2023年安踏集团实现营收623.6亿元，同比增长16.2%，实现归母净利润102.4亿元，同比增长34.9%。近年来，公司凭借稳扎稳打的经营及持续创新的策略，取得高质量规模增长，2014—2023年收入、归母净利润复合增速分别达到24.1%、22.1%。

二、新时代：中国品牌的崛起

中国运动服饰行业的发展史，是一部融合了经济转型、科技创新与文化自信的史诗。从最初的代工制造，到自主品牌的崛起，再到如今成为全球运动服饰市场的重要参与者，这一行业的发展历程不仅见证了中国经济的腾飞，也映射了国民生活方式的变迁和健康意识的提升。

（一）中国品牌崭露头角

在20世纪80年代末至90年代初，随着改革开放的深入推进，中国逐渐成为全球制造业的中心。运动服饰行业也在这个时期开始萌芽，最初以代工生产为主，依靠低廉的劳动力成本和原材料优势，为国际品牌提供生产服务。这一时期，中国的运动服饰企业主要集中在沿海地区，如福建、广东等地，它们通过承接国外品牌的订单，逐步积累了生产经验和资本。

进入21世纪，随着中国加入WTO，国内市场进一步开放，国际品牌纷纷进入中国市场，竞争日趋激烈。在这一背景下，中国的代工企业开始面临转型的压力。一些具有前瞻性的企业开始尝试打造自主品牌，通过提升产品质量、加强品牌营销和渠道建设，逐步在国内市场占据一席之地。然而，这一时期，中国的运动服饰品牌在设计、品牌影响力、技术创新等方面仍与国际品牌存在较大差距。

技术创新是推动行业发展的重要动力。在功能方面，中国企业开始研发和应用新型纤维材料，如透气、快干、抗菌等功能性面料，提升了运动服饰的舒适性和功能性；也开始注重产品研发和创新，推出了多款具有自主知识产权的高科技运动产品，如智能运动鞋、运动监测装备等。在工艺上，通过引进和自主研发先进的生产设备和技术，提高了生产效率和产品质量。在设计上，中国品牌开始注重原创设计，结合东方美学和现代流行趋势，推出了一系列符合国人审美和使用习惯的产品。

中国的运动服饰品牌还通过创新营销推广模式在市场上崭露头角。李宁、安踏体育、特步等品牌通过赞助国内外体育赛事、签约体育明星等方式，提升了品牌的知名度和影响力。

2017—2022年，我国运动服饰行业规模取得10.4%的复合增长，截至2022年，行业规模达到3626.8亿元，在疫情影响线下客流背景下依然取

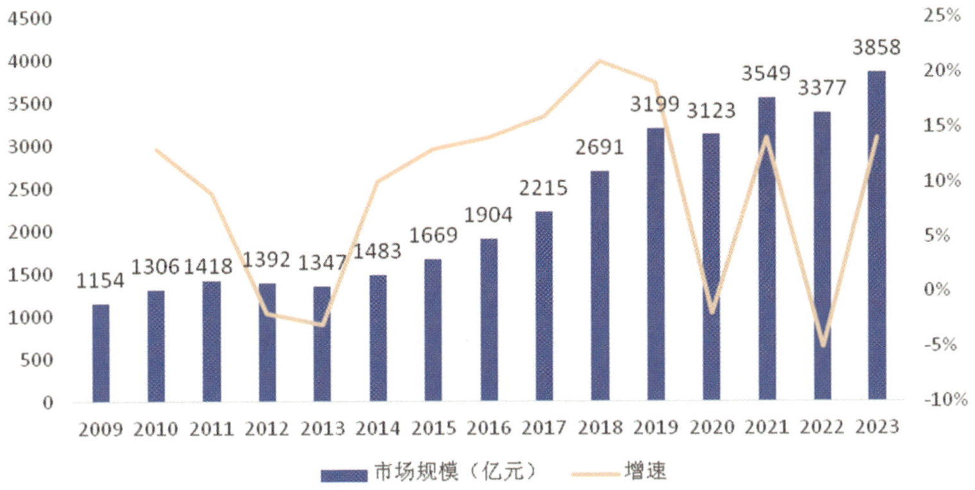

我国运动服饰市场规模

得2.2%的增长。2008年后我国运动服饰可以分为三个阶段：2009—2013年之间的复合年均增长率为3.9%，品牌处于奥运会扩张后的去库阶段，国产运动在经历渠道收缩、优化以后回归正常增长，且市场规模进入高速、健康增长阶段；2014—2019年市场规模从1483亿元增至3199亿元，年复合增速达到15.5%；2020—2023年，在疫情背景下，国民运动热情空前高涨，叠加国产运动产品力持续提升，市场份额提升至3858亿元，年复合增速达到4.8%。

近年来，中国国产运动品牌在国内市场的表现引人注目，安踏集团的表现尤为突出。自2014年以来，安踏集团的市场份额从8.5%稳步上升至2023年的20.6%，显示出强劲的增长势头。这一增长不仅得益于安踏集团在产品设计和技术创新上的不断投入，也与其有效的市场策略和品牌推广密切相关。安踏集团通过收购和合作，如将斐乐品牌纳入旗下，进一步扩大了市场影响力。

从品牌份额的角度来看，安踏集团旗下安踏、斐乐于2023年分别取得

10.2%、7.4%的市场份额，2014—2023年间分别取得3.2、5.9个百分点的提升，目前位列市场占有率第二名、第五名。

在全球化的浪潮中，中国运动服饰企业不仅在国内市场上成绩斐然，也开始走向国际市场。通过海外并购、建立国际研发中心等手段，中国品牌不断提升自身的国际化水平。同时，它们也注重本土化战略，通过深入了解不同国家和地区的文化特点和消费者需求，推出符合当地市场的产品和营销策略。

（二）安踏注重可持续发展

党的二十大报告提出了“推动经济社会发展绿色化、低碳化是实现高质量发展的关键环节”“促进人与自然和谐共生”的重要论断。在我国绿色低碳转型和实现“双碳”目标的大背景下，企业作为绿色转型和

安踏集团供应链全面启动 ESG 计划

经济高质量发展的重要参与者，承担着绿色技术创新和打造绿色供应链的重大使命。

作为中国最大的体育用品集团，安踏集团已经连续9年发布ESG（环境、社会、公司治理）报告，披露其在ESG及可持续发展领域的积极实践和取得的成绩。安踏集团在创新产品、绿色供应链、环保公益等方面持续保持高品质、稳健的可持续发展。

在终端产品上，安踏集团践行可持续消费理念，普遍采纳国际体育用品行业的绿色环保理念。安踏体育积极作为，通过研发及技术创新，不断提高产品中环保材料的使用占比，如安踏体育国家队系列冰丝短袖所使用的Sorona纤维，生产过程中的能耗和温室气体排放量比生产等量锦纶6最多可降低30%和63%；安踏体育小千禧运动鞋的鞋面应用了符合全球回收标准（GRS）的太空革料，其生产产生的二氧化碳是生产相同重量的原生PET塑料的41%。

除了在产品本身的可持续性上下足功夫，安踏集团同样注重产品包装的环保升级。安踏集团设定了明确的目标，即到2030年，实现超过半数的商品具备可持续性，半数产品包装采用环保材料，并确保商品原料的50%源于可持续资源，力求实现全面的绿色转型。

安踏集团在创新绿色消费中，不仅推动自身生产的变革，也带动了供应链及合作伙伴的绿色转型。通过发布《供应商可持续发展管理手册》，安踏集团从资金、技术、创新资源等多角度赋能产业链合作伙伴，约90家供应商拟定减碳计划，将低碳、循环、节能、减排融入日常运营，全面推进行业可持续发展路线图的实现。

2023年，集团对299家供应商开展超过400次的ESG审核，其中75.6%是外部的审核，获得良好等级以上的供应商占比在60%以上。公司希望到

2030年，供应商的社会责任和环境审核100%达到良好等级以上、安踏体育供应链的ESG管理达到国际同业领先水平、核心供应商每年要减水2.5%及减碳5.5%。

通过全面升级绿色供应链管理体系，携手供应商共同进行碳排放管理，推进清洁能源应用及可再生能源布局，安踏体育已成为国内企业打造绿色供应链的典范。

安踏集团将可持续发展战略、ESG战略作为公司未来十年发展战略之一，制定了“1+3+5”的可持续战略目标，即实现1个总目标——在2050年实现碳中和目标；3个“零”——在2030年前实现自有生产废弃物零填埋，自有营运设施原生塑料零使用及零碳排放；5个“50%”——2023年前将可持续产品的比例提高至50%、战略合作伙伴能耗的50%采用可再生能源替代、50%的产品使用可持续包装、自有运输设备能耗的50%采用清洁能源替代、产品中使用50%的可持续原材料。2023年，安踏集团减少温室气体排放和耗水量取得明显成效，其中，总温室气体排放量密度下降3.6%，总耗水密度下降9.0%。安踏集团在实际运营中践行ESG理念，旨在实现经济效益与社会效益的双重提升，推动企业长期、健康、可持续发展。

安踏集团凭借其在ESG方面的优异管理表现，在MSCIESG评级中连升两级至BBB级，这是得分最高的中国体育用品公司。此外，安踏集团首次参评2023年度全球环境信息研究中心（CDP）的气候变化绩效评级并获得B等级（管理），在中国体育用品公司中评级最高，不但高于全球及亚洲地区平均的C评级，也高于非必需消费零售业的B评级，反映了安踏集团在减少温室气体排放及环境信息披露方面均取得成果。

如今，安踏集团已完成了完整的ESG战略执行体系的搭建，从战略、目标、组织，到资源、绩效和文化，形成了完整的ESG实践管理闭环，已实现自有生产过程中的废弃物零填埋，以及能源结构向清洁化转型。根据标准普尔全球企业可持续发展评估结果，安踏集团评分在约160家全球纺织品、服饰和奢侈品品牌公司中，排名超过87%的全球同业。

此外，安踏注重人的可持续化和勇于承担社会责任。安踏集团深切认识到人才是企业发展的核心动力，因此，他们始终致力于营造一个公正、和谐且充满活力的工作环境，为员工提供广阔的职业发展空间和持续的成长机会。至今为止，安踏集团在产业链上下游的合作与拓展中发挥了积极作用，不仅带动了自身业务的蓬勃发展，还为上下游合作伙伴创造了大量的就业岗位，据统计，已经为超过20万人提供了稳定的就业途径，有力地促进了当地及周边地区的经济发展和社会稳定。

在青年人才培养方面，安踏集团着眼未来，充分认识到新生代力量对于企业持续创新和长远发展的重要性，因此设定了一项雄心勃勃的目标：计划到2030年，总计吸收不少于10万名高校毕业生及35岁以下的年轻人才加盟团队，通过丰富的培训项目、导师制度以及富有挑战性的工作任务，帮助这些青年才俊快速成长为行业精英，从而为集团的持续创新注入源源不断的活力。

对外，安踏集团持续支持公益事业。“茁壮成长公益计划”历经多年，累计捐赠的运动产品按吊牌价值计算，总额超过了8.2亿元。该计划已成功资助建设了184所安踏体育梦想中心，培训了6270名一线体育教师，同时捐建了49座安踏体育运动场地，并成功组建了17次安踏体育运动营。得益于此公益行动，迄今已有超过662万名青少年从中受益。

安踏体育的目标不仅限于在全球体育用品行业中拔得头筹，更是在践行社会责任的道路上，力求树立国际一流的标准，正如其品牌名称的寓意一般，承载着永无止境的精神，在商业成就和社会贡献两个维度同步攀登高峰。

三、新机遇：世界的“安踏体育”

过去30多年，安踏体育成功塑造了中国鞋服引领时尚潮流的典范。这首先得益于其对市场需求的精准把握和对消费者偏好的深刻理解。安踏体育不仅在产品设计上紧跟时尚潮流，更注重产品的功能性和舒适性，满足了消费者对高品质运动服饰的需求。其次，安踏体育在品牌建设上也表现出色，通过赞助体育赛事和签约体育明星，有效提升了品牌的知名度和影响力。此外，安踏体育的供应链管理和成本控制能力确保了产品的高性价比和快速的市场响应能力，也是其核心竞争力之一。

当下，随着健康生活方式的普及和全民健身运动的推广，运动服饰行业的市场需求将持续增长。消费者对运动服饰的需求不再局限于功能性，更加注重设计感、个性化。此外，科技的融合也成为行业发展的新趋势，智能服饰、可穿戴设备等高科技产品逐渐走进消费者的生活。在这样的背景下，新质生产力所强调的创新、智能、绿色和融合，为行业发展指明了方向。

新质生产力强调的是以创新为驱动，以智能技术为支撑，实现生产方式的转型升级。在创新方面，安踏体育利用新材料研发出更轻盈、更透气、更环保的运动服饰，同时结合大数据和人工智能技术，为消费者提供个性化的健康管理解决方案。在智能制造方面，安踏体育引入自动化生产线和机器人技术，提高生产效率和产品一致性，降低生产成本。通过数字化和网络化，安踏体育实现供应链的透明化和实时监控，快速响应市场变化，提升客户满意度。在绿色发展方面，安踏体育应积极采用环保材料和可持续生产方式，减少对环境的影响。通过循环经济和绿色供应链管理，安踏体育不仅能够提升品牌形象，也能够为社会的可持续发展做出贡献。

2023年10月，安踏集团在京召开以“多品牌协同与价值”为主题的全球投资者大会，发布了未来3年（2024—2026年）的发展规划。安踏集团以专业运动品牌群、时尚运动品牌群和户外运动品牌群三条增长曲线，着力打造“多品牌协同管理能力”“多品牌零售运营能力”“全球化运营与资源整合能力”三大核心竞争力，力争实现2025年中国市场份额第一，2030年全球领先的战略目标，并在品牌价值、科技创新、社会责任、员工敬业度等四个维度成为全球领先的行业标杆。

“多品牌协同价值”策略将有效助力安踏体育构建独特的竞争壁垒。未来3年，安踏体育将聚焦大众专业运动赛道，围绕“大众定位、专业突破、品牌向上”的核心战略，重点突破跑步、篮球等核心品类，加大创新和数字化投入，持续强化产品品质价值比优势和多元化多模式的终端体验。斐乐将坚持高端时尚运动定位和高质量增长，持续打造“顶级品牌、顶级商品、顶级渠道”，拓展鞋类、专业运动及儿童三大领域。迪桑特、可隆两大专业品牌将借势户外赛道风口和品牌成长势能，进一步夯实高端品牌力和产品高品质感，稳步提升渠道覆盖和渗透率。

在“四大品牌”深耕本土构建中国市场领导地位的同时，安踏集团也在稳步拓展海外业务。2019年3月，安踏集团联合方源资本、Anamered Investments、腾讯组成财团完成国际户外集团亚玛芬的收购，并为其制定5个“10亿欧元的发展目标”。亚玛芬旗下拥有包括始祖鸟、萨洛蒙、威尔胜为核心的13个品牌，囊括网球、户外用品、滑雪装备等多个领域。亚玛芬在2023年共实现43.68亿美元的营业收入，同比增长23.1%，并于2024年2月登陆纽交所上市，标志着安踏集团全球化征程迎来重要的里程碑。

安踏集团将继续以新质生产力塑造发展新优势，不断推动自身转型升级。与此同时，安踏将结合时尚趋势和消费者需求，推出更多具有竞争力的新产品。

第三章 开拓创新，扬帆海外——紫金矿业

引 言

人类对金属的使用最早可以追溯到新石器时代晚期，那是一些少量存在于自然界中的天然金属（铜、金、陨铁）。公元前五千年，金属冶炼技术开始出现。1866年，德国发明了发电机，开创了电冶金这一新领域。1886年熔盐电解铝工艺成功发明，极大降低了得到金属制品的成本，金属制品得以广泛应用。

中华人民共和国成立后，有色工业几乎是从零开始构建产业链。改革开放后，中国引进世界先进人才、技术和设备，在市场经济体制下，产量

紫金山金铜矿上下高差 400 多米的大规模高陡帮露天采场

大幅提升，2002年一跃成为世界第一大有色金属生产国。如今，中国有色工业在经历多年的高速发展后，矿石资源与加工制造实力不匹配的问题日益突出。于是，我国矿企将目光投向海外市场，掀起海外矿山并购与开发的热潮。

2023年，矿业界迎来一大喜讯——紫金矿业矿产铜产量破百万吨大关，成为亚洲唯一铜矿产量突破百万吨大关的矿企，形成了以金、铜、锌等金属为主导的产品格局。近年来，公司在全球化运营方面取得了重要的进展，尤其是完成了在全球矿业界有重要影响的巴布亚新几内亚波格拉金矿和刚果（金）卡莫阿铜矿的收购后，紫金矿业成为全球增长最快的大型铜矿公司之一。

紫金山金铜矿植被修复实况

一、新模式："紫金模式"

矿产资源是矿业公司赖以生存和发展的基础，除了外延式并购矿山外，自主地质勘探增加资源储量也是矿企实现可持续、高质量发展的重要基石。

紫金矿业自主地质勘查具有行业竞争比较优势，以既有矿山就矿找矿为重点，积极布局绿地、棕地矿产战略选区，实施风险勘查投资业务，单位勘查成本低于全球行业平均水平。截至2023年12月，公司累计自主勘查获得超过50%的黄金、铜资源，超过90%的锌（铅）资源。

（一）创新低品位矿山开发技术

紫金山金铜矿是紫金矿业的发祥地和核心矿山，也是其大规模低品位金铜矿勘查、开发的技术和理念体系的发源地。然而，在开发初期，从资源划定与技术应用综合角度来看，紫金山被认定为不具备经济价值的"贫矿"。

1984年，经过勘查后，发现紫金山的金矿品位低，变化大，可采储量仅5.45吨，但底部有一个储量达62万吨的大铜矿。矿产的品位和储量是衡量矿山经济效益的重要指标，对于低品位小储量的紫金山来说，使用传统的采选方法则赚不到什么钱。于是紫金矿业董事长陈景河大胆选择多用于北方干旱地带但经济高效的"堆浸提金法"，同时，创造性地使用一次筑堆、分层喷淋、活性炭搅拌吸附等技术，以及无底垫堆浸、液体氰化钠等技术，大量节约了生产成本。

从1996年到2000年，紫金山依靠自身发展的积累，进行了二、三、四期技改，引进世界先进的破碎分筛设备，将洞采改为露天开采，开发成本

塞紫铜 JM 矿崩落法采矿工程千米新副井

降至行业平均水平的10%～20%。1997年，紫金山以1136.3千克黄金产量为企业挣到了2000万元利润。2001年8月，紫金山金矿“新勘探报告”确认金矿储量138.4吨，是当初探明储量结论的25倍。2008年3月，紫金山以可利用资源储量最大、黄金产量最大、采选规模最大、入选品位最低、单位矿石成本最低、经济效益最好、发展速度最快等多项全国第一，被中国黄金协会授予“中国第一大金矿”荣誉称号。

另外，紫金矿业对紫金山金铜矿坚持“边开发、边治理”，采用“分层治水、截短边坡、土壤改良、植物选择”工程措施与生物措施并举的快速植被恢复技术。截至2019年底，矿山累计投入植被恢复资金1.66亿元，实施绿化作业面积约1.92万亩。2024年3月，联合国教科文组织正式批准龙岩地质公园成为世界地质公园，紫金山作为成员单位也纳入其中，这标志着紫金矿业喜添世界级新名片。

贵州水银洞金矿的开发是典型的对“紫金模式”的复制，并结合当地

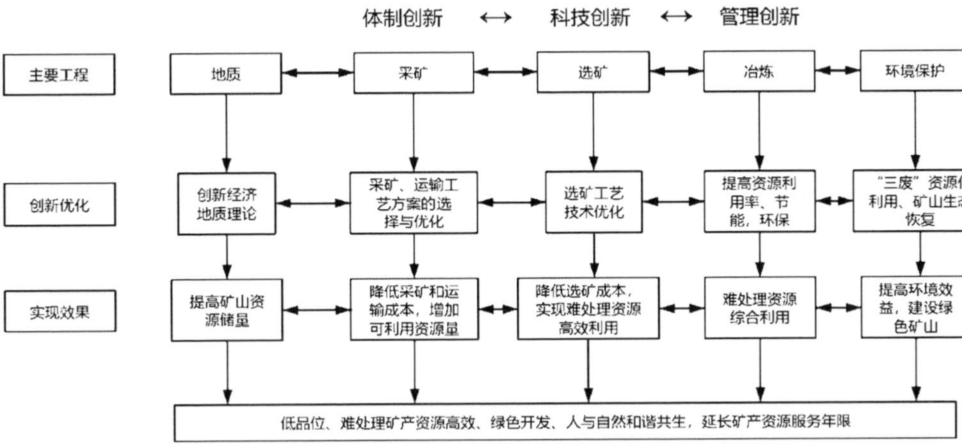

紫金矿业的“五环归一”工程管理模式

具体矿情进行了技术创新应用。该矿的金大部分呈超微细包裹在硫化物和其他矿物中，还含有少量的含砷矿物、有机碳和沥青影响金的浸出，是一个“卡林型”难选冶金矿。紫金矿业通过引入国外成熟的中温常压化学预氧化工艺，将回收率从10%提升至90.7%，进一步改进工艺，建成投产了中国首个产量达每天450吨的难选冶黄金加压预氧化工厂。近年来，紫金矿业新产线的产能不断升级，2023年建成每天1000吨的加压预氧化项目。

随着铜矿品位的逐步降低，深挖低品位矿石价值对企业实现可持续增长至关重要。自然崩落法作为唯一能与露天矿开采经济效益相媲美的地下开采技术，具备生产能力大、开采成本低、作业安全及易实现自动化等优点。然而，自然崩落法也有其局限性，例如初期基建投资大、建设周期长，以及在开采条件发生变化时难以调整采矿方法等。我国自然崩落法采矿技术起步晚，20世纪60年代后才开始运用，目前金属矿山中仅在铜矿峪铜矿、普朗铜矿取得大规模试验成功。

紫金矿业近年来在崩落法采矿技术的研究、实践、推广不断实现创新突破。自2021年起，公司开始对塞尔维亚紫金铜业JM斑岩铜矿、佩吉下部带斑岩铜矿、紫金山罗卜岭斑岩铜钼矿、黑龙江铜山斑岩铜矿四大具有自然崩落法应用前景的矿山开展攻关研究。2024年，丘卡卢—佩吉下部矿带采用自然崩落法大规模开发已完成预可研设计，正加快证照办理；博尔铜矿JM矿填充法变更为崩落法采矿加快推进。至2025年，塞尔维亚两大铜矿将全面完成改扩建工程，届时铜矿产能有望达到每年30万吨。另外，公司创新地将页岩油开采的高压水压裂法应用在崩落法中，作业效率相较于“自然”崩落法至少有一倍的提升，更具经济性。

（二）自创“五环归一”管理模式

长期以来，我国在矿山开发工程方面一直按照传统的理念进行规划设计和管理。然而，这种方式存在局限性和资源效益低等问题。

“五环归一”工程管理模式以矿石流为走向，统筹地质、采矿、选矿、冶炼和环境保护五大环节，最大化经济和社会效益。地质勘探是基础，采矿分离矿石，选矿富集有价值矿物，冶炼提取金属，现代湿法冶炼技术使选冶一体化成为可能，直接从矿山生产金属，同时强调环境保护和生态恢复。另外，“五环归一”模式的实施需要各环节相互依存，任何变化都可能影响整个系统。

紫金矿业的“五环归一”模式多项成果获中国黄金协会、中国有色金属学会科技成果一、二等奖，紫金矿业在科技创新带动企业发展的道路上砥砺前行。

阿舍勒铜业是紫金矿业在新疆投资的第一家矿山企业，是应用“矿石流五环归一”矿业工程管理模式的成功典范。收购该项目后，紫金矿业对原开发方案进行了全面优化，包括增加斜坡道工程提升采矿能力、建设长距离自流供水工程代替下游取水、在矿山建立技术中心突破选矿瓶颈等。这些措施不仅实现了效益最大化，还成功降低了投资规模，缩短了建设周期，提高了生产效率。

吉林珲春曙光金铜矿的情况与紫金山金铜矿极为相似。紫金矿业接手矿山后，通过重新评估矿体资源，按价值法重新圈定矿体，从金2.5吨（0.80g/t）、铜8000吨（0.78%）重新核算为金73.2吨（0.48g/t）、铜30.4万吨（0.2%）；开采方式从地下转为露天，规模从每天850吨扩大到每天28200吨，同时，将采矿与选矿一体化，吨矿成本从312元降低到68.8元，经济效益显著提升。

（三）领先市场的企业管理理念

紫金矿业的矿山开发技术创新和高效益工程管理模式背后的原动力，是紫金矿业超前的企业管理理念。

21世纪之前，中国的地质和矿业行业一直处于计划经济时代，而紫金矿业将市场经济思维用于紫金山的开发。紫金矿业的相关论文《紫金山金铜矿勘查与开发的思考》指出："技术指标是为经济评价服务的，企业对矿床的评价和开发，不是为了取得某些技术指标，而是为了获得良好的经济指标。"[1]在这种思维的引领下，紫金矿业打造出了一个全新机制的国有企业。

紫金山金矿由闽西紫金矿业集团有限公司组织开发，公司从组建开始，劳动用工、管理人员任免、工资分配等方面便严格按市场经济规律运作，追求企业效益的最大化，这与传统国有企业有着重大的差异。如劳动用工方面，公司直接用工仅400多人，用工形式灵活多样，若按其生产规模，传统矿山用工至少需要2000~3000人，这种灵活的生产管理优化模式推动企业连续5年基本实现资产总额、销售收入、黄金产量、利润等指标翻番。

1　陈景河：《紫金山金铜矿勘查与开发的思考》，《金属矿山》2000年第3期。

在完全竞争的周期行业，成本是企业的生死线。紫金矿业站在超前的市场化思维高度上，运用技术创新和生产管理优化手段最大限度降低成本，得到企业获利的最优解。这也给予紫金矿业进入那些资源好但经营不善项目的机会，然后通过“紫金模式”改善提升盈利水平，获取超额收益。

2023年，公司实现营业收入2934.03亿元，同比增长8.54%，其中加工、冶炼及贸易金收入1013.68亿元，贸易业务482.97亿元，冶炼铜业务431.15亿元，铜精矿220.84亿元，金锭135.75亿元，环保业务105.54亿元，阴极铜87.66亿元，金精矿85.56亿元，其他精矿67.87亿元，锌锭63.91亿元；实现归母净利润211.19亿元，同比增速5.38%。

二、新时代：全球收购，势在必行

（一）有色金属遇新需求

有色金属加工的产品广泛用于房地产、电力通信、家电、航空航天、汽车、机械制造等中下游行业，而这些行业又与国民经济的发展密切相关，所以有色金属行业的景气程度对宏观经济的变化敏感度较高。然而不同的金属下游的应用领域和比例大不相同，按照这个思路来划分金属，可以分为工业金属、贵金属、能源金属、小金属、稀有金属和金属新材料。

工业金属的代表性金属——铜，是现代工业非常重要的原料之一，具有良好的导电性、导热性、耐腐蚀性和可加工性。2022年全球精炼铜消费量合计2500万吨，其中中国的消费量超过1350万吨，占全球消费量的54%。2021年我国铜消费结构占比中，电力领域铜消费占比40.70%，日用消费品领域铜消费占比15.20%，电子通信领域铜消费占比15.15%，交通运输领域铜消费占比8.55%。仅从铜消费量一项，就可以看出中国的工业尤其是制造业在全球产业链中的地位。而新能源领域的需求如光伏、风电、新能源汽车等增速较快，未来有望成为新增长点。从过去到现在，铜都是我国重要的工业领域战略性资源。

贵金属下游需求集中在金融属性，区别于工业金属，尤其是黄金。2022年黄金下游需求结构占比中，珠宝首饰领域金消费占比47%，投资领域金消费占比18%，央行购金领域金消费占比23%，场外交易领域金消费占比8%，电子行业领域金消费占比4%。黄金具备价值大、易于流通、理化性质稳定，具有一般等价物的特点。黄金的这些特点和性质，使其同时具有货币属性、避险属性和金融属性。近年来，黄金价格走势与美元指数、美国实际利率的强反身性解释愈发得到证实。而黄金作为国际认可的“硬通货”，使得主权货币国家储备黄金趋势不变，金矿作为战略性矿产资源的地位愈发显著。

锂被称为能源金属，是当前市场需求增长最快的潜力金属。金属锂的开发应用历史相对较短，20世纪60年代，由于技术限制，锂仅在军工领域少量应用；进入90年代后，盐湖提锂技术的进步使得锂应用到玻璃、陶瓷等传统工业领域中；2010年后，3C消费的兴起带动钴酸锂电池的应用。当前锂的增量需求主要来自碳酸锂电池，下游广泛应用于新能源汽车、储能等领域。由锂制备的正极材料、负极材料、电解液组成的高能量密度锂电池，是当今新能源电池领域的主流技术路线。

（二）全球矿产分布强稳定

40多亿年前地壳中就已经形成了基本金属和贵金属，2亿年前稀有金属开始大规模出现在地壳中。各个大陆板块矿产分布各有不同，资源禀赋决定了全球基本的竞争格局。

南美洲安第斯山脉周围的智利、秘鲁及巴西，都是全球著名的矿藏资源国。智利拥有明显的铜、铼、锂、银资源优势，占全球总量的比重分别约为29%、52%、54%和13.5%。秘鲁在银、铜上也同样拥有优势，占比分别约为21%和11%。而巴西地缘辽阔，钽、铌（拥有全球90%的铌资源）和锡、镍（占全球总量的比重分别约为15%和13%）的资源储备丰厚。

美洲的矿产资源禀赋促成了许多国际性龙头矿企的诞生。美企自由港是全球领先的铜企，拥有大量铜、金、钼优质资源，2023年公司的铜、钼产量均位居全球前三。加拿大企业巴里克黄金公司是全球第一大黄金矿业公司，其75%的矿产量来自美洲地区。第二大黄金巨头公司纽蒙特矿业公司诞生于美国蒙大拿州，2022年黄金矿产量180吨，远超第三名。全球最大的锂资源公司SQM位于智利，2022年碳酸锂产量第一。

非洲由于整体发展水平较低，整体勘探水平相应较低，但潜力巨大。最典型的例子就是紫金矿业近年来在刚果（金）发现的卡莫阿铜矿，该铜矿无论是储量还是计划年产量都是世界级的铜矿。铜、钴资源主要分布在刚果（金）和赞比亚的“铜带线”上。其中刚果（金）钴的储量占全球总量近50%，是一个非常有特征的小金属品种。而南非是铂系金属的主要分布国，其储量占全球总量的比例超过90%。

大洋洲的澳大利亚是名副其实的资源大国，不仅地缘辽阔，矿产品种多，且每个品种在全球储量的占比都很高。典型的品种是钽、锆、金红石、铅、锌、镍、铝土矿、钛铁矿、金、银、钴、铜、锂、锑等。其中钽、锆全球占比超过60%，金红石占比近50%，铅、锌、镍和铝土矿占比超过20%，而金、银、钴、铜、锂、锑合计占比超过10%。澳大利亚包揽了全球第一、第二矿企——必和必拓、力拓，其中必和必拓是世界前三大铜生产商和世界前五大银、铅、锌生产商之一。

2015 年 5 月紫金矿业取得巴布亚新几内亚波格拉金矿 50% 股权

亚洲多小金属，基本集中在中国，如铋、钨、钼、稀土、锑、锗都是属于全球范围内储量极其丰富的品种。其中铋、钨储量占全球总量的比重超过60%，钼、稀土、锑储量的全球占比都超过30%，而锡、菱镁矿的储量占比则处于20%的水平。中东地区（土耳其、伊朗和巴基斯坦）分布着丰富的硫酸钡资源，三者总和占据全球20%以上的硫酸钡资源。中国代表性矿企有紫金矿业、洛阳钼业等，其中紫金矿业拥有全球领先的铜、金、锌资源量和产量，并成为逆周期收购的代名词；洛阳钼业是全球领先的小金属（钨、钴、铌、钼）生产商之一。

中国虽然地大物博，但是矿产资源的储量和矿石品位并不与我国对有色金属的加工和消费需求量相匹配。生产有色金属的大部分矿石原材料需要进口。我国约2/3的矿产品需要进口，其中铁矿石、铬铁矿、铜、铝、镍、钴、锆等矿产品的对外依存度已经超过70%，并且呈现出逐年上升的趋势。

2015 年 5 月紫金矿业取得刚果（金）卡莫阿铜矿的 49.5% 股权

（三）紫金矿业拓全球

紫金矿业较早地发现了我国矿产资源储量与对有色金属消费、加工需求的矛盾，及时把目光投向全球矿产资源，并且以逆周期收购策略建立起成本优势。

目前，紫金矿业的铜、金、锌（铅）等矿种储量、资源量均位居中国领先、全球前10位。截至2022年底，公司铜矿储量3209万吨，为全球第4位，全国第1位；黄金储量1191吨，为全球第7位、全国第1位；锌（铅）矿资源量为1118万吨，储量为480万吨。公司矿产资源丰富且储量均为全球龙头水平。目前公司正在挖掘新的赛道，收购碳酸锂矿产，拥有碳酸锂资源量为1215万吨LCE（碳酸锂当量），储量429万吨LCE。

近十年，紫金矿业完成多个重磅矿业项目并购，主要矿种资源储量越级式增长，累计并购投资超过600亿元；新项目累计实现利润约460亿元；

获得权益资源储量：铜约6800万吨、金约2000吨、锌（铅）约350万吨、碳酸锂约1200万吨、银约6500吨。

2005年，紫金矿业启动了预备多时的“走出去”战略，那一年，公司以195万加元获得加拿大顶峰矿业的21%股份，迈出了全球化的第一步。更重要的是，这笔交易让紫金矿业参与到世界金矿领军者巴里克旗下的Eskay Creek金矿项目。经过早期海外整合的经验积累，紫金矿业后期的并购变得轻车熟路。北至加拿大、蒙古国，南抵澳大利亚、南非，西边的英美，乃至中亚、东南亚等地，都留下了紫金矿业的身影。

尤其是2015年，在大宗矿产市场不景气时，紫金矿业反其道而行之，包括澳洲凤凰黄金公司、诺顿金田，刚果（金）穆索诺伊矿业、巴理克（新几内亚）公司、刚果（金）卡莫阿—卡库拉铜矿、Nevsun公司，武里蒂卡金矿、西藏巨龙铜业、圭亚那奥罗拉金矿等，都在那一年被紫金矿业收入囊中。而那一年，正是各大矿业巨头紧张度日的一年，但得益于合理的套期保值、低成本冶炼，紫金矿业当年不仅盈利17亿元，而且经营性现金流超过百亿。所以，当大宗资源在2022年迎来新一轮上行周期时，早前大笔豪赌的紫金矿业迎来了真正的腾飞时刻。

成本控制是矿企良性扩张中的关键环节。收购的矿山如果由于资本开支过高或者技术不足，就会导致的采选冶成本过高，在行业下行周期将会遭遇亏损。纵观紫金矿业近几年的并购趋势，均是利用自身逆周期投资的能力，持续高性价比并购优质资产。

紫金矿业的逆势收购使公司在国际矿业占据了一定的地位。2023年，公司在《福布斯》排行榜中分别位列全球上市公司、黄金企业、金属矿业企业的第284位、第1位、第6位，《福布斯》中国可持续发展工业企业TOP50，在《财富》杂志发布的世界500强、中国上市公司500强排行榜中分别位列第373位和第51位，是矿企行业的翘楚，声名远播海内外。

三、新机遇：中国矿企“全球本土化”

（一）全球资源安全与竞争

21世纪，全球矿产资源安全正在面临着前所未有的变局。

出于应对气候变化和可持续发展的需要，人类社会正在经历能源体系脱离碳密集型化石能源的支撑，转向低碳清洁的可再生能源体系的过程。而基于清洁能源技术的能源系统需要消耗更多的矿产资源，不过，与铁矿石等工业时代的主流矿产资源相比较，清洁能源系统的关键矿产的全球储量规模要小得多，资源富集区域要集中得多。近几年，受供应链运转不畅、碳达峰与碳中和目标、美联储货币政策的叠加影响，国际资源价格大幅飙升，部分商品的价格甚至创历史新高。

资源供给的高度集中导致的局部失衡将资源竞争推向白热化，围绕矿产资源安全的全球贸易保护主义持续抬头、地缘政治经济冲突日益加深，清洁能源转型中所需的关键矿产供应链安全也屡受波及。各发达经济体纷纷推出相应的战略与策略来强化自身的关键矿产资源安全，并体现出本土化和保守化倾向，还有不少国家通过配合组团和防守博弈寻求角色定位，力求最大限度保障本国利益。

美国组建“矿产安全伙伴关系”以应对关键矿产供应链面临的风险，这标志着美国试图在矿业领域建立强大的国家联盟，并敦促其他成员国支持基于美国利益建立的国际秩序和合作规则，矿产资源地缘政治博弈正式拉开序幕。

资源出口国的做法大多数是在诸多大经济体博弈之间寻找自身经济发

展机遇的同时保证自身资源安全，这自然也就导致了较为严格的资源管控制度。例如，加拿大于2022年11月出台了联合盟国共同构建弹性关键矿产供应链和保护国内关键矿产行业免受外国国有企业侵害的规则，禁止外国国有企业投资本国关键矿产。同时，澳大利亚加强了对锂、稀土等行业外国投资的审查。上游供应源的紧绷态度无疑刺激到了下游矿产加工国的神经，这迫使他们进一步加强对自身资源的管控与保护。

而我国在此事上一贯保持着加强双边和多边资源外交，反对单边主义和保护主义的态度。一方面，适时提升与部分国家的外交关系等级，将矿产合作纳入更高层面的双边政治关系中进行讨论。另一方面，中国在内外压力下也加强了对关键矿产议题的关注。2023年12月，中央经济工作会议提出，保障关键矿产供应链和产业链安全将会是未来工作的重点。

目前，中国在全球主要的关键矿产资源精炼和加工上处于优势地位，多种矿产产能份额较高，如稀土达到90%、镁达到87%、钴达到72%、镓达到68%、锂达到58%、钒达到55%、铟达到52%、镍达到40%等。不过，我国在中下游及终端技术部分明显有较大缺失，亟待掌握并突破一批关键核心技术尤其是终端产品的核心技术，发掘高纯金属材料的新用途与功能，在高安全动力电池、智能储能、能源物联网技术等终端应用技术取得突破，最终推动关键矿产资源利用产业链迈向中高端。

近年来，全球采矿及加工业行业也发生了明显的变化，最显著的就是低品位矿资源的崛起，这已成为行业的主流趋势。不论是在铜、铁还是铝等矿产品采矿中，开采低品位斑岩型矿床的比例显著增加，这种低品位矿的特点对开采和利用提出了新的挑战。例如，全球铜矿的原矿品位自20世纪初的超过4%下降至目前的约0.5%左右，同样的例子还有镍矿，这是由于在汽车电动化的大趋势下，处理低品位红土镍矿，有利于推动电池材料成本的下降。因此，对于实现有效降低电池生产的综合成本、推动电动汽车产业的健康发展的目标而言，开采低品位红土镍矿资源将是一个不错的选择。

另一个显著的变化，全球矿业的主要策略变为依赖现有项目增储扩产。随着探明新矿床的难度增加，几乎所有全球大型矿山都已被发现，因此未来矿产增长主要取决于现有项目的增储扩产。例如，在稀土资源方面，中国稀土集团在今年总部召开的稀土资源增储扩产与高质量发展专题会上，全面总结巩固高质量实施稀土资源新一轮找矿突破战略行动成效，并提出需要进一步提升稀土资源保障能力和绿色高效开发利用水平，以确保在稀土增储扩产上取得新突破。增储扩产这一趋势的背后是全球大部分矿产资源量的持续增长，主要得益于勘探投入水平的提升。同时，深海采矿也逐渐兴起，海矿也被认为是未来行业的发展方向之一。此外，全球关键矿产战略调整也正在进行，各国纷纷调整其关键矿产目录，强调自主开采和加工的重要性，为未来的资源战略布局提供了指导。

除了矿资源品位持续下降导致采矿成本不断上升，全球矿企还面临着一些问题。首先，环境和能源压力不断增大。铜矿采矿和冶炼过程对环境的影响日益受到关注，需要采取更加环保的采矿和生产方式，以应对气候变化和环境问题。供需不平衡也成为行业的新挑战，给行业带来了不确定性和市场风险。此外，融资困难与经营风险上升也是矿业企业面临的重要挑战，企业需要更加审慎地管理资金，并寻找更多的合作伙伴以分担风险，确保业务的稳健发展。

（二）一流国际矿企愿景

基于全球政治、经济及矿业行业形势，紫金矿业于2023年1月发布了《关于三年（2023—2025年）规划和2030年发展目标纲要》，规划了未来十年再上一个台阶的远景战略。该纲要以建成“绿色高技术一流国际矿业集团”为战略目标，以“提质、控本、增效”为工作总方针。2023—2025年，紫金矿业的主要任务是基本解决现阶段主要矛盾，基本建成全球化运营管理体系，基本解决国际化人才问题，主要经济指标和ESG关键绩效大幅提升，努力接近全球一流金属矿业公司水平。2025—2030年，公司控制的资源储量、主要产品产量、销售收入、资产规模、利润等综合指标排名进入全球一流矿业行列，主要经济指标和铜、金矿产品产量进入全球前列，锂产量进入全球前10位。

紫金矿业有志成为全球一流的金属矿业公司，通过积极发掘利用新质生产力，在解决当前所面临的困境，内外兼修，务实基本功的同时，也在外部形成全球竞争力。

在以新质生产力为新动能的当今时代，紫金矿业高度注重优秀人才队伍的建设与培育。对于中国矿业企业来说，“走出去”最关键的问题之一是国际化人才稀缺。陈景河董事长在2023年新年致辞中提出：“要打造有超一流水平的国际化人才队伍，健全全球化人力资源体系，确立‘价值创造者为本’的用人和绩效考核评价体系，狠抓人才梯队建设，健全长效激励和分配机制，让员工与企业共享发展成果，激活组织和员工活力。”

紫金矿业充分利用灵活的薪酬制度吸引更多人才聚集。2022年末公司本地化用工率达96.3%，国际化程度显著提升。灵活的职工薪酬制度还有利于激活个体主观能动性。国企的劣势主要体现在薪资差距不大、领导人员害怕担责、薪酬较为固定，因此往往决策保守、缺乏主观能动性，且基层员工在上升过程中的薪酬待遇提升不明显。在紫金矿业，基层与高管的薪酬差距较大，正向激励明显。同时，公司优化员工绩效评估和薪酬激励机制，实施限制性股票激励计划，提供年度特别奖励、海外专项补贴等，使员工进一步享受企业发展成果。

面对全球日益激烈的矿产战略资源竞争和低品位矿产逐渐成为主流的现状，紫金矿业加大力度坚持收购高性价比、大型矿床，坚持以技术创新带动储量、产量上升。公司将成本控制作为企业管理的永恒主题，进一步提升精细化管理水平和自主创新核心竞争力，遏制矿山成本上升的趋势；运用紫金创新理念和“矿石流五环归一”矿业工程管理模式，加大对自然崩落法、盐湖提锂、高原无人矿山等新采矿方法、选冶工艺的研究和推广，持续高效推动企业发展及项目建设。

在注重扩张的同时，紫金矿业也不忘坚持可持续发展战略，将“碳达峰、碳中和”作为公司发展的重要任务和重大挑战，在外部投资新能源产业及内部提升绿色指标上均有重要部署。从外部层面来看，公司通过投资锂矿形成新能源产业的突破口，优先扩大锂矿规模，大力发展盐湖提锂新技术，适度延伸相关产量产业。公司预期在2025年新能源新材料取得重要突破，2030年新能源新材料板块成为新的增长点。从内部层面来看，公司构建绿色低碳高质量可持续发展模式，进一步提升ESG关键绩效。同时，公司优化能源结构，实施以清洁燃料替代、电气化比例提高、清洁能源替代等为主的减排措施，预计2030年可再生能源占比达30%以上。

矿产资源是宝贵的不可再生资源。在全球范围收购矿产资源成为必然趋势的当下，矿业企业不仅要寻找优质资源，更重要的是收购之后如何持续经营，做到可持续发展，形成长期正反馈。紫金矿业探索多年的“紫金模式”给全行业树立了一个优秀典范，紫金矿业大力培育新质生产力，使在全球化背景下中国矿业这张名片愈发闪耀。而对于紫金矿业自身而言，如何将“紫金模式”完美融入每个海外项目，做到“全球本土化”，或许是紫金矿业成为“绿色高技术一流国际矿业集团”的核心命题。

第四章　守正创新，行稳致远——片仔癀

引　言

中医药根植于中华文明，源远流长，其起源可追溯至远古时代，当时的人们通过日常观察与实践，发现自然界中的动植物拥有治疗疾病的特性。这一无意之间的发现开启了中医药的大门。

《黄帝内经》的问世标志着中医理论体系的正式确立。

明清时期，李时珍的《本草纲目》将中药学推向巅峰，详尽的药物记载和分类方法，使其成为后世研究的重要参考资料。同一时期，中医药的发展也促进了中药堂和中药铺的兴起，广誉远、同仁堂等老字号开始出现。

近现代以来，中医药理论与实践不断传承创新，制度的完善和科技成果的涌现促使中药逐步走向产业化和现代化。

谈起现代中药代表，片仔癀当之无愧。公司是拥有“国家一级中药保护品种”的“中华老字号”企业（国内仅2家），其核心产品片仔癀驰名中外，其传统制作技艺入选国家非物质文化遗产名录。2023年，片仔癀的品牌价值达409.37亿元，位列“中华老字号品牌榜”第2位。片仔癀产品远销海外，连续多年居中国中成药单品种出口前列，被誉为“海上丝绸之路”上的“中国符号”。

一、新产品：现代化中药

1956年，馨苑茶庄与同善堂等药店联合组建公私合营同善堂联合制药厂；1957年12月，同善堂联合制药厂与公私合营存恒联合神粬厂合并，改名为公私合营漳州制药厂，片仔癀为漳州制药厂的主导产品。1993年，以漳州制药厂为核心企业成立漳州片仔癀集团公司。1999年12月，以漳州片仔癀集团公司为主要发起人，联合其他法人单位共同发起设立漳州片仔癀药业股份有限公司。2003年6月，公司股票在上海证券交易所上市。

片仔癀作为中药老字号，历史源远流长。据考证，明朝末年，一位宫廷御医携秘方流落至漳州，隐居璞山岩寺削发为僧。御医出身的寺僧，依据宫廷秘方，用上等麝香、牛黄、田七、蛇胆等名贵中药材，炼制成药锭，专治热毒肿痛，内服外敷均可。当时附近百姓患疾者甚众，寺僧广为施治，均药到病除。由于这种药品切片分服，每次一片即可退癀，因此，民间俗称“片仔癀”。寺僧临终前，将秘方和制作工艺传授给住持，并嘱托秘不外泄，于是，片仔癀成为璞山岩寺的“传寺之宝”。

清末民初，璞山岩寺因香火渐冷而倒塌，最后一任住持还俗后在漳州东门外馨苑茶庄继续制售片仔癀，片仔癀由佛门传入民间。其独特的疗效极受民间推崇，被闽南旧时风俗奉之为镇宅之宝，当地人拜访长辈亲戚素有送片仔癀的习惯，片仔癀还随着华侨流入东南亚，受到东南亚人民的喜爱。

作为一家拥有深厚历史底蕴的中华老字号企业，片仔癀始终秉承着“以德制药，以药弘德”的崇高理念，将道德修养和社会责任视作制药行业的根本。公司以高质量的产品为立业之本，视科学研究为推动发展的关键力量，恪守国有企业的使命与责任，致力于为民众提供“良药济世，臻于至善”的优质中药产品和服务。

在传承中医药传统精髓的基础上，片仔癀不断借助现代科技手段，将古老的智慧与现代的科研相结合，持续推进产品的研发创新。这种结合传统与现代、坚守与创新的发展策略，不仅保留了中医药治疗的珍贵经验，同时也提升了药品的现代化水平，使之更加符合现代人的健康需求。片仔癀致力于成为大健康领域的领导品牌，通过不断优化产品线，加强质量管理，以及扩展全球市场布局，努力实现产品的现代化、产业化和国际化。伴随着产品的不断升级，片仔癀的营业收入从2013年的13.96亿元增长至2022年的86.94亿元，期间复合增长率为22.53%。

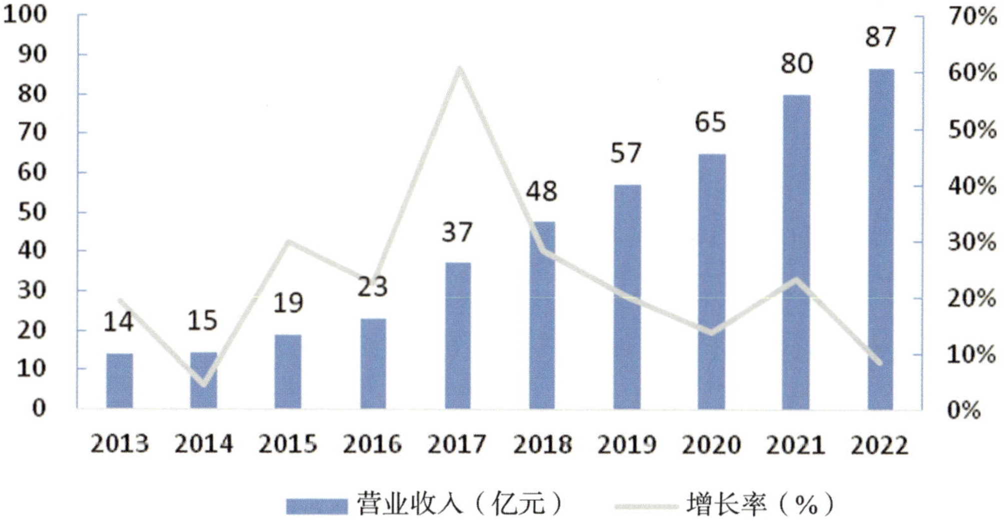

片仔癀营业收入

片仔癀作为核心大品种，在传承悠久历史的基础上，不断推陈出新，拥抱中药现代化。为了强化片仔癀产品功效的科学解释和国际认可，片仔癀药业与众多国内外高等学府及科研机构展开了广泛合作。公司致力于运用循证医学方法和分子生物学技术等现代科学手段，对片仔癀的功效和作用机制进行深入研究。这些研究不仅包括严格的临床试验，还涉及使用高端生物技术解析中药成分在分子水平上的作用原理。

片仔癀核心产品

通过这种跨学科的合作方式，片仔癀药业旨在将中医药的传统治疗理念与现代医学的创新发现相结合，从而提供更全面、更具说服力的证据来支持其产品的疗效主张。此外，该公司也努力将这些研究成果转化为国际医学界所接受的科学语言，以促进中医药文化的全球化传播和普及。

片仔癀药业积极拓展其核心产品在重大疾病治疗领域的应用，尤其在肝脏疾病、肿瘤治疗、消炎和抗病毒等关键方向进行了深入研究。公司不仅强化了对传统中药药理机制的理解，而且推动了一系列严格的临床研究，以科学验证其产品的疗效和安全性。

在肝脏疾病治疗方面，片仔癀深入研究了其产品在肝病治疗上的多方位作用，涵盖从肝炎到肝硬化的各种病变，力求为患者提供更为全面的治疗方案。在肿瘤领域，特别是针对肝癌的治疗，公司开展了一系列临床研究，探索片仔癀在抑制肿瘤生长、提升患者生存质量以及减少肝癌切除术后复发率方面的潜力。这些研究包括评估片仔癀作为辅助治疗手段的有效性，以及对术后患者的免疫调节和恢复促进作用。

片仔癀还投入资源研究产品在减轻炎症和对抗病毒感染方面的应用，旨在为广泛的患者群体提供科学验证的自然疗法选择。通过这些针对性的药理药效研究和临床验证，片仔癀致力于提高其医药产品在治疗一系列复杂疾病时的价值，并确保其医药实践既传承了中医药的古老智慧，也符合现代医学的严格标准。

在强化其核心产品片仔癀的市场销售的同时，片仔癀药业正集中力量培育一系列潜力产品，以增加公司的产品组合和提升品牌影响力。该公司精心打造了包括安宫牛黄丸、复方片仔癀含片、复方片仔癀软膏、复方片仔癀痔疮软膏、茵胆平肝胶囊、川贝清肺糖浆、清热止咳颗粒、心舒宝片等在内的多样化产品线，旨在满足从肝病到感冒、皮肤病等多种健康需求的领域。

作为公司的重点推广产品之一，片仔癀牌安宫牛黄丸继承了中国传统医药的精髓，选用珍贵的传统药材如麝香与牛黄，并严格遵循古法炮制工艺及金箔包衣技术，以确保药品的品质和疗效得到充分发挥。通过这样的产品策略和文化传承，片仔癀药业不仅稳固了现有市场，还积极开拓新的领域，致力于将更多有潜力成为市场爆款的产品带给消费者，以满足他们日益多元化的健康需求。

创新是推动医药企业发展的核心引擎，对于提升企业市场竞争力和持续成长至关重要。漳州片仔癀药业股份有限公司深刻认识到这一点，并致力于将创新作为产品规划和业务发展的关键驱动力。公司正不断推进新药的开发进程，密切关注并引入国际医药领域的前沿技术，专注于解决临床上高发病率，以及缺乏有效治疗方案的慢性病和难治性疾病等医疗难题。

为了实现这一目标，片仔癀药业投入巨大的资源用于研发工作，建立了特色鲜明的、与品牌定位相符的研发管线，包括了从药物发现阶段的基础研究，到临床试验阶段的验证，再到新产品的上市推广全流程，形成了涵盖多个治疗领域、丰富的产品储备。通过这样的策略，片仔癀药业不仅加强了现有产品线，还为未来提供了持续增长的动力和潜力，同时也为患

片仔癀化妆品系列产品

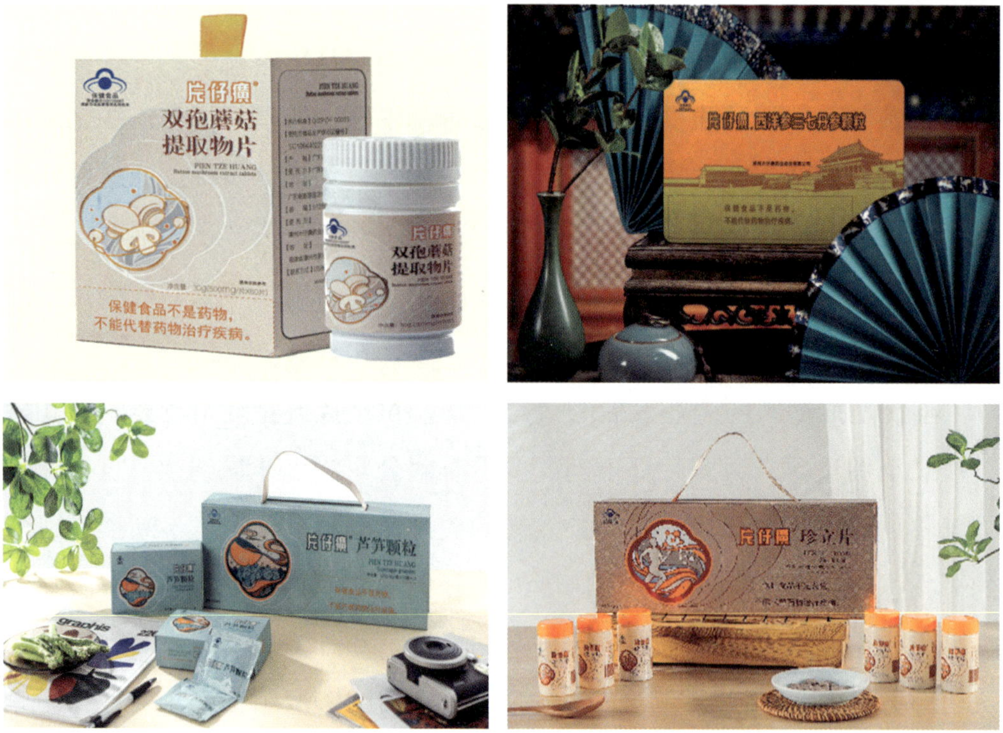

片仔癀保健品系列产品

者带来了更多希望和治疗选项。

随着企业多元化战略的推进，片仔癀的业务范围已经从药品拓展到了化妆品和保健食品领域。这种开拓性的布局有助于企业挖掘新的增长点，同时也为消费者提供更加全面的健康与美容解决方案。

在化妆品领域，片仔癀利用其传统中药的独特优势，开发了一系列以中草药为特色成分的护肤品和美容产品。这些产品通常强调天然、安全、无刺激等特点，满足日益增长的消费者对健康美容产品的需求。公司通过推出新品和升级老产品来满足不断变化的市场需求。目前筛选出“两膏”即片仔癀牌雪肌无瑕润白雪融霜和皇后牌片仔癀珍珠霜作为战略增长点，致力于在化妆品领域多层级、多维度重点打造爆品。

在保健食品方面，公司结合传统中医药理论和现代营养学原理，推出了一系列旨在提高免疫力、改善健康状况的保健食品。这些产品包括但不限于保健饮品、药膳食品、营养补充品等，旨在补充日常饮食中的营养不足，并帮助消费者维持和提升健康水平。公司逐步培育做大自有品牌产品，利用公司的技术、渠道等优势，突破创新，重点培育西洋参三七丹参颗粒、芦笋颗粒、珍立片（胶囊）、双孢蘑菇提取物片等4个自有“蓝帽子”产品。

二、新技术：中药工艺新产能

传统中药的纯手工工艺是中医药宝库中的珍贵遗产，它不仅凝聚了中医的智慧，也是中国传统文化的重要组成部分。在传统中药的生产过程中，这种工艺历史悠久，在中药的加工炮制技术中扮演着至关重要的角色。例如，通过特定的手工操作可以减毒、增疗效或改变药物的归经属性，这些精细的操作过程需要制药师傅丰富的经验和精湛的技能。然而，传统手工工艺在质量控制方面存在一定的不稳定性，因为它高度依赖于工匠个人的技能和经验。相比之下，现代生产技术通过标准化流程可确保产品质量的稳定性和可控性，可满足现代社会对产品质量一致性的要求。

现代中药的生产工艺主要分为两大类：一类侧重于保持药材的自然形态或其固有性质，这通常涉及对药材的初步加工，如制成中药饮片；另一类则涉及将药材加工成各种剂型，如胶囊、片剂等。这些中药片剂的制备工艺在很大程度上与口服固体制剂的生产技术相似。在中药的生产过程中，提取和分离技术是关键环节，它们对于保证药品的疗效至关重要。相较于西药，中药制剂的提取和分离技术要求更为精细和复杂，因为中药通常包含多种有效成分，而这些成分的提取和配比需要精确控制以保证药效。随着科技的进步，传统的提取和分离技术得到了显著提升。现代技术如超临界流体提取、微波辅助提取、色谱技术和膜分离技术等，不仅大幅提高了生产效率，还确保了药品的质量稳定性和安全性。这些技术的应用使得中药的有效成分能够更有效地被提取和利用，同时也减少了生产过程中的能源消耗和环境影响。

公司配有先进的设备和仪器，能够进行片剂、注射剂、胶囊剂、颗粒剂、软膏剂、乳膏剂、喷雾剂、凝胶剂、糖浆剂、酊剂、口服液体制剂等多种制剂工艺的研究和质量控制。此外，公司还具备口服固体制剂GMP中试车间，以及开发缓控释制剂、纳米制剂、脂肪乳剂等新型药物研发的能力。

中药生产工艺的现代化不仅提升了生产效率和药品质量，还为中药的创新和发展提供了新的可能，为培育传统中药的新质生产力奠定了基础。通过结合传统知识和现代科技，中药生产正逐步实现标准化、科学化和国际化，以满足现代社会对健康和医疗服务的需求。

片仔癀作为中药行业的龙头企业，持续深化工艺创新和设备创新，积极推行技术改造，以保持其在市场中的竞争优势。

为了提高生产效率和产品质量，片仔癀持续投资引进先进现代化生产设备。此前引进的片剂全自动铝塑包装生产线，显著提高了核心产品含片的包装效率，为进一步扩大含片市场份额提供了坚实的基础设施支持。此外通过引进2+4装盒包装生产线，不仅提升了装备的自动化水平，还有效提高了生产效率。同时，公司还扩充了产品的品规，以更好地适应和满足市场消费的多样化需求。

在节能减排方面，片仔癀致力于采用先进的节能技术，对公司的关键能耗设备进行了有序更新和改造。例如，引入了磁悬浮离心冷水机组，该设备运用先进的磁悬浮技术，有效降低了能源消耗，降低了生产成本，同时也体现了公司对环境保护的责任和承诺。

总体而言，片仔癀通过这些技术改造和创新，不仅增强了企业的核心

片仔癀生产车间

竞争力，还为中药行业的现代化和可持续发展树立了典范。这些改进措施将进一步巩固片仔癀在市场上的领导地位，为公司的长远发展提供强有力的支撑，体现了公司对发展新质生产力的前瞻性布局。

三、新机遇：多点开花，引领中药创新

（一）新机会——银发经济“蓝海”

随着人口老龄化的加剧，中药在老年人健康管理中发挥着越来越重要的作用。老年人由于身体机能下降、慢性病多发等原因，对药物的需求和用药安全要求更高。中药具有药理作用独特和副作用相对较小的特点，因此在老年人健康管理中具有很大的潜力。

中药可以用于老年人常见病和多发病的治疗，如高血压、糖尿病、冠心病等慢性病，以及关节炎、骨质疏松等老年疾病。中药可以通过调节身体的阴阳平衡、改善气血循环等方式，缓解症状、延缓病情进展。中药可以用于老年人的养生保健。中药具有滋补强壮、调理身体的作用，可以帮助老年人增强体质、提高免疫力。人参、黄芪等中药可以提高老年人的体力和精力；枸杞子、淮山等中药可以滋补肝肾、明目养颜；当归、川芎等中药可以调理女性的月经不调等问题。中药广泛应用于老年人的康复治疗。老年人常常面临手术后的康复问题，中药可以通过促进伤口愈合、减轻疼痛等方式帮助老年人更快地康复。

（二）新渠道——“中药+互联网”

片仔癀除通过主流药房销售外，片仔癀顺应当前市场需求，着眼于未来市场。片仔癀大药房旗舰店于2021年5月13日入驻天猫，片仔癀大药房

京东旗舰店于7月13日正式上线，这也是片仔癀药业经营多年来首次以官方名义涉足网上电商领域，标志着企业发展的又一新开端。

除了核心品种片仔癀锭剂和片仔癀胶囊，片仔癀大药房旗舰店还售有片仔癀牌安宫牛黄丸、复方片仔癀含片、片仔癀茵胆平肝胶囊等重要的系列品种和片仔癀芦笋颗粒、片仔癀珍立胶囊等保健食品，致力于为更广泛的消费者提供更高品质、更加精准的健康服务。

2021年，入驻电商首年，片仔癀交上一份满意的答卷。片仔癀大药房旗舰店占领京东健康医药店铺榜单首位；片仔癀锭剂居天猫健康、京东健康肝胆用药排名首位；片仔癀龙江牌跻身京东健康跨境药品TOP3、阿里健康跨境药品TOP6，这不仅显示了全民健康意识的提高和健康消费的升级，更印证了市场对片仔癀药业品牌和产品的高度认可。

在坚守产品品质，积极拓展市场的同时，片仔癀药业不断优化服务、提升消费体验。天猫、京东的片仔癀大药房旗舰店坚持“假一赔十”“扫码验真”等服务举措，以企业品牌作为产品品质保障的坚实后盾，让消费者可以放心、便捷地享受到健康产品和专业服务。

（三）新组合——“中药+品牌”

结合市场现状，公司合理布局片仔癀品牌、核心产品及重要系列品种的宣传，实现“大国品牌”片仔癀和片仔癀牌系列品种的高频次曝光。一是打造大健康领域的领导品牌，朝着更高、更新、更专业的方向进行推广。通过中央电视台“大国品牌”“中国报道”等央媒，在上海白玉兰广场、王府井等地标性建筑，以及全国十大机场、“片仔癀号”动车、无人机天幕秀等高端媒介，实现片仔癀品牌多维度高频次曝光。二是引导客户积极开展公益主题活动，在重要节点开展“爱肝日”“感恩有你，人民卫士”等活动，回馈社会各界，提升品牌形象，体现国企担当。三是通过线上线下结合的方式，开展2022年全国肝病学学术年会、全国肿瘤综合治疗新进展学术大会、第三十一次全国中西医结合肝病学术会议等多场大型专业学术会议推广活动，增进了专家学者和医药人士对片仔癀临床应用领域的了解，助力片仔癀应用人群的拓展。四是片仔癀海外注册取得重大突破。经过多方努力，片仔癀与片仔癀胶囊正式注册证HKC获批准通过；同时茵胆平肝胶囊等品种获得香港卫生署中成药注册证明书，为后续开拓海外市场增强动力。

在品牌建设方面，片仔癀品牌名列“2022年胡润中国最具历史文化底蕴品牌榜”榜首；连续八年荣登西普会肝胆用药类品牌价值首位；蝉联中华老字号品牌价值第二（370.16亿元）；入选“2022年凯度BrandZ最具价值中国品牌百强榜”第33位。公司蝉联“中国主板上市公司价值百强”，荣获“头部力量·中国医药高质量发展成果企业奖”，荣膺“全国和谐劳动关系示范企业”“福建省专精特新中小企业”等20多项省部以上荣誉称号，高质量发展成绩获社会各界的充分肯定。

（四）新格局——“中药+文化”

片仔癀药业将品牌故事和文化传承用展览馆的形式保留下来。片仔癀博物馆建馆于2009年，2017年6月，片仔癀博物馆重新改扩建，建筑面积由原来的425平方米扩建到2400多平方米，并于2018年10月重新对外开放，成为公司对外交流展示企业文化的窗口。片仔癀博物馆分为五大主题，全方位展现中医药文化精粹，生动地展示了传统中医药文化和片仔癀的历史、文化、产品等。

片仔癀博物馆是中医药文化宣传的重要平台。作为首批“全国工业旅

片仔癀博物馆

游示范基地”的重要组成部分，2012年，获评“福建省中医药文化宣传教育基地”；2024年，获评“全国中医药文化宣传教育基地”。

通过深入分析片仔癀的新质生产力，我们得以洞察这家根植于中药智慧的传统企业，如何通过持续布局新产品和新产能，不仅传承了中药的经典精髓，更以创新的姿态，把握时代脉搏，展现出新质生产力的强大动能。片仔癀正以其深厚的历史底蕴和前瞻性的战略眼光，不断推动传统与现代的完美融合，引领中药行业迈向未来。

第五章　透过福耀，看到未来——福耀玻璃

引　言

1886年，卡尔·本茨在奥托四冲程发动机的基础之上，试制出世界上第一辆单缸发动机三轮汽车，催发了对汽车玻璃的需求。于是，第一款使用挡风玻璃的汽车在1904年诞生了。

20世纪30年代，钢化玻璃逐渐兴起，法国的圣戈班公司、英国的皮尔金顿公司都开始生产汽车挡风用的大面积平板钢化玻璃，大大地增强了汽车安全性。

进入21世纪，汽车玻璃行业进入了以智能化和多功能化为标志的新发展阶段。随着汽车工业的快速发展以及消费者对安全性、舒适性和环保要求的不断提高，汽车玻璃不再仅仅作为一种简单的防护材料，而是成为集成高科技的多功能组件。

福耀玻璃先后打破国外技术封锁及市场垄断，在中国及美、德、日等12个国家建立产销基地，成为名副其实的大型跨国企业集团。目前福耀玻璃已成为全球汽车玻璃专业供应商之一，占全球约34%的市场份额，旗下子公司59家，雇员3万人，产品被宾利、劳斯莱斯、奔驰、宝马、奥迪、大众、通用、福特、克莱斯勒、丰田、本田等全球知名汽车品牌选用。

一、新技术："一片玻璃"大有可为

1987年，福耀玻璃在福建福清正式成立。随着1991年向加拿大一家公司出口汽车玻璃、1994年在美国成立美国绿榕玻璃公司，福耀玻璃开始了海外扩张之路。1993年福耀玻璃在上海证券交易所主板上市，2015年在香港交易所上市，形成兼跨境内外两大资本平台的"A+H"模式。

目前公司已成为中国乃至全球的汽车玻璃行业领军企业，多年蝉联《财富》中国500强、中国民营企业500强排行榜，多次获得"中国最佳企业公民""中国十佳上市公司""CCTV最佳雇主"等社会殊荣。

（一）福耀玻璃领军中国市场

汽车玻璃作为汽车不可或缺的组成部分，其分类和应用范围涵盖了车辆的安全性、舒适性和美观性等各方面。根据位置的不同，汽车玻璃主要包括前挡风玻璃、侧窗玻璃、后挡风玻璃及天窗玻璃等。每种类型的玻璃都有独特的功能和要求，例如前挡风玻璃需要保障良好的视野和抵御飞石撞击的能力，而侧窗玻璃和后挡风玻璃则须满足快速逃生的安全要求，天窗玻璃则更注重提供开阔的视野和舒适的乘坐体验。

根据工艺的不同，汽车玻璃可分为夹层玻璃和钢化玻璃两大类。夹层玻璃由多层玻璃加上中间夹的PVB（聚乙烯醇缩丁醛）膜或其他高分子材料制成，具有出色的抗冲击和防护能力，通常用于前挡风玻璃。而钢化玻璃则通过加热和突然冷却处理，具有较高的强度和安全性，一旦破碎也不会产生尖锐的碎片，降低对乘客的伤害风险。钢化玻璃广泛应用于侧窗玻璃和后挡风玻璃，包括全钢化玻璃和区域钢化玻璃两种类型，以满足特定的功能需求。

未来汽车玻璃的研发将更加注重材料的创新和工艺的优化，以实现更好的综合性能，满足汽车安全、舒适性及节能减排等方面的要求。

福耀玻璃精耕汽车玻璃的研发、生产三十年，能够为汽车提供全系列玻璃产品，包括具备HUD（抬头显示）功能的前挡风玻璃，采用半钢化夹层工艺的门玻璃，具有可加热、隔音、隔热和智能调光功能的后挡风玻璃，以及具备隔热、智能调光和太阳能利用功能的天窗。此外，还有模块化玻璃系列，包括外饰件、平齐式车窗和滑动窗总成，提供更广阔的视野和灵活的使用方式，同时注重轻量化和美观设计。随着公司产品矩阵的不断完善，2023年公司营业总收入达331.61亿元，同比增长18%。

（二）福耀玻璃聚焦智能兼轻量

随着新能源汽车行业的快速崛起，汽车正向智能化和轻量化方向发展，以满足市场对于智能化、安全化、舒适化和环保化的需求。这对汽车玻璃也提出了新的要求，因此智能化和轻量化可视为公司产品之两大“新”。

在智能化方面，福耀玻璃的前挡风玻璃在传统的基础上集成了隔音（通过引入高阻尼隔音材料和聚乙烯醇丁酸酯层，其隔音夹层玻璃技术能够有效降低外部噪音传播）、隔热（采用镀膜热反射玻璃技术，利用高反射能力的金属化合物薄膜，降低车内温度升高）等多功能，并具备HUD功能；天窗更是集成了智能调光、氛围灯、太阳能等多功能，不仅满足了消费者多样化的需求，也大大提升了公司产品的技术含量。

在轻量化方面，福耀玻璃采取“钢化玻璃”和“夹层玻璃”两条腿走路的方式。针对传统钢化玻璃，福耀玻璃采用特殊的钢化工艺对浮法玻璃进行加工，使得钢化玻璃的厚度在2.6毫米以下，大幅降低了其重量；针对传统夹层玻璃，福耀玻璃将0.7毫米厚的超薄化学钢化玻璃替代内片玻璃，实现了30%的减重效果。

福耀玻璃作为全球汽车玻璃行业的领军企业，在科技创新、智能制造、绿色发展等多个方向发力，通过不断发展新质生产力推动汽车玻璃技术的创新和发展。关键技术包括隔音、HUD、憎水、镀膜热反射、加热、全景、太阳能天窗、天线、防紫外线红外线及PDLC（聚合物分散液晶）调光等。这些技术不仅有效提高了驾驶员视线的清晰度、车内温度控制效果、信号接收效率和个人隐私保护，还通过增强玻璃的结构强度和安全性，为乘客提供了更高级别的保护。

尤其是对智能调光技术、HUD及太阳能技术的利用和创新，不仅提高了驾驶的便利性和安全性，也为汽车能效和环保贡献提供了新思路。这些技术集成体现了福耀玻璃在行业中的技术创新能力，在为公司赢得强大的市场竞争力的同时也推动了汽车玻璃行业技术进步和标准提升，引领着汽车玻璃产品的未来发展方向，具体如下。

汽车智能调光玻璃主要有PDLC、SPD（悬浮粒子）、EC（电致变色）、Dye LC（染料液晶）四种类型。其中，PDLC、SPD、Dye LC为物理调光，EC为化学调光。PDLC调光玻璃通过电场控制液晶分子排列，实现透光度调节，具有灵活、多功能、隐私保护等优点。SPD调光玻璃则利用电场控制微小粒子排列，实现透光度调节。EC调光玻璃通过氧化还原反应调节玻璃的颜色和透明度。而Dye LC调光玻璃则利用染料液晶分子的二向性进行透光度调节。

福耀玻璃兼具主流的PDLC调光、热致变色以及EC调光技术，具有自动调节透光率、保护隐私、实现节能效果等优点，广泛应用于全景天幕、车窗以及门玻璃上，目前已在阿维塔12，蔚来ET5，极氪001，AIONS PLUS等多款车型上实现搭载。此外，福耀玻璃成功将镀膜隔热、智能调光、LOW-E隔热三大技术集成于超大玻璃天幕上，推出“福耀玻璃智能全景天幕”。2020年，公司与京东方签署了战略合作协议，双方将结合各自产业资源和技术优势，在汽车调光玻璃和车窗显示等领域进行战略合作，加速福耀玻璃智能化布局。

福耀玻璃与京东方集团签署战略协议

抬头显示技术是一种将关键车辆信息投影至驾驶员前方视野的先进技术。通过使用透明树脂玻璃或汽车前挡风玻璃作为成像载体，HUD可以显示诸如车速、导航、来电显示等信息，从而减少驾驶员查看仪表盘所需的视线转移频率，提升驾驶安全性和舒适性。目前，HUD技术已经经历了三代产品的发展：第一代是C-HUD（组合式抬头显示），第二代是W-HUD（风挡型抬头显示），第三代为AR-HUD（增强现实型抬头显示）。

表2-5-1　抬头显示主要技术分类

HUD技术	含义	技术分类	特点	技术难点
C-HUD	使用透明树脂玻璃作为成像载体，投影信息包括车速、导航等，显示形式较为集中	组合式抬头显示	显示信息单一、成像距离较近、视线切换存在安全隐患	成像信息集中、驾驶注意力安全隐患

续表

HUD技术	含义	技术分类	特点	技术难点
W-HUD	利用汽车前挡风玻璃作为成像载体，显示内容丰富，显示范围扩大至中控娱乐信息、来电显示等	风挡型抬头显示	显示内容丰富、显示范围扩大、投影距离适中	成像信息扭曲、能耗较高
AR-HUD	将投射内容与现实环境深度结合，具备增强现实感，显示范围更广、显示信息更丰富	增强现实型抬头显示	显示范围广、显示信息丰富、能与高级驾驶辅助系统（ADAS）结合	确保图像在三次光学反射后的清晰度和准确度

针对普通玻璃容易形成图像重影的问题，福耀玻璃一方面采取楔形PVB膜片设计方案，通过将夹层玻璃内部的PVB膜片设计成楔形状，即上厚下薄的状态，实现了主像和副像的重叠，有效校正了重影问题。另一方面，在前挡风玻璃内部镀有透明纳米膜，这种设计增强了主像的亮度，同时削弱了副像的亮度。通过提高主像和副像之间的亮度比值，实现了目视无重影的效果。

这些新技术的发展和应用，不仅推动了汽车玻璃行业的技术进步，也为汽车产业的转型升级提供了强有力的支持。未来汽车玻璃行业将继续朝着更加智能化、多功能化、环保节能的方向发展，以福耀玻璃为代表的汽

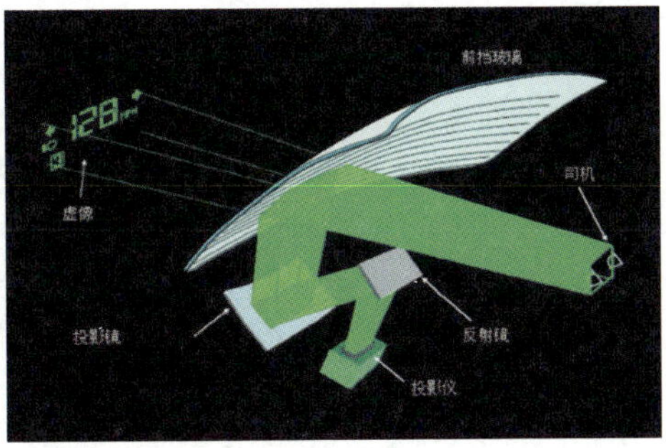

福耀玻璃抬头显示效果（左图）及其成像原理（右图）

车玻璃企业将为汽车玻璃行业的可持续发展继续贡献中坚力量。

二、新时代：汽车玻璃搭上智能制造

在新时代背景下，汽车玻璃行业正经历着由传统制造业向高科技、智能化转型的重要时期。这一转型的核心动力来源于新质生产力的要求，其强调技术创新、质量提升和生产效率的优化，旨在推动产业升级和经济结构的调整。企业需要紧紧抓住发展新质生产力的政策机遇，通过技术创新、智能化转型、绿色发展等措施，不断提升自身的核心竞争力，以适应新时代的发展要求。

（一）多功能集成汽车玻璃新时代

汽车玻璃经历了从最初作为护目镜的简单应用到今天成为高科技多功能组件的历史性进化。1886年，卡尔·本茨的三轮汽车问世时，尚无挡风玻璃，驾驶安全靠护目镜保护。随着汽车速度的增加和汽车应用的普及，1903年，夹层玻璃的发明为驾乘安全带来了革命性改进。到了20世纪30年代，钢化玻璃技术的普及，叠加玻璃巨头如圣戈班、皮尔金顿和旭硝子的崛起，不仅进一步提高了汽车玻璃的安全性，也促进了行业专业化生产和技术标准提升。

进入21世纪，随着HUD和热反射技术的集成，汽车玻璃变身为具备多重功能的智能系统，显著增强了驾驶的安全、舒适及环保性。为应对智能化汽车和自动驾驶的挑战，现代汽车玻璃融入了多种传感器和摄像头，使得玻璃不再只是视线的保护屏障，而转化为高度集成的信息中心，从而推动了汽车玻璃产业的技术创新和产业升级。

汽车玻璃产业链是一个涉及多个环节的复杂系统，包括上游原材料供

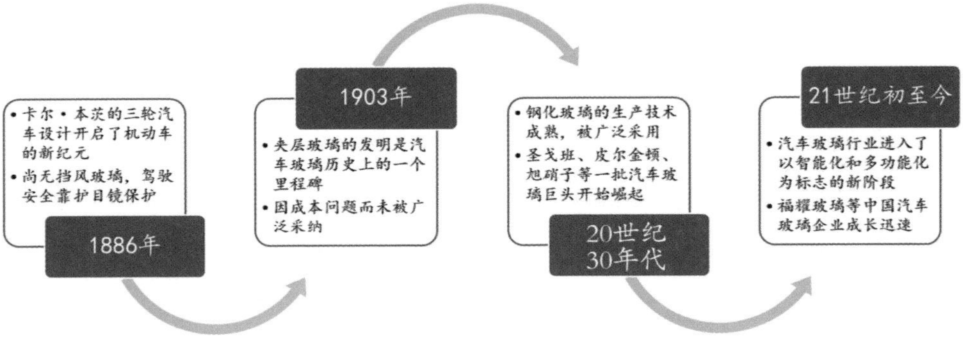

汽车玻璃行业发展历程

应、中游汽车玻璃的加工和生产、下游的市场应用。其中上游环节涉及由纯碱、硅砂等材料生产制造而成的浮法玻璃（玻璃原片）、PVB膜（用于制造夹层玻璃，提供额外的安全性和隔音效果）及其他化学原料等，同时还包括生产制造过程中涉及的液化天然气等能源。中游环节主要是制造加工，以及生产出夹层玻璃、钢化玻璃等不同类别的汽车玻璃成品。下游的市场应用主要包括原始设备制造商市场以及售后市场。

（二）高壁垒行业格局烘托新时代

汽车玻璃行业作为一个典型的重资产制造业，具有较高的市场进入壁垒。这些壁垒不仅使得现有企业具备一定的先发优势，也对新进入者设置了厚厚的门槛。

资本密集对企业资金实力提出较高要求。汽车玻璃的生产需要大量的资本投入，具体表现为生产线成本高，需要高额的初始资金投入和持续的后续资本投入。一般而言，在中国新建200万套产能的汽车玻璃生产线需超5亿元的高规模资金投入，在美国等发达国家所需的资金投入则更高。例如，福耀玻璃2014年沈阳150万套安全玻璃项目的投资金额为4.3亿元人民币，同年美国300万套玻璃项目投资金额则达2亿美元。这些投资不仅涵盖了固定资产构建和高端设备采购，还包括了必要的流动资金以确保生产连续性和适应市场变化。高额的资金投入，对企业的资本实力提出了要求。

汽车玻璃的原材料成本占比高，对产业链的一体化整合提出较高要求。汽车玻璃产业链是一个典型的垂直整合产业体系，涉及原材料供应到最终产品应用的全过程。玻璃原片、PVB膜、人工、电力及制造费用构成了汽车玻璃的主要成本。纯碱、硅砂等原材料成本，液化天然气、石油焦及煤炭等能源成本均会在很大程度上影响汽车玻璃生产制造成本。因此，纵向产业链的一体化整合能力进一步提高了行业的进入壁垒。

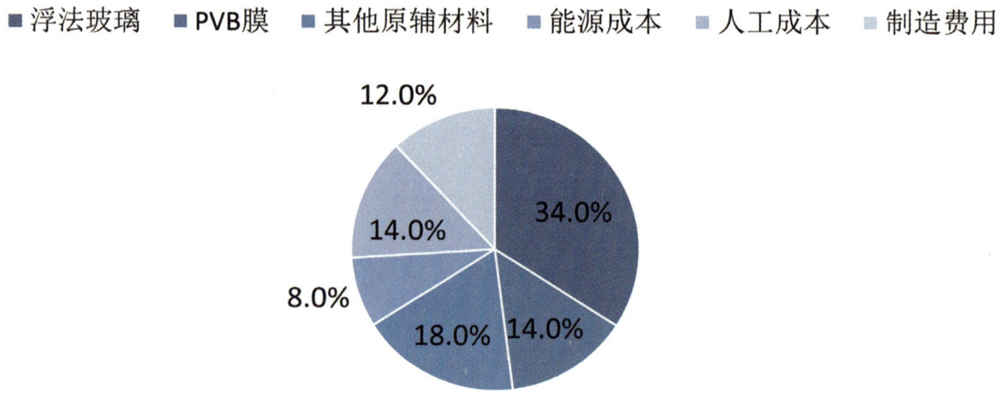

汽车夹层玻璃成本构成

汽车的安全性对汽车玻璃制造商提出了较高的技术和工艺要求。一方面，汽车玻璃制造领域要求制造商遵循极为严格的国家与国际安全及质量标准，这涉及多层面、多阶段的认证程序，包括CCC（中国强制性产品认证）、DOT（美国交通部门安全标准）、ECE（欧洲经济委员会法规）等。另一方面，汽车玻璃的功能不断升级，要求企业具备较高的持续研发和技术迭代能力。随着汽车行业的发展和技术的进步，汽车玻璃正朝着集成化、轻量化方向发展，如集成隔热、隔音、抬头显示、可调光功能等。这要求生产厂家不断投入研发，以适应产品升级趋势。

客户关系和品牌影响力则需要长期合作形成累积。由于汽车主机厂对汽车玻璃企业的认证过程复杂且周期较长，一旦双方建立起合作关系，供应商通常不会频繁更换。这就要求汽车玻璃企业不断积累客户资源，打造品牌影响力，从而在行业中站稳脚跟。

资本投入、技术研发实力、产业链整合及客户关系等共同构成了汽车玻璃行业的高进入壁垒，一定程度上造成了当前寡头垄断的市场格局。福耀玻璃作为全球龙头企业，目前在全球市场的占有率约34%，在中国市场的占有率约68%。

（三）福耀强劲竞争力赋能新时代

福耀玻璃作为全球领先的汽车玻璃企业，从技术创新、智能制造、智能工厂、全球化布局、数字赋能等多方面着手，全面打造竞争优势。这些因素共同支撑了公司在全球汽车玻璃行业中的领先地位，并为其未来的持续增长提供了坚实的基础。其竞争优势具体表现如下。

1. 技术创新固本培元。福耀玻璃引入IPD集成产品研发管理体系，围绕产品经营的流程型组织，通过业务梳理与分层，构建端到端、跨职能部门协同的集成管理体系，形成福耀玻璃特色的研发系统，不断提升研发规划与管理能力，提升研发效率和研发质量。近五年来，公司研发投入与研发人员数量不断提升，高附加值营收占比不断提升（2019—2023年公司高附加值产品收入占比持续提升，2023年前三季度公司高附加值产品占收入比例达51.91%，同比提升8.44个百分点），为适应"汽车新四化"——电动化、网联化、智能化、共享化，进一步研发高技术含量、高附加值的汽车玻璃产品打下了良好的基础。

2. 智能制造锻造“利器”。2015年4月，福耀玻璃董事局主席福耀玻璃现任董事长提出“让工业4.0在福耀玻璃落户”，这一指导思路与一个月后国务院印发的《中国制造2025》行动纲领可谓不谋而合。自此，福耀玻璃制定了向工业4.0转型的推进路线图，开始了向数字化转型、走智能制造之路的新征程，并在2016年成为工信部智能制造的首批试点示范企业。中国科学院院士张钹曾来访福耀玻璃总部，在参观了集团研究院、生产车间后，对福耀玻璃智能制造的基础与思路给予了充分肯定，他感慨：“原以为这仅是一片普通玻璃，没想到里面有这么多的科技含量。”福耀玻璃内部数据显示，福耀玻璃3万名职工共拥有2229台机器人，机器人密度高达每万人743台。据国际机器人联合会（IER）统计，这一数据几乎是国内工业机器人密度（每万人392台）的两倍，而且超过新加坡（每万人730台）、德国（每万人415台）、日本（每万人397台）等发达国家，处于全球第二高水平，仅次于韩国。福耀玻璃的智能制造实践不仅提升了自身的竞争力，也为中国制造业的未来发展提供了借鉴。

3. 智能工厂提升效益。从端到端，以“智识”赢未来。为进一步实现从端到端，同步改进，缩短内部路径，加快市场反应，福耀玻璃以福清万达工厂为试点，全力推进“提升高附加值功能化汽车玻璃制造的智能工厂”建设项目。该项目能够实现：50%以上的安全可控设备形成自制能力，生产模式自动化水平达到国际领先水平；复杂生产环境下自制设备、国产设备和进口设备稳定、安全、可靠互联互通，产品制造过程关键工序数据采集率100%；国际领先高附加值产品从个性化需求设计、模拟仿真到高品质生产保障的一体化解决方案。

值得一提的是，福耀玻璃的智能工厂在追求经济效益的同时，也积极履行社会责任和环保义务。公司积极推进绿色低碳产品的研发和生

福耀玻璃汽车玻璃智能制造工厂

产，如专门为新能源汽车设计制造的汽车玻璃，同时借人机结合全面提升综合素质，打造中国制造业工业4.0范本，在国际上树立崭新的中国企业形象。

4. 全球化布局“开疆拓土”。公司当前产能充裕，生产基地布局在海内外多地，能够及时响应布局在不同地区的车厂的需求。公司现有海外产能680万套，其中美国550万套、俄罗斯130万套；国内拥有3400万套产能，分布在福清、长春、重庆、上海、广州等城市，总配套能力超过4000万辆汽车玻璃。福耀玻璃的全球化布局，不仅使其在全球市场上取得了显著的成就，也为其他中国企业“走出去”提供动力和方向。

5. 数字赋能强化优势。在数字经济的大背景下，为实现解决利用大数据、云计算技术构建“互联企业”愿景，福耀玻璃积极推进数字化转型，全面应用人工智能（AI）、大数据、工业物联网等数字技术。例如，福耀玻璃通过寻求优秀方案专家、合作伙伴，开发了更为开放的工业网络，将

IT（信息技术）和OT（运营技术）成功连接，通过生产过程和业务模型的创新，深入挖掘所有工业或智能资产中的潜在价值，为企业创造切实可见的价值。可以说福耀玻璃的数字赋能是一个全面深入的过程，涉及企业运营的各个层面，不仅提升了企业内部的运营效率，还增强了对市场变化的适应能力。

福耀玻璃的玻璃产品在智能化、多功能化、轻量化等方面的一系列创新，深刻体现了其以新质生产力为本的驱动力，将为福耀玻璃打造广阔的发展前景。

三、新机遇：拥抱新能源汽车浪潮

在新能源革命的时代背景下，汽车玻璃行业迎来百年一遇的发展良机。根据相关研究机构数据，2022年全球汽车玻璃市场销售额达到了1006亿元，预计从2023年到2029年，全球汽车玻璃市场将以年复合增长率（CAGR）6.2%的速度增长，到2029年市场规模预计将达1550亿元。

从行业增量上来看，一方面，汽车销量增长带动汽车玻璃需求稳步提

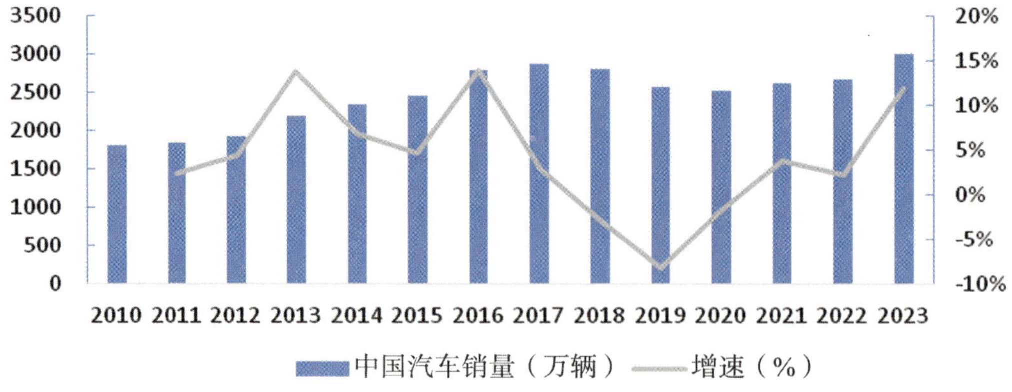

2010—2023 年中国汽车销量

升。2023年我国汽车销量达3009万辆，而2010年仅为1806万辆。另一方面，随着汽车设计趋向于现代化和美观，许多新型汽车采用了更大的窗户和全景天窗设计，这些设计不仅提供了更好的视野和光照效果，也增加了汽车玻璃单车的用量。自20世纪50年代至今，单车玻璃用量从2.2平方米提升至4.5～5平方米。

福耀玻璃顺应行业发展趋势，积极进行产能扩张，以满足国内客户日益增长的需求。2024年1月27日，福耀玻璃携手安徽，一连三投，构建全产业链汽车玻璃生产基地。项目总投资额达57.5亿元，达产后将形成年产汽车安全玻璃约2610万平方米的产线和两条优质浮法玻璃生产线。该项目的建设不仅填补了安徽高端汽车玻璃领域的空白，进一步完善了全省新能源汽车产业链条，也将进一步扩大福耀玻璃的生产和销售规模，提升行业竞争力。

除满足国内客户需求外，为满足海外客户不断增长的需求，2024年1月9日，公司总投资32.5亿元，计划在福清市建设一流零碳智能工厂，打

福耀玻璃年产 400 万套智能车用安全玻璃项目签约仪式

造全球最大汽车玻璃出口基地。该项目投产后预计可实现年产值约30亿元，年贡献税收2亿元以上，并提供约3000个就业岗位。项目定位于打造全球一流的零碳智能工厂，设计采用光伏、风电等绿电设施，拟于2024年3月开工。一流零碳智能工厂的建设在大幅提升公司汽车玻璃出口产能、满足海外客户需求的同时，也体现了集团品质经营、智能制造、绿色低碳的经营理念。不仅如此，该项目的定位更是展现出高科技、高效能、高质量的特征，与当前新质生产力的发展需求相契合。

汽车玻璃行业在新质生产力的作用下，正迎来技术创新、质量提升和生产智能化的发展浪潮。技术创新、消费者需求升级、安全标准的提高，以及智能化和集成化趋势推动汽车玻璃向更高性能、更多功能、更高品质的方向发展。这些变化不仅为消费者提供了更好的产品和服务，也为汽车

福耀玻璃UWB超宽带饰件荣获第八届铃轩奖

玻璃制造商带来了新的市场机遇。例如，集成了导航、车速显示、夜视等功能的HUD玻璃，不仅提升了消费者驾驶的便捷性和安全性，也显著提高了汽车玻璃的技术含量和价值，使得汽车玻璃单车价值量有所提升。随着汽车行业的持续发展和汽车玻璃技术的不断进步，预计汽车玻璃单车价值量有望继续提升，为整个行业带来更多的增长潜力。

福耀玻璃坚持以智识引领发展，以创新为驱动，通过技术创新推动产品不断升级，从而驱动公司持续发展。通过自主研发，福耀玻璃推出了多项创新产品，如轻量化超薄玻璃、加热隔热镀膜玻璃、AR-HUD玻璃、5G天线玻璃等，顺应了行业对于汽车玻璃的新需求。未来随着汽车玻璃朝着集成化、智能化方向发展，公司有望充分发挥技术优势，凭借在新产品领域的先发优势，不断提升市场竞争力。

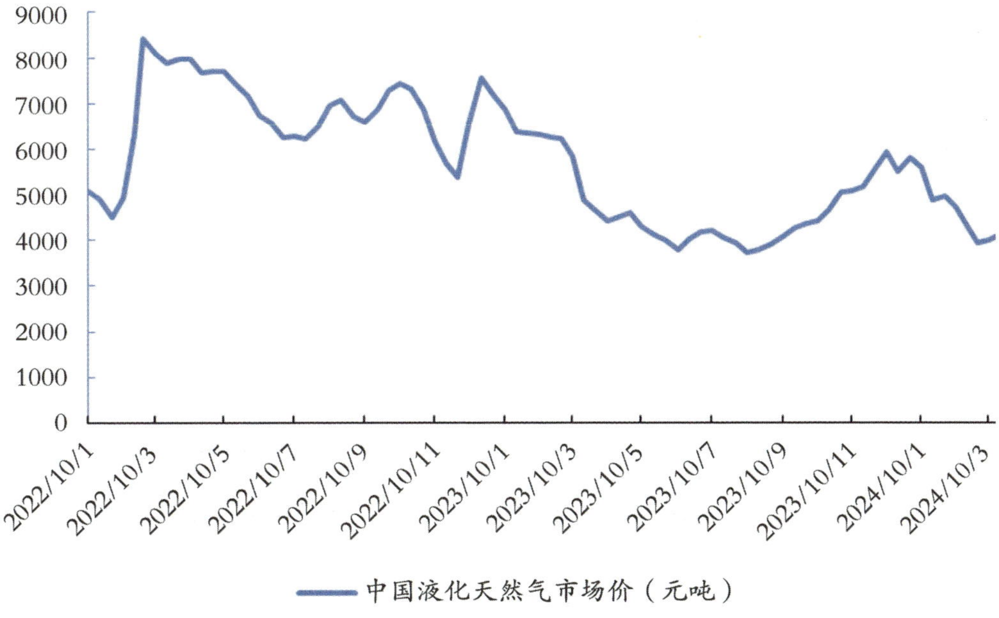

中国液化天然气市场价格

当前，汽车玻璃行业生产成本呈现下行趋势，毛利率弹性有望充分释放。从汽车玻璃成本结构来看，玻璃原片、PVB膜、人工、电力及制造费用是汽车玻璃的主要成本，其中浮法玻璃占比最大，达到34%。而在浮法玻璃成本构成中，能源、制造费用及纯碱占比较高，均超过15%。2022—2024年我国液化天然气及纯碱平均价格呈现下降趋势，2022、2023年液化天然气价格平均价格分别为5811元/吨、4819元/吨，纯碱平均价格分别为2728元/吨、2618元/吨，2024年至今液化天然气和纯碱价格分别下降至4598元/吨、2384元/吨，两者较2022、2023年均有所降低。核心原材料及能源价格下降一定程度上使得汽车玻璃生产成本降低，毛利率具备提升空间。

在此背景下，福耀玻璃进一步向上游布局汽车玻璃中的主要原材料浮法玻璃，以及浮法玻璃的原材料硅砂。产业链延伸布局能够有效保障原材

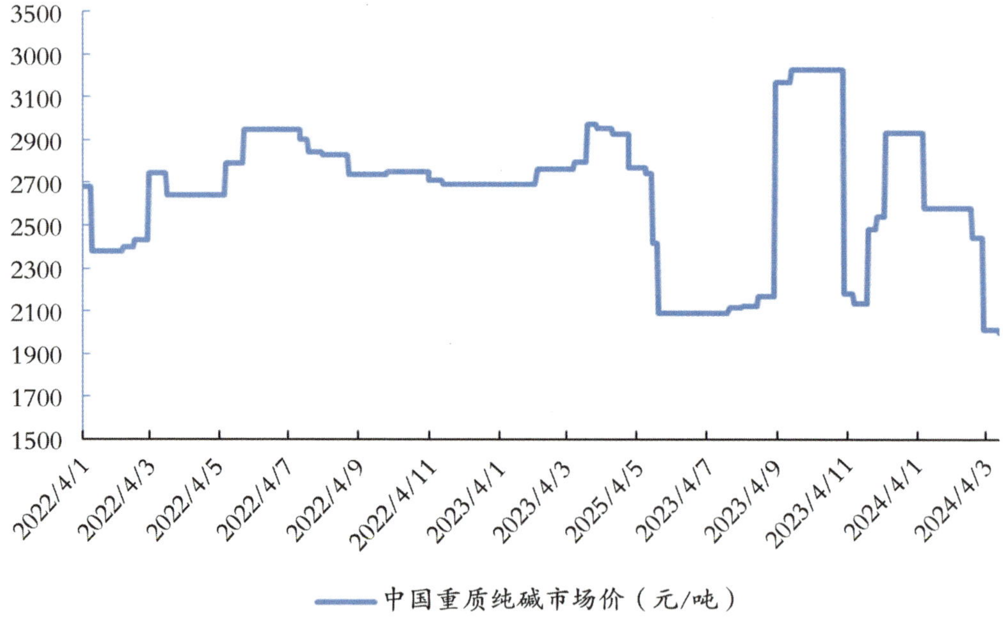

中国重质纯碱市场价格

料供给，在面对原材料价格波动和供应不稳定的风险时，保持生产的连续性和成本的可控性。发展新质生产力既要实现产业集聚，又要坚守绿色底色。福耀玻璃在硅砂和浮法玻璃生产中注重环保和节能，采用先进的绿色制造技术，如数字仿真、稳健设计、高能效生产等，减少污染物排放，实现低碳可持续发展。

福耀玻璃在汽车玻璃领域已经获得了超越前人的成就，但他们并不满足于此。这源于他们在追求自我完善的同时，有一种与生俱来的使命感：从最早的“为中国人做一片汽车玻璃”到“树立汽车玻璃供应商的典范”再到“福耀全球”以及以董事长为核心的回报社会的行动。站在以新质生产力为新常态发展根源的当下，福耀玻璃将向世界展示“中国创造”的力量，推动全球汽车玻璃行业高质量发展。

第六章　恒尽所能——恒申集团

引　言

1935年，杜邦公司的科学家华莱士·卡罗瑟斯（Wallace Carothers）领导的研究团队通过缩聚反应将氨基酸连接成长链分子，成功合成了锦纶6，后于1938年实现工业化生产，这标志着锦纶6作为一种新型材料的正式诞生。二战期间，锦纶6因其具有高强度和耐磨的特性而被广泛用于军事装备。战后，锦纶6开始转向民用市场，尤其是在纺织领域，尼龙丝袜因其光泽度高和弹性好而受到女性的广泛喜爱。

中国锦纶6行业的起源可以追溯到1958年，当时从民主德国引进了锦纶6聚合纺丝设备，在北京合成纤维实验厂建立了国内首个锦纶6生产装置。到了60年代，通过引进小型锦纶6长丝生产线和建设天津合成纤维厂，中国开始逐步建立起自己的锦纶6工业。

恒申集团构筑产业根基始于1984年，这一年，陈建龙董事长创立了龙河针织厂。1989年，迎着改革开放的春风，天龙纺织公司成立。伴随着长乐经济的高歌猛进，恒申初期的事业步步登高，陈建龙董事长于1997年带领团队成立了长乐第二染整厂。

进入21世纪后，随着人们消费水平提高，广泛应用于纺织服装、工程材料等领域的原料——锦纶迎来广阔的市场空间。恒申集团抢抓行业“风口”，于2003年成立力源锦纶实业，这标志着恒申集团正式进军锦纶行业。

一、新技术：突破原料瓶颈，推动产业升级

（一）完成锦纶6产业链布局

锦纶6作为国内第二大化纤品种，其发展曾长期受限于己内酰胺的供应。己内酰胺是锦纶产业链中生产聚酰胺6（PA6）切片的关键原料。在应用层面，己内酰胺通过聚合作用转化为PA6切片，根据其质量标准，这些切片能够被加工成多种产品，如锦纶纤维、工程塑料和塑料薄膜等。在这些产品中，锦纶长丝是己内酰胺最主要的应用领域，占据了超过一半的市场份额。然而，由于国内生产技术和产能受限，生产所用的己内酰胺长期依赖进口，这在一定程度上限制了锦纶产业的进一步发展。

当时的恒申集团，正面临上游原料己内酰胺被国际化工巨头垄断，供应受制于人，价格昂贵的局面。于是，恒申集团做了一个重大决定，那就是要拿下上游己内酰胺生产技术。

2013年3月12日，恒申集团在福州连江注册成立福建申远新材料有限公司，注册资金16.85亿元。2014年10月，申远一期项目启动。3年后，项目实现一个月内连续成功开车2条生产线，且一次产出优等品己内酰胺。申远的投产标志着恒申集团真正进军己内酰胺化工领域，是集团突破自产高品质己内酰胺的重要一步。此后，恒申集团连续两次跨国收购，不仅解决了己内酰胺生产技术、知识产权的核心问题，也让中国企业在全球有了话语权。

经过多年发展，申远新材料从一家企业带动起一条产业链，再从一条产业链延伸出一个产业集群，发展成为一体化运营、双回路保障、多元化

供应的申远一体化产业园。如今，申远一体化产业园已成为全球唯一完整布局锦纶6八道产业链的园区，同时也建成全球最具竞争力的己内酰胺一体化产业基地，实现从“一滴油”到“一根绳”再到“一块布”的全流程。如今，恒申集团化工板块的业务范围辐射亚洲、美洲、欧洲等51个国家和地区，成为全球最大的己内酰胺生产供应商。

通过产能扩张以及己内酰胺、环己酮及硫酸铵等核心技术及知识产权的获取，恒申集团实现“环己酮—己内酰胺—聚合—纺丝—加弹—整经—织造—染整”完整的锦纶6八道产业链。这种垂直整合的生产模式，不仅提高了生产效率和产品质量，还增强了恒申集团对市场波动的抵御能力，为其在全球锦纶行业中的持续发展和创新奠定了坚实的基础。

（二）中国锦纶丝从进口到出口

我国锦纶丝的整体产能规模从2012年的228万吨逐步扩张至2022年的454万吨，复合增长率达到7.13%。其中，锦纶丝在纺织领域的应用相对于工业领域发展较快，民用锦纶丝的产能从2012年的157万吨扩张至2022年的347万吨，复合增长率达8.25%，领先于其他锦纶工业丝、渔网丝、短纤等市场的发展。而由于国内己内酰胺产能扩张推动锦纶生产成本的下降，缩小了锦纶与涤纶产品之间的价差，从而有利于锦纶对涤纶的替代与升级，因此锦纶产量也呈现出积极的增长态势。随着国内外纺织品市场的发展和锦纶丝出口需求的持续增长，我国锦纶丝产量维持小幅增长，总产量从2012年的152.5万吨逐步增长至2022年的327.8万吨，年均复合增速达到7.95%。

2012年到2022年，由于下游市场的旺盛需求，产量稳步上升，锦纶切片的总产量以年均复合增长率为12.15%的速度增长。在进出口方面，随着国内产能的不断增强，我国的锦纶切片进口量自2012年以来整体呈现下降趋势。国内生产的锦纶切片逐渐替代了进口产品，导致对进口切片的实际需求持续减少。截至2022年，进口量已降至19.6万吨，相较于2021年下降了5.7万吨。

从出口数据看，2022年，锦纶切片的主要出口国家为印度、印度尼西亚、泰国、韩国和越南，出口量合计为24.84万吨，约占总出口量的63.53%。其中印度市场的需求增长尤为显著，从2019年的第四大出口国跃升为2022年的最大出口国，对印度出口量占我国锦纶切片出口总量的比重从10.25%增长至30.51%。

另外，印度尼西亚、韩国、巴西等市场对锦纶切片的需求也显示出较为明显的增长趋势。对印尼出口量从2019年的0.79万吨增长至2022年的1.97万吨。韩国从2019年的第三大出口国上升至2022年的第二大出口国，对韩出口量占我国锦纶切片出口总量的比重从12.62%增长至15.93%。出口巴西市场的锦纶切片量从2019年的0.37万吨增长至2022年的2.06万吨，占比从3.13%增长至5.27%。上述变化反映出我国锦纶切片生产能力的显著提升，以及在全球市场中竞争力的不断增强。

在全球范围内，中国已经成为锦纶切片的最大消费市场，其需求量占全球总需求的一半以上。其中汽车、电子机械以及食品包装的快速发展也对锦纶工程塑料和薄膜级切片的需求起到了显著的拉动作用。2012年至2022年间的复合增长率达到了8.15%，到2022年，表观需求量已经达到了430万吨的历史新高。

二、新时代：绿色纺织新时代

纺织服装生产作为全球最复杂的产业链之一，随着人口增长和消费模式的转变，纺织品消费持续增长，这加速了与全球纺织业相关的环境问题的出现。纺织品的生产和消费不仅消耗了大量的能源、水和危险化学品，还产生了大量危险废弃物。废旧纺织品的增加，使得废旧纺织品的回收再利用成为全球纺织业面临的紧迫问题，尤其是在中国，每年2600万吨的纺织垃圾中仅有不到1%能够被重新利用或回收。

在纺织品的消耗中，合成纤维的使用量超过了天然纤维，其中聚酰胺产品是合成纤维中使用量较大的一种，尤其是聚酰胺6和聚酰胺66。聚酰胺6以其高耐热性、耐磨性及优良的机械性能和可加工性，在化学纤维工业中得到了广泛应用，约占聚酰胺产品整体使用量的70%。然而，纺织行业在大量生产聚酰胺6纺织品的同时，也产生了大量的聚酰胺6废弃物。

回收聚酰胺6具有重要的意义。聚酰胺6的化学性质稳定，难以自然降解，易对环境造成长期的破坏，回收聚酰胺6有助于减少纺织品固体废物的增长，缓解环境压力。目前，物理再生法和化学再生法是处理废旧聚酰胺6纺织品的两种主要方式。物理再生法虽然工艺简单、成本低廉，但在生产过程中会发生较为严重的热降解，成品品质相对较低。化学再生法则通过将聚酰胺6解聚成单体，实现循环回收，是一种更为彻底的回收方式。

2024年4月，恒申集团在荷兰格林工厂正式投用了化学再生项目的中试线，这一举措为废弃化纤制品的全面再生利用开辟了新路径。这种创新技术能够将废旧渔网、废丝、布料等化纤制品通过化学解聚过程转化为己内酰胺单体，再以此为原料重新聚合生成高质量的纺丝级切片，进一步制成纱线和面料等产品，实现锦纶纤维的循环再生。

该技术的实施不仅在国内消费后锦纶废料的化学再生领域实现了技术突破，而且相较于传统的物理再生法，化学再生法在提高锦纶回收品质和

2024 年恒申集团化学再生项目中试线投用仪式

效率方面展现出显著优势，尽管它对能源和技术的要求较高。

恒申集团从2019年起就实施了以化学再生为主、物理再生为辅的双轨研发策略，不断加大在循环再生技术上的投入。目前，该项目已获得欧洲7项发明专利，并在减少碳排放方面取得了行业领先的成就，与原生锦纶产品相比，化学再生法能够减少高达78%的碳排放，为行业的可持续发展做出了重要贡献。

中试线的启用是恒申集团化学再生项目的重要里程碑，为一期项目的顺利投产奠定了坚实的技术基础。集团总裁陈忠表示："中试线投用是化学再生项目的重要节点，更是全新起点，将为化学再生一期项目的顺利投产提供可靠的技术验证。"该项目目前正在连江基地进行产业化推进，展现了恒申集团在化学再生领域的显著进步和对全球塑料及纺织品循环再生业务的战略布局。

恒申集团将继续秉承“创新、协调、绿色、开放、共享”的发展理念，不断推动产业升级和转型，努力为中国实现从石化化纤大国向石化化纤强国的转变作出更大贡献。

恒申集团高度重视研发投入，建立了从聚合到纺丝到染整的全产业链研发体系，并配备了全球领先的研发设备。与东华大学、闽江大学等高校及国内科研院所合作，恒申集团成功研发出母丝、冰凉纱、防蚊纱、热感纱等系列特色产品，引领行业技术升级和品牌创新。截至目前，恒申集团拥有729项有效专利、465项实用新型专利、38项发明专利、研发人员671人，承担国家科技支撑计划3项，获得中国纺联科学技术一等奖2项，二等奖1项。

恒申集团秉承“绿水青山就是金山银山”的发展理念，坚持建设环境友好型企业，不断追求绿色发展。在循环经济的实践中，恒申集团遵循“3R”原则——减少、回收和重复使用，在产品研发和生产中致力于可持续性，既为客户和社会创造价值，又对环境承担责任。

在己内酰胺生产方面，2021年恒申集团布局的千亿产业园区——申远一体化产业园区已实现己内酰胺的总产量超过设计产量，同时实现了污染物指标的同比下降，真正做到了增产不增污，体现了恒申集团对环保和绿色发展的承诺。

在再生锦纶领域，恒申集团锦纶6再生纤维采用聚酰胺废料，通过回收、筛选和独特转化工艺加工制备，已通过GRS全球回收标准认证。与intertek合作进行的碳足迹核算显示，每生产一吨再生纱的碳排放效率为2.72 tCO_2e/t，相比常规纱减少了10.18 tCO_2e/t，实现了78.9%的减排。

集团在绿色制造和可持续发展方面的努力得到了官方的高度认可，旗下子公司恒申合纤、申远新材料、合盛气体、申马新材料等荣获国家级

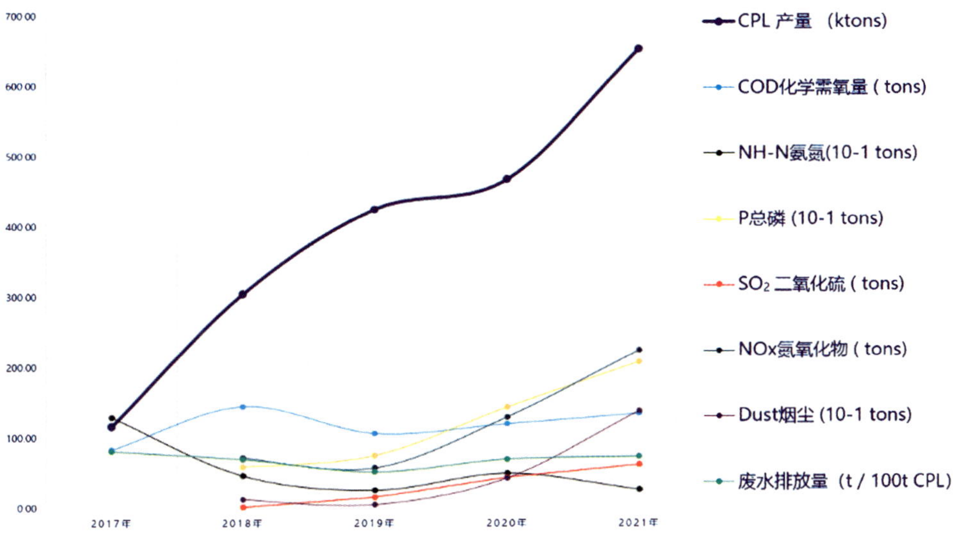

恒申集团 2017—2021 年已内酰胺产量和污染物排放量变化趋势图

“绿色工厂”的称号，这一成就不仅彰显了恒申集团在环保领域的承诺，也是对其长期致力于绿色制造和生态文明建设的肯定。

恒申集团在可持续发展方面积极努力，获得了显著的成效。他们坚持“绿水青山就是金山银山”的理念，致力于建设环境友好型企业，并通过一系列创新和有效的措施，实现了环境保护与经济发展的和谐统一。

在废液管理方面，恒申集团综合污水处理采用“水解酸化+厌氧/缺氧/两级好氧（A2/O）”为核心的脱氮除磷生化处理或优化改进工艺，最后实现达标排放，COD、氨氮等主控因子排放总量削减。

在废渣的资源化利用方面，恒申集团将己内酰胺生产过程中产生的硫铵母液加工成优质化肥硫铵，并出口到东南亚，用于碱性土地的修复与改良。同时，废水处理过程中产生的污泥也由专业资质的环保公司回收处理，确保了资源的最大化利用和环境的保护。

在废气管理方面，恒申集团通过将废气、废液输送至焚烧炉进行焚烧，转化为热能，有效减少了能耗。同时，不断加强常规大气污染物和特征大气污染物治理，推动大气污染排放绩效持续改善。近年来，集团进一步强化现有污染治理装置运行管理，加快实施废气污染治理设施超低排放改造项目，为提升环境空气质量作出了重要贡献。

在工业固废的综合利用方面，恒申集团通过加强工艺管理和技术改造，减少了危险废弃物的产生，并与有资质的单位合作，对无法回收利用的危险废弃物进行集中无害化处理。同时，一般固体废弃物也实行分类储存和综合回收利用，提高了资源的利用效率。

恒申集团还对挥发性有机物（VOCs）产生车间及污水站实施了综合治理改造，通过有针对性的治理方案，实现了VOCs和异味气体的高效去除，保护了厂区环境空气质量。

恒申集团将新质生产力视为企业可持续发展的原动能，在提升产能的同时，注重技术创新，不懈追求对环境的保护和资源的高效利用，为实现绿色发展和生态文明建设做出了积极贡献。

三、新机遇：发展高附加值新材料

（一）构建差异化竞争力

随着消费者对着装要求的提高，纤维材料的研发方向也随之发生了变化，特别是在户外和运动纺织产品领域。这些产品不仅需要满足舒适性、健康性和安全性的基本需求，还要具备吸湿速干、透气、弹性、耐磨、保暖、抑菌消臭等多功能。这种趋势要求纤维材料向功能复合化、生态化、智能化及场景化发展，以适应多变的消费者需求，以及全球环境、气候变化和数字化进程。

在这样的背景下，差异化聚酰胺6的研发变得尤为重要。差异化聚酰胺6能够提供更多样化的功能，满足特定应用场景的需求，如户外运动中的防晒、轻薄、防水、抗紫外线等。这不仅能够提升产品的市场竞争力，还能够更好地满足消费者对高性能、高品质纺织品的期待。此外，消费者和市场对锦纶产品的期望也在不断提升，要求产品轻薄、舒适、柔软、弹力好、高强耐磨，同时还要具备环保、再生和可持续性。因此，开发差异化聚酰胺6不仅是为了迎合消费者的需求和市场的变化，也是为了推动纺织行业的技术创新和产品升级，从而在竞争激烈的市场中占据有利地位，实现可持续发展。

在产品创新的道路上，恒申集团致力于高端化和差异化的发展战略，成功研发了如高强度锦纶纤维FDY、圆形有光40D12F等突破性产品。这些产品凭借其卓越的性能，如高断裂强度和优异的耐磨性，成功开拓了特种装备、高端户外用品、交通工具内饰等高附加值应用市场。通过克服传统锦纶6长丝纺丝过程中的技术难题，公司推出的产品强度显著提升，达到常规锦纶的两倍，这一成就不仅体现了公司在材料科学领域的专业能力，也彰显了其对市场趋势的敏锐洞察。

恒申集团积极孵化了锦纶6—抗菌、锦纶6—凉感、锦纶6—胶原蛋白等差异化锦纶产品，进一步丰富了产品系列，满足了市场的多元化和个性化需求。以锦纶6—抗紫外遮蔽为例，该产品通过复配高效紫外线和远红外线屏蔽组分，结合特殊异形截面设计，有效提升了遮热防晒效果，广泛应用于夏季防晒类服装服饰中，受到下游客户的高度认可。

（二）把握数字化转型风口

传统产业转型升级离不开数字化，化纤行业也不例外。新质生产力的核心在于推进科技创新，通过对传统产业的技术改造和升级，提高生产效率和产品质量，降低生产成本，增强市场竞争力。而在转型升级过程中，数据是关键的生产要素。信息化和数字化使得数据的收集、存储、处理和分析变得更加高效和精准，从而推动了生产工具和设备、生产方式、资源配置方式的优化升级。

恒申集团努力推动信息管理和数字化转型，自主研发了“质量管理系统（QMS）V1.0”和“市场资讯平台V1.0”。公司的信息管理一体化平台承载了化工板块的核心业务系统及流程，致力于推动企业在人力资源、财务管理、产供销协调、项目管理和办公自动化等方面的深度融合与高效协同。平台的设计理念以业务流程为核心，以提升业务能力为目标，利用信息化技术对板块内部的物流、信息流和资金流进行统一而有效的管理。

管理平台顶层设计上依据“一核心五要素”的整体架构理念，打造了以SAP、ERP（企业资源计划）系统为核心的业财一体化，并强化了决策支持管理、供应链管理、生产管理、业务流程及办公协同管理、人力资源

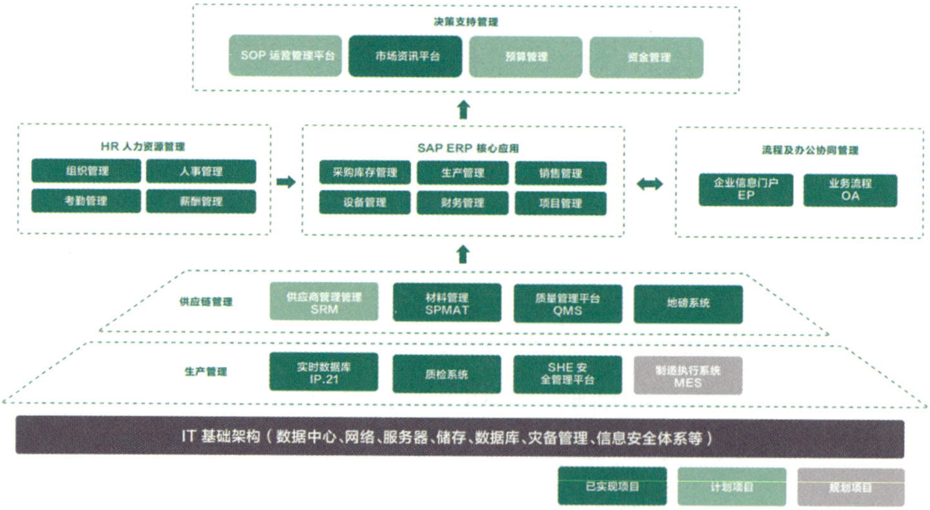

恒申集团一核心五要素信息管理一体化平台

管理等五大管理要素。信息管理一体化平台的实施，不仅推动了化工板块信息系统建设的标准化，还逐步完善了业务流程与信息系统的闭环管理，从而实现了企业在生产经营、决策分析、内控管理和产业创新能力方面的整体提升，为企业的数字化转型奠定了坚实的基础。

在市场资讯平台软件的开发上，恒申集团针对信息存储不便、信息沟通滞后、信息汇总耗时长等业务痛点，通过构建即时资讯、客商档案、市场日报、关键数据、市场供需、市场周报、知识库七大模块，有效解决了这些问题。市场资讯平台使得工作人员能够实时录入市场信息，快速精准地输出大量市场数据，让市场信息和数据更快速、有效地应用到业务决策中。

QMS质量管理系统的开发则是为了应对管道施工项目管理中的挑战。该系统的开发由IT管理中心DMD项目部、申远机修部、南京合创等团队牵头，历时7个月完成。系统的目标是实现管道施工过程中的焊接、检测和试压的数据化管理。QMS质量管理系统由基础数据库、管道焊接质量管理、试压包管理、特种设备管理、材料质量管理等五个模块组成，实现了管道试压包划分、流转及尾项的全系统化管理。

在智能化创新驱动方面，恒申集团的提前培育和布局也展现了前瞻性和行动力，率先推动“数字大脑”建设。2021年，集团完成了对锦纶智能制造示范车间的智能化改造，这一举措充分利用了人工智能、大数据、云计算、机器人等前沿技术，将智能制造的理念延伸到卷绕、质检、包装等关键生产环节。在自动落筒环节，AGV（搬运机器人）与卷绕设备的信号互联，实现了丝饼的自动落丝、转运、装车，显著减轻了工人的劳动强度。这一自动化流程的实施，不仅提升了生产效率，也优化了工作环境。

在质检环节，恒申集团通过两年的缺陷样本积累和机器深度学习，打造了锦纶行业首台套视觉检测设备。这一设备能够代替人眼完成检测、测量和判断，一体化完成产品外观检测，避免了人工检验中由于标准认知不一致而导致的结果偏差，确保了产品质量的稳定性和可靠性。自动包装环节的改造同样体现了智能化的深度应用。通过传递机器人，恒申集团实现了丝饼的自动卸丝、套袋、码垛、缠膜、贴标等流程，进一步提升了企业的降本、提质、增效业绩。

目前，恒申集团化纤板块正在积极推进新建连江化纤园区的5G智能立体仓库、切片智能化输送项目、锦纶智能物流项目、氨纶智能化项目、整经智能化MES系统项目等一系列大型智能化项目。其中，5G智能立体仓库拥有4万多个库位，并搭载连廊自动化输送系统，能够实现锦纶切片、锦纶长丝、氨纶的自动化存储，这一创新举措将极大地提升了物流效率和仓储管理水平，成为企业转型升级的“金钥匙”。

2022年，恒申集团凭借其在智能化创新方面的突出表现，成为福建省首家获评工信部“5G+工业互联网”典型应用场景和重点行业实践的企业。这一成就不仅标志着恒申集团在新质生产力发展上的领先地位，也展示了其在推动产业数字化转型和智能化升级中的重要作用。

（三）产业链延伸

在化纤这种高度成熟的行业，在全产业链实现国产化之后，行业龙头通过不断纵向扩产及横向并购实现资产规模及营收规模的持续扩大，以扩大平台的效率优势，因此我国化纤行业的市场集中度大幅提升。以涤纶长丝为例，2013年涤纶长丝行业前六大厂商的市场占有率仅有36.7%，而在2023年底已达到81%。而形成如此局面是从2011年棉花价格上涨，长丝利润走高开始。头部公司抓住机会大幅进军上游进行产能扩张，由于新产能规模大，相对于国内外的存量项目，成本有显著的优势，布局上游的企业

2018 年恒申集团收购福邦特全球己内酰胺业务

实现了快速发展。

与涤纶长丝行业类似，聚酰胺6也正在经历产业链一体化和行业集中度提升。

恒申集团在过去五年中通过三次战略性跨国收购，成功地在全球化工行业中确立了领导地位，并显著提升了自身的核心竞争力。2018年，恒申集团反向收购了福邦特集团全球己内酰胺业务，这一举措不仅使恒申成为全球规模最大、技术最新、产业链最完整的己内酰胺生产集团，还解决了生产技术和知识产权的核心问题，为中国企业在全球己内酰胺行业中赢得了重要的话语权。

2019年，公司完成了液化空气（福州）有限公司的收购，掌握了氢气、合成氨等关键工业气体原料的自主生产能力，有效解决了产业链稳定生产的问题，并显著降低了成本。

2022年，恒申集团再次发力，通过子公司福建恒申工程塑料有限责任公司与德国Feddersen集团旗下的AKRO-PLASTIC GmbH（安科罗）完成股权交割，取得了常州安科罗51%的股权，实现了从纺织材料到高端工程塑料的突破，成为我国首家以聚酰胺为基础进行产业链整合的本地高端工程塑料企业。恒申安科罗研发的碳纤维增强PET材料PRECITE® E ICF 30获得2023中国汽车及零部件行业发展创新技术奖。它具有极高的刚性，其模量高达24000MPa，可以应用在汽车座椅系统中，作为零部件具有极高的动态和静态负载能力，将汽车在行驶过程中的振动降到最低，并且同时保证了安全性。

2024年初，恒申集团收购上市公司美达股份，成为后者的控股股东，

碳纤维增强 PET 材料 PRECITE ® E ICF 30 在汽车座椅中的应用

一方面能够抓住机会实现产能扩张，另一方面能够在资本市场的推动下加速推动锦纶行业的整合，增强行业的整体竞争力。

通过一系列并购举措，恒申集团不仅夯实了锦纶主业的基础，而且成功实现了新材料领域的延伸拓展。

恒申集团依托产业园的公共配套资源，积极推进“双主业”战略。公司自2020年起布局半导体材料、锂电池原材料和高端改性工程塑料三大领域。经过三年多的努力，恒申电子一期已投产，加速国内高纯半导体材料的发展；湿电子化学品项目预计年底投产，产品将达到G5级别；锂电池电解液添加剂项目建成后有望成为全球产能最大、品种最全的锂电池电解液添加剂生产基地。

这些新业务的突破和延伸，标志着恒申集团从传统石化向高附加值新材料的成功转型。栉风沐雨四十载，一代恒申人在荒芜的滩涂中填海造势，开启了一段传统制造业向化工新材料产业转型升级的故事。2023年，恒申集团在化纤、化工、新材料三大板块的胜利会师，恒申集团也来到了新的高质量发展起点。

第七章　让沟通变得简单——亿联网络

引　言

从快马驿站、飞鸽传书、烽火报警，到无线电、固定电话、移动电话、互联网甚至视频电话，通信技术不断革新，人们之间的沟通越来越高效。现代通信出现后，企业通信经过了从模拟电话系统到IP电话系统再到统一通信的演进。

亿联网络抓住企业通信发展的历史浪潮，受益于“中国制造”，成长为全球领先的沟通与协作解决方案提供商。公司自主品牌Yealink畅销美国、英国、澳大利亚等140多个国家和地区，且与微软等国际品牌达成长期深度的战略合作。2021年，公司业绩斐然，获得IP话机市场占有率全球第一、VoIP Phones用户满意度全球第一、全球视频会议系统出货量TOP5的好成绩。

当下，“中国制造”正以前所未有的速度和规模迈向国际，制造业出海也已成为中国经济发展的一个必然趋势。我们正见证着以亿联网络为代表的科技制造领军者，作为中国品牌，通过技术革新、数字化生产提质增效，站在世界的舞台，与世界品牌竞争。

一、新技术：业务协同，视讯全套解决方案

亿联网络自2001年成立以来，一直深耕企业通信领域，面向全球企业用户提供智能、高效的统一通信解决方案。公司打造了3条产品线，包括桌面通信终端、会议产品和云办公终端，分别满足了固定桌面办公、会议室办公、远程办公和移动办公等不同场景的企业通信需求。

面向个人办公场景的桌面通信终端目前是公司的第一大业务。主要产品包括SIP（Session initialization Protocol，会话初始协议，具有可扩展特点）话机、DECT（Digital Enhanced Cordless Telecommunications，增强型数字无绳电话标准，是一个开放型的，不断演进的通信标准，主要用于无绳电话系统）话机和Teams话机，以SIP话机为主。SIP话机主要包括T3、T4、T5系列，公司的产品能够与目前市面上绝大部分的主流通信协议兼容；DECT话机主要满足固定场所特定范围内的无线通信需求，通常定位于商场、仓库、酒店及其他大型空间等对移动办公通信需求较高的应用场景；Teams话机是公司与微软合作的系列产品之一，公司自2018年起成为微软在语音通信与智能视频领域的全球战略合作伙伴，与微软深度合作，共同研发，打造更高效、便捷、智能的企业通信与沟通协作产品。

亿联网络桌面通信终端产品线

面向会议室办公场景的多人会议产品目前是公司的第二大业务。产品以云平台和软端+智能硬件终端的形式，提供全套解决方案。公司已能够提供公有云、混合云及私有部署等灵活的部署方案以适应及满足不同群体的多样化需求。自2018年起，公司相继推出了亿联融合通信视频会议平台YMS、亿联会议、音视频融合通信平台UME、智能会议室视讯终端MeetingEye系列及公司其他终端系列。2021年，公司推出智慧会议室解决方案，并于2022年进一步推出了全新升级的混合云视讯解决方案、搭载AI功能的超高清4K智能协作会议平板MeetingBoard、全新智能会议一体机A10等多款搭载行业前沿技术的新品。

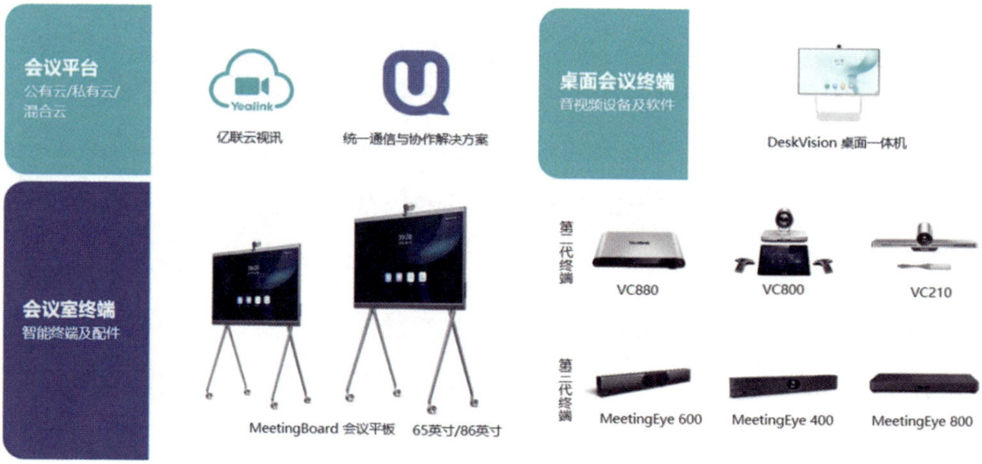

亿联网络会议产品产品线

此外，亿联还有面向个人办公场景的云办公终端业务，云办公终端的主要产品包括商务耳麦、便携式会议电话和个人移动办公摄像头，以商务耳麦为主。商务耳麦以传统的“经销商—系统集成商”模式为主流渠道，该产品线可高度复用公司在已有业务线上积累的技术及渠道优势。2021年，公司UH3X系列有线耳机及主打一体化语音工作站的WH6X系列无线耳机广受用户青睐，销量快速提升，助力了云办公终端业务的快速增长；2022年，公司进一步推出BH7X系列商务蓝牙耳机，发力高端音频市场，从大类别上已形成完整的商务耳麦产品线。

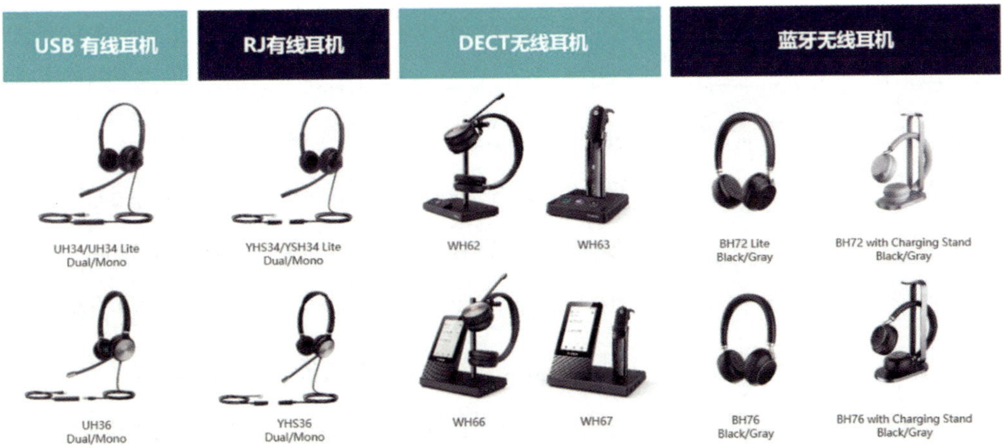

亿联网络云办公终端产品线

公司始终坚持自主研发创新，以产品创新、技术创新作为持续发展的动力，实现从底层到应用层、从系统端到终端、从软件到硬件的全面自主研发，目前已拥有行业领先水平的音视频技术和全球少有的具备自主开发及高集成优势的一站式解决方案。自上市以来，公司研发投入呈不断上升趋势，研发人员数量也在持续扩大。2022年，公司研发费用同比增长35.91%，占营业收入的比重为10.30%；研发人员数量同比增长21.84%，占公司总人数的比重为50.38%。

公司设立了厦门、杭州两大研发中心，拥有独立的EMC实验室、音频实验室、可调混响实验室等国家级声学实验室，产品覆盖云计算、人工智能技术及应用、音视频编解码、用户交互体验设计、通信控制协议等多学科、多技术领域。

随着疫情带来混合办公新需求，以及智能设备的逐步普及，公司紧抓用户需求，一方面，通过专业会议加高效协作能力赋能企业远程办公；另一方面，持续丰富云办公终端产品线，让需要居家办公或远程办公的企业员工获得更高品质的音视频体验，提升远程协作效率。此外，公司也顺应数字化转型趋势，打造了完整的一站式沟通协作解决方案，为企业提供更智能、更轻松的智慧办公新体验，满足企业日新月异的数字化办公需求。

人工智能技术的浪潮正极大地影响着统一通信技术，如图像识别、人脸识别及跟踪、语音识别及跟踪等。公司始终保持着技术的前瞻性，近年也积极推动将人工智能等应用到公司的解决方案中，予以用户更智能化和现代化的办公协作体验。未来，公司也将在解决方案中持续搭载人工智能技术，赋能企业客户数字化变革和创新，助力更多企业解决数字化转型下的混合办公痛点，提升远程协作效率，推动未来数字化办公潮流。

二、新时代：焕发智慧办公新潮流

企业通信领域是一个以技术驱动及市场驱动为主的行业。近年来，全球通信网络基础设施及通信技术的不断发展，推动了企业通信市场的下沉，促进了更多企业对通信终端需求的释放，同时随着统一通信平台的日益完善，企业用户对与统一通信平台配套使用的终端形态的需求也越来越多样化。此外，远程办公、混合办公已成为全球劳动市场的新常态。

（一）通信大一统时代

随着人类文明的不断演进，人类在信息交换这一领域的探索和努力推动了通信手段和技术的革新，在信息传播速度与数量提升的同时，人类的视觉听觉也逐渐突破了空间的限制。随着现代科学水平的飞速发展，相继出现了无线电、固定电话、移动电话、互联网甚至视频电话等各种通信方式，人类的通信需求得到极大释放，不仅通信方式（文字、语音、图像、视频等）日益丰富，而且不断追求通信的质量与体验。

按照通信场景的不同，可分为个人或消费市场通信和企业通信。相较于个人通信市场，企业通信市场具有多使用者、跨区域及通信需求多样化等特点，企业员工规模通常至少有几十人，甚至成百上千，横跨不同国家和地区，企业通信需要实时且同时满足所有企业员工能够便捷、低成本地实现内部通信的需求。企业中的不同人员，如销售、技术、管理人员的通信频繁程度及通信需求也不尽相同。

由于企业通信市场的上述特点，催生了企业用户的特殊通信需求，这些需求又在技术不断进步的过程中逐步得以满足，如内部分机号、短号互拨、转接电话、通话保留、遇忙转移、无应答转移、免打扰、多方会议、经理秘书功能、群组广播、自动语音台、批量部署、企业通讯录、系统集成功能等。

按照技术实现方式的演进进行划分，企业电话系统大致经过了三个发展阶段：从模拟电话系统到IP电话系统再到统一通信。

20世纪60年代，PBX（Private Branch Exchange，专用分组交换机）出现了。PBX和数据网络是分离的，独立地连接到企业商业应用中，从而把内部电话跟外部电话区分开来，实现内部通话免费，并提供了短号呼叫、呼叫转移、语音信箱、单路广播、群组广播等企业应用功能。

PBX一端连接着企业外线（Trunk），一端连接着内部的数字电话或模拟电话。PBX就是处理分机之间的通话，同时再通过主干线与公共交换电话网（PSTN）连接，从而完成企业内部之间以及与公共电信网络的电话交换，并将电话、传真、调制解调器等功能合并。SIP电话主要厂商包括Polycom、Yealink、Snom、Grandstream等。

但随着全球化的深入，企业规模不断扩大，开始出现了跨省甚至跨国企业。传统的PBX也存在不少问题，首先是它对新兴的CTI（计算机与电话集成）和VoIP支持不够，而且传统的PBX采用的是专用技术，缺乏开放性和标准性，并且价格高昂，这种本地的PBX越来越不能满足多分支公司的需求。随着互联网的出现及快速发展，一种新型的电话系统——IP电话系统应运而生。

IP电话指的是所有采用VoIP（Voice over Internet Protocol，基于IP的语音传输）技术的话机，其核心是VoIP。VoIP通信的基本原理为：通过语音压缩算法对语音信号进行压缩编码处理，然后把这些语音数据按TCP/IP标准进行打包，经过网络把数据包发送到接收地；接收端把这些语音数据包串联起来，经过解码解压缩处理后恢复成原来的语音信号，从而达到由互联网传输语音的目的。

VoIP网络协议包括H.323（一种标准的音视频传输协议，侧重于电信标准）、SIP（Session initialization Protocol，会话初始协议，侧重于互联网标准）、MGCP（媒体网关控制协议）及厂商私有协议等。VoIP可用于包括VoIP电话、智能手机、个人计算机在内的诸多互联网接入设备，通过蜂窝网络、Wi-Fi进行通话及发送短信。亿联网络的主要产品SIP话机属于IP电话的一种，SIP电话专指采用标准SIP协议，并可兼容行业大多数电话服务系统的IP话机。尽管SIP电话终端并非市场上首个IP电话终端，但SIP的规模性及灵活性已经使SIP电话终端成为实施VoIP的首选类别。

IP通信是伴随国际互联网技术的发展所产生的一种全新的通信手段，最早发端于以色列VocalTec公司在1995年研制的可以通过互联网拨打长途电话的软件产品“Internet Phone”。1996年，国际电信联盟（ITU）发布了基于分组交换网络（IP网络）的语音通信协议H.323；同时SIP协议也宣告诞生。1997年VoIP技术开始商用，美国公司Selsius基于私有的SCCP协议发布了第一套企业级IP电话系统及IP电话机。2001年国际互联网工程任务组（IETF）发布了SIP规范RFC3261，VoIP技术开始蓬勃发展。

由于互联网代替传统的长途电话线路可以大幅降低通信成本，因此逐渐引起电信运营商及终端制造商的重视，各种IP电话纷纷面世。2000年以后，随着网络基础设施，以及互联协议与技术、终端设备的发展，基于传统PSTN网络通信手段的通信形式丰富多样，用户体验也得到极大提升，IP通信逐渐普及应用。至2005年，IP电话系统销量首次超过模拟电话系统。

随着计算机应用的不断发展及智能终端设备的普及，通信手段开始多样化。有公司座机、手机、家庭电话；有QQ、电子邮箱、传真；有电话会议系统、视频会议系统；企业内部还有ERP信息系统、CRM客户管理系统等。通信方式的多样性使得统一通信系统需求开始出现。

统一通信是指把互联网技术与传统通信技术融为一体的新通信模式，即在互联网与传统通信网络相融合的基础上实现电话、传真、数据传输、音视频会议、呼叫中心、即时通信等众多应用服务，其核心内容是：让人们在任何时间、任何地点，都可以通过任何设备、任何网络，获得数据、图像和声音的自由通信方式。如统一通信可以实现办公室座机、手机、家庭电话的无缝衔接；可以实现在家中通过公司设备发送传真的功能。也就是说，统一通信系统将语音、传真、电子邮件、移动短消息、多媒体和数据等所有信息类型合为一体，从而为人们带来选择的自由和效率的提升。

统一通信在全球各国的发展水平不尽相同。当前，北美作为统一通信的发源地，发展水平最高，欧洲次之，其他国家相对滞后。统一通信的基础是IP通信。在中国IP通信系统集成及IP通信运营是有严格区分的。企业IP通信系统集成是指企业自建内部IP通信系统，该行为是允许的，而向大众提供IP通信运营服务，根据《中华人民共和国电信管理条例》规定，IP通信运营属于基础电信业务，目前只有少数企业如中国四大基础电信运营商（中国电信、中国联通、中国移动、中国广电）拥有相关牌照，这在一定程度上限制了统一通信的发展。且中国四大基础电信运营商并未实质性经营IP业务。

（二）三大业务的新时代

亿联网络现有三条产品线，包括桌面通信终端、会议产品和云办公终端，分别满足了固定桌面办公、会议室办公、远程办公和移动办公等不同场景的企业通信需求。

专有IP电话终端于过去几年呈下降趋势，SIP电话终端的使用率一直上升。SIP电话终端市场持续快速发展，不断地吸引新客户，为各行各业

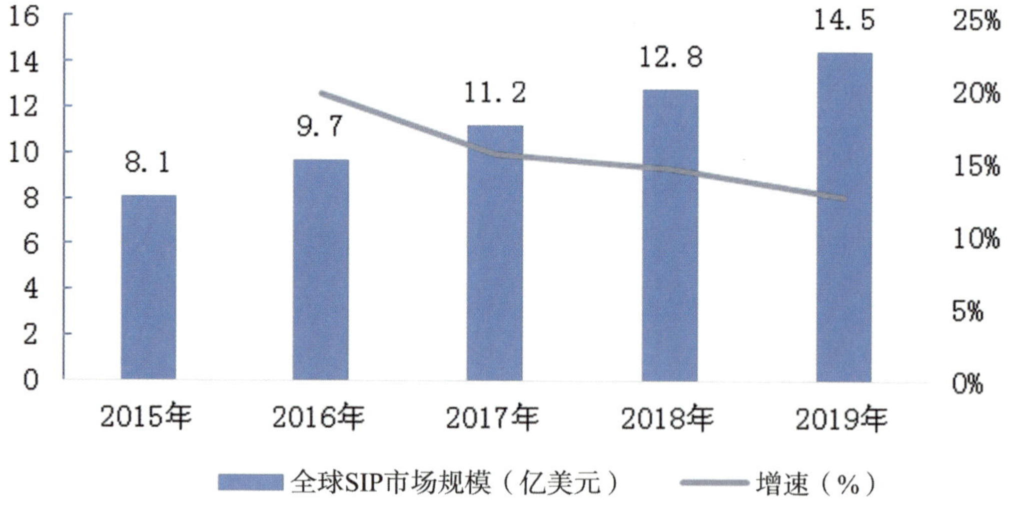

2015—2019 年全球 SIP 话机市场规模

不同客户的业务提供更多的功能。据Frost&Sullivan（沙利文，一家企业增长咨询公司）的数据显示，2019年SIP话机市场规模为14.45亿美元。预计未来，随着传统通信方式向统一通信的转型、采用托管电话平台数目的上升及市场对多媒体SIP电话终端与日俱增的需求，SIP电话终端市场将迎来更好的发展前景。

全球SIP话机市场由少数企业主导，寡头竞争激烈。行业壁垒限制新的玩家进入。行业壁垒包括品牌认知度、成本效率、技术壁垒、准入资质等。相较于手机等个人通信产品，该产品更新换代较慢，市场规模较小，除非出现颠覆性技术，否则未来出现新的竞争对手的可能性不大。全球SIP话机市场的前五大参与者为亿联网络、思科、Polycom（现为Poly）、Grandstream和Aastra，共占据了2015年全球72.7%的市场份额。由于Polycom在2018年被Plantronics收购后整合进展不佳，亿联网络市场份额迅速扩大，2019年其市场占有率提升至29.5%，并在2020年进一步攀升到34.3%，2021年提升至38.2%。

SIP话机的需求主要来源于欧美地区，该地区存在数量较多的民营电信运营商，欧美国家注重隐私与合作，注重私人号码和办公号码的分离，IP通信得到了大力推广，计费方式采用服务包的方式，包含流量、通话分钟数。国内暂时缺乏成熟的社会性IP运营网络。

在全球化大浪潮下，视频会议系统可以提供相对较低的开会沟通成本，并且有助于实现更高效率的全球通信。而5G网络的低时延及云计算等新技术的普及也为视频会议的广泛应用奠定了基础，更加清晰的图像和声音，以及产品的稳定性、兼容性和可扩展性的持续优化也吸引了更多的用户使用视频会议产品。以上因素推动全球视频会议市场蓬勃发展。根据市场研究公司Verified Market Research的数据显示，2020年全球视频会议市场规模42.1亿美元，预计到2027年将达到83.5亿美元，2020—2027年均复合增速约为9.6%。

从全球竞争格局来看，根据市场研究和咨询公司Omdia的数据显示，2020年思科、华为、Poly、中兴通讯和亿联网络位居全球视频会议终端前五名，市场占有率分别为44.1%、24.8%、11.1%、7.8%、2.0%，行业集中度较高。

随着数字化转型的深入和通信网络基础架构的完善，视频应用将迎来更强劲的发展。在企业的数字化转型过程中，强化与客户、合作伙伴和员工之间的沟通与协作正在变得越来越重要。视频应用以其高效性、直观性、确定性正在成为企业的核心应用系统。视频会议产品作为视频应用的核心技术组件和技术平台，将进一步有效提升企业的管理水平和服务能力。根据互联网数据中心（IDC）数据显示，2021年中国视频会议市场规模为9.7亿美元（约62.7亿元），同比增长2.9%，预计中国视频会议市场规模在2024年将超过100亿元，其中云会议市场占比将近40%。

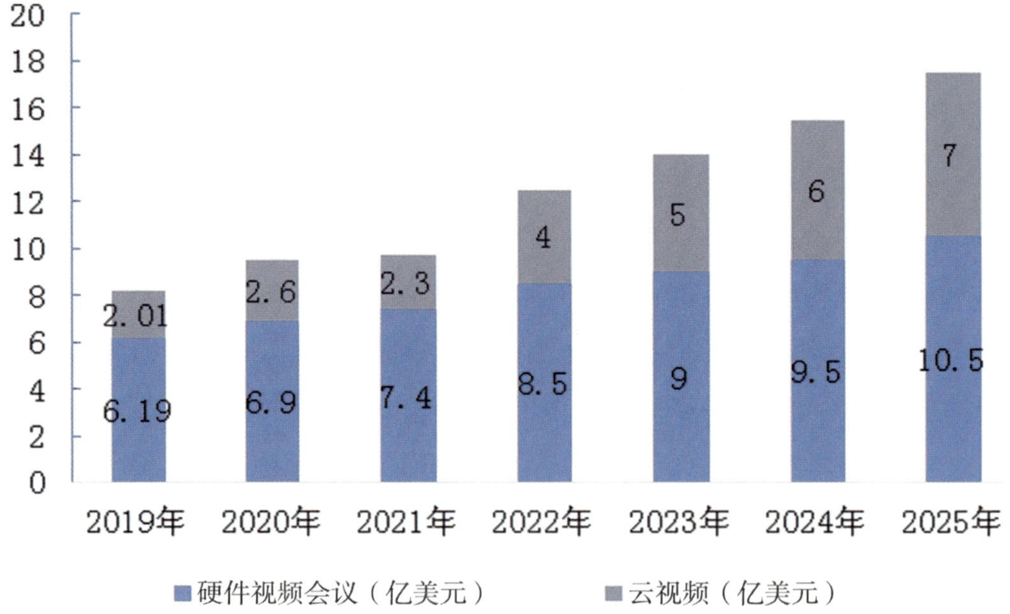

2019—2025年中国视频会议行业市场规模情况

亿联网络注重与全球视频会议龙头的产业生态合作。2015年，亿联网络与微软Teams携手，共同研发打造更高效、便捷、智能的沟通与协作解决方案。亿联网络为微软提供了包括微软Teams会议室系统MTR—W解决方案、亿联魔幻白板解决方案、亿联音视频会议平板等。2021年，亿联网络获得微软MTR销售额同比增长第一、微软Teams话机市场份额第一的优秀成绩。2023年，为了更好地应对全球化数字化新办公趋势，亿联网络加强与微软深度合作，开启一站式解决方案战略合作。

2019 年微软总部 Teams 团队一行与厦门与亿联团队合影

除了微软Teams，另外两大视频会议巨头Zoom、腾讯会议均是亿联网络的长期合作伙伴。2020年，亿联网络的安卓一体机视频会议终端MeetingBar A20接连获得微软Teams和Zoom的高规格产品认证；会议电话CP900和超高清USB摄像机UVC30组成的小型会议室音视频设备方案，也通过腾讯会议平台的严格评估，获得认证肯定。亿联网络成为唯一一家产品通过这三个平台认证的中国企业。

统一通信中远程办公和移动办公场景为商务耳机和会议摄像头带来了大量需求，统一通信系统要求员工在PC、手机和桌面话机等通信设备间灵活切换，因此与UC系统深度兼容的商务耳机成为个人办公刚需。据Frost&Sullivan的数据显示，随着UC市场的不断扩大，全球专用办公耳机出货量将从2019年的2290万台增长到2027年的7153万台，预计市场规模也将从2020年的19.8亿美元增长到2027年的44.4亿美元，年均复合增长率达12.2%。

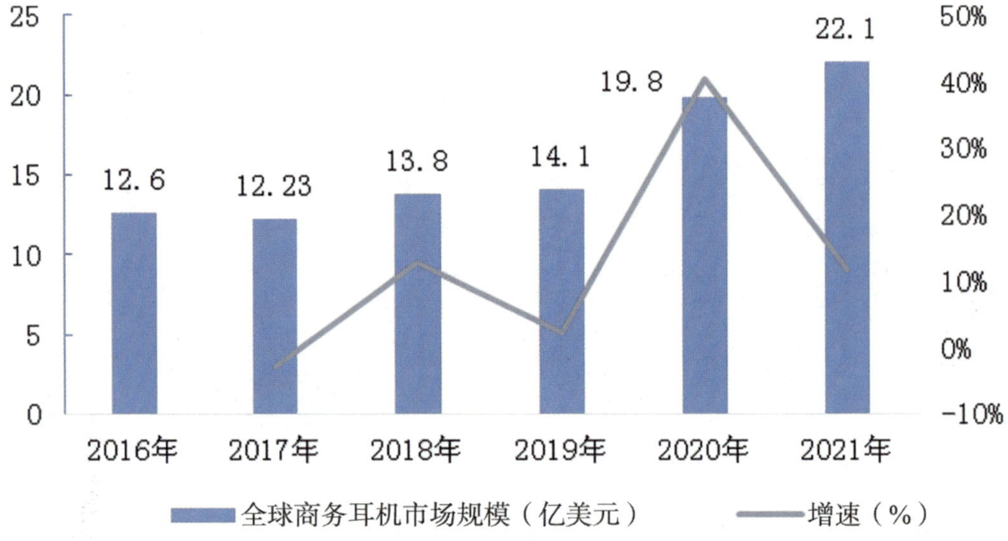

全球商务耳机市场规模

商务耳机市场为寡头垄断市场。双寡头Poly和GN两大集团占据了商用耳机80%以上的市场份额。Poly前身为缤特力（Plantronics），主要客户包含了众多跨国集团及美国政府，具有强大的品牌力。GN集团是全球著名的助听和耳机解决方案提供商，旗下耳机产品旗舰品牌捷波朗（Jabra）主营商务耳机、免提电话等。缤特力在2018年3月收购了全球知名UC视频平台宝利通（Polycom）后更名为Poly，但在随后整合渠道体系时进展不佳，耳机业务受到较大影响。2019年，GN集团旗下品牌捷波朗

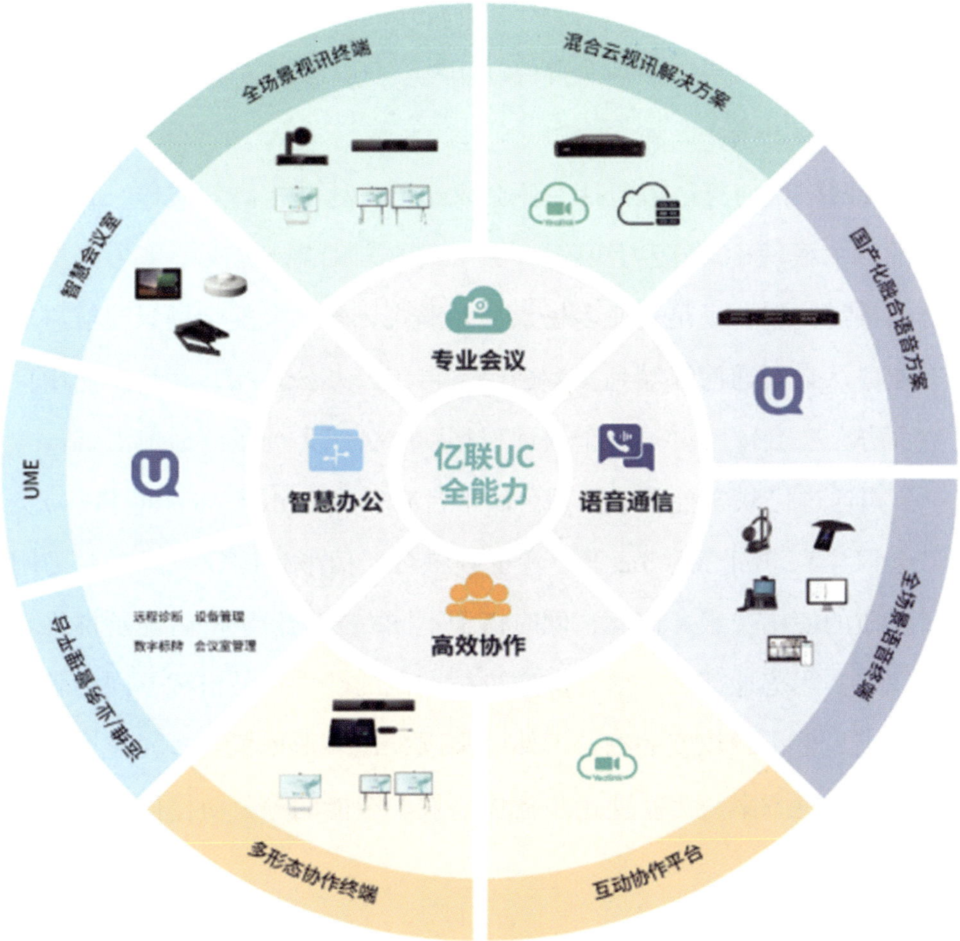

亿联网络 UC 全能力矩阵

的耳机业务收入超过Poly，成为全球第一的耳机供应商。

亿联网络自成立以来，始终坚持聚焦企业通信市场的细分领域，以SIP话机起家，2019年SIP话机市场规模为14.45亿美元，在SIP话机赛道公司全球市场占有率第一。亿联网络通过SIP话机切入统一通信市场，提供“云+端”的视频会议系统。公司长期以来对企业通信行业及其变化保持密切的观察和跟踪，对细分群体的共性需求进行深入地总结和分析，统一通信系统要求员工在PC、手机和桌面话机等通信设备间灵活切换，因此与UC系统深度兼容的商务耳机成为个人办公刚需，顺应行业发展趋势，公司又切入商务耳机、摄像头等终端市场。三大业务都是小赛道，竞争对手主要是通信巨头。

亿联网络目前打造了包括专业会议、语音通话、高效协作、智慧办公在内的四大模块UC全能力矩阵，可以一站式赋能，也支持多个模块灵活组合、按需构建，满足企业多场景、多形式、多融合的全场景通信需求。现有业务从桌面通信终端到智慧会议室再到云办公终端，满足企业用户个人桌面办公、会议室办公、个人远程移动办公三类场景的通信需求。

公司通过亿联融合通信视频会议平台YMS（Yealink Meeting Server）、亿联会议（Yealink Meeting）、音视频融合通信平台UME三大平台为用户提供优质的使用及服务体验，同时搭配不同办公场景下的智能硬件终端以满足用户实际落地部署需求，即通过标准化的硬件产品搭载不同的软件，进一步满足更小颗粒度的细分群体的需求，最终形成覆盖多元应用场景的企业通信解决方案，为企业用户提供高效、智能的办公协作体验。

三、新机遇：深化技术核心竞争力

亿联网络始终坚持在产品上专注细分市场、充分挖掘用户需求，由用户需求推动产品设计，由产品设计推动研发；在研发上持续高投入，保持产品竞争力，逐步形成了既能够精准地满足用户需求，又能够高效地使用研发资源的体系；亿联网络采取了轻资产的运营模式，将人力密集型的产品生产环节外包给外协加工厂；在销售层面以经销商为主，不断完善渠道管理体系。得益于长期持续不断的核心竞争力构建，公司奠定了较好的品牌影响力及市场地位，与国际主流通信平台及全球各大运营商建立战略合作，并与全球通信巨头竞争。

（一）强经销，修渠道

亿联网络大部分产品为通用市场的标准品，且向全球范围的企业客户销售。在综合考虑销售规模、产品推广效率、营销成本和服务模式等因素后，公司将经销商作为主要销售渠道，这有利于低成本、高效率地实现业务扩张及区域覆盖。公司三大业务板块都属于统一通信系统里面的硬件终端，可以很好地复用经销商和系统集成商的渠道资源。

经过多年在企业通信市场的积极开拓，公司建立起了遍布全球的经销网络，与知名经销商保持了长期稳定的合作关系，并通过持续有效的渠道管理方式，不断优化渠道质量，从而有效提升公司品牌在全球的影响力。

为合作伙伴带来价值是保持渠道忠诚度的根本。公司通过产品符合客户需求、服务满足渠道需求、营销辅助渠道推广来为渠道创造更大的价值，最大可能地获得渠道资源，推动公司业务发展。

2023 年亿联网络代理商高阶技术集训营

未来，公司将继续通过渠道激励、营销支持、技术支持、培训服务、联合推广等措施强化渠道体系建设，以良性互动的模式进行渠道管理，不断构建大项目和“平台+智能硬件终端”企业通信解决方案的销售能力，在保持对市场的独立理解、形成独特价值的同时，充分发挥与渠道的协同作用，协助渠道共同成长，以合作共赢来谋求长期发展。

（二）轻资产，轻装行

公司自主采购原材料，提供生产工艺流程和文件，将人力密集型的产品生产以送料加工的模式外包给外协加工厂，由外协加工厂生产加工，从而对原材料及零部件实施源头控制，充分保障产品性能，同时，在原材料采购价格方面也能掌握一定优势，进行有效的成本管控。另外，公司设有完善的质量控制体系，贯穿包括研发及试生产、原材料采购、外协生产及存货管理在内的各个运营环节，并建立驻厂模式，全程介入外协厂管理，持续提升工厂能力，保障过程质量可控。

精细化的原材料采购策略和良好的供应链管理能力对保障公司发展至关重要。多年来，通过持续优化供应链管理水平，公司已构筑起稳健可靠且具有竞争力的供应链体系，能够有效支撑公司的长期发展战略。

公司制定了严格的标准，对供应商在寻源与准入、过程监控、持续改进等多个方面进行全流程管理；同时，公司十分重视与核心供应商之间的合作，与其建立了包括及时付款、资金支持、品质辅导、共同开发在内的多重合作机制，从而能更好地推动双方开展长期稳定合作，形成协作共赢、资源共享、共同发展的战略伙伴关系。

此外，公司新增了行业动态下的新策略机制，密切监控供应链中的关键风险点，形成针对芯片短缺、原材料价格波动、能源双控政策等多种动态风险的管控机制，制定了不同行业动态下对应的供应商质量管理策略，从而能够打造更加自主可控、灵活高效的供应链体系，掌握供应链优势，实现高质高效地满足生产经营需求的目标。

正是在这样强大的供应链能力的保障下，面对此前原材料市场供应紧张及价格上涨等客观因素的影响，公司仍体现出了较强的供应链韧性及交付能力。未来，公司将通过持续完善供应链管理机制、提升内部管理效率来抵御外部的不确定性扰动，并不断强化供应链能力，使之与业务发展规模相匹配，保障公司的稳健运营及业务增长。

（三）重技术，迎机遇

由于公司采取轻资产的运营模式及以经销商为主的销售模式，从而让公司能够将主要资源投入技术研发、产品销售、客户服务、品牌建设等核心业务环节中，强化公司的核心竞争力。

随着全球基础通信设施的完善及通信技术的发展，越来越多的企业通信部署从私有化向依托公网的公有化转移，该转型使得企业使用门槛降低，市场开始下沉，激发了更多需求，市场规模变大。在企业内，音视频及会议的应用从大会议室下沉到小会议室，乃至开放的办公空间及企业个人用户。同时，随着远程办公、混合办公逐渐成为新常态，无论员工在办公室、会议室、家中或差旅途中，均希望得到高效的沟通协作体验，使得企业用户对统一通信终端形态及功能的需求也越来越多样化，不仅要满足多种类数据传输的需求，还需要满足多业务场景的需求。此外，在办公场景数字化浪潮的驱动下，企业用户对部署统一通信和企业数字化转型的需求也在持续增长。

在上述市场需求的驱动下，公司顺势而为，积极打造完整的一站式沟通协作解决方案，为企业提供更智能、更轻松的智慧办公新体验，满足企业日新月异的数字化办公需求，在竞争变化浪潮中取得优势。公司将通过专业会议、语音通信、高效协作、智慧办公四大能力持续赋能企业客户数字化变革和创新，助力更多企业解决数字化转型下的混合办公痛点，推动未来数字化办公成为潮流。

第八章　寻找数字世界“新大陆”——新大陆

引　言

20世纪20年代，一位发明家想对烦琐的邮政单据进行改革，实现高效分拣。他的想法是在信封上做条码标记，条码中的信息是收信人的地址，就像今天的邮政编码。于是，他发明了由基本的元件组成的条码识读设备：一个扫描器、一个边缘定位线圈，以及译码器。

这种仅能实现十个区域的编码被称为kermode码，是最早的条码技术。虽然简单，但kermode码开启了物联网世界中最重要的一扇门——自动识别。凭借着自动识别技术，物理世界和信息世界终于得以联通。

到今天，随着技术进步，以及人工智能的应用领域不断拓宽，自动识别技术的主流分类已经扩张到七种，普通到在超市随处可见，也广泛应用在生物识别、机器深度学习等高阶信息领域当中。

中国经济高速发展，物流、零售、工业等领域从手工到自动化，均需要自动识别为其提供高效率的作业方式，于是新大陆科技集团应运而生，并迅速成长为中国乃至全球一流的自动识别领域的龙头企业。

如今乘着人工智能的东风，新大陆加码布局人工智能大模型研发，围绕着智能识别垂直场景服务能力建设，积极参与到数字中国、数字人民币等前沿领域，致力于为建设数字中国贡献智能识别领域的新质生产力。

一、新技术：智能识别为核，加码人工智能研发

新大陆是集智能终端、大数据处理能力、数据场景运营能力为一体的数字化服务商。公司主营业务包括智能终端集群和行业数字化集群两个板块：智能终端集群主要包括数字支付终端业务、智能感知识别终端和数字通信终端业务，是公司助力“数字中国”建设以及赋能产业数字化的核心载体和数据入口；行业数字化集群主要包括商户运营及增值服务、电信运营商数字化服务，公司聚焦线下商业、移动通信、农业农村及交通出行等场景，提供基于海量、高频数据应用场景的数字化解决方案。

面向数字经济发展的广阔前景，公司以数字人民币、可信数字身份为核心抓手，不断完善产业布局，全面参与到我国数字产业化和产业数字化的大浪潮中，力争成为数字中国建设的先锋企业。

（一）智能识别技术构筑核心增长力

20世纪90年代末，二维码技术在欧美国家已开始应用，但国内却是一片空白。随着商品经济快速发展，各种假冒伪劣产品层出不穷，国内防伪技术无法从根本上解决痛点。为破解商品溯源难题，新大陆锚定二维码识读核心技术。1999年，新大陆专门成立了子公司——福建中安电子技术有限公司（2005年更名为福建新大陆自动识别技术有限公司），标志着新大陆在智能识别技术领域的正式起步。2005年，公司识读算法取得重大突破，攻关小组成功开发出具有自主知识产权的二维码识读模组。由此，新大陆成为全球4家掌握二维码核心解码技术的企业之一。

2010年，新大陆发布全球首颗二维码解码芯片，公司条码解码核心技术能力跻身国际一流行列，实现了二维码识别技术的重要突破，不仅占据

了产业发展制高点，为中国赢得了全球市场的话语权，也为自身发展开辟了一片新天地。

自主创新之路不乏专利纷争。2011年，美国霍尼韦尔公司向新大陆提出其产品涉嫌侵犯了旗下码捷公司的“具有全局电子快门控制的条形码读取装置”发明专利权，要求赔付巨额专利许可费。经过漫长而艰辛的知识产权维权之路，2019年12月最高人民法院作出裁定，驳回码捷（苏州）科技有限公司关于发明专利无效权无效行政纠纷案的再审申请。新大陆与霍尼韦尔历时8年的条码技术核心专利之争，以新大陆的胜出画上了句号。

围绕智能识别技术，公司打造丰富多样的产品矩阵。经过多年耕耘，公司拥有五大系列百余款感知识别、机器视觉产品，广泛应用于零售仓储、物流快递、医疗健康、公共事业、工业智能等领域。在零售仓储领域，公司以大型商超、零售仓储、前置仓、服装零售和餐饮门店五大场景为载体，基于条码识别、射频识别RFID、光学字符识别（OCR）识别、语音识别、人工智能识别等技术，推出智能收银、门店管理、仓储管理、打包配送等面向零售企业的自动识别解决方案，在全场景数字化交互式中打造“人货场”互动的焕新体验。

此外，公司提供多类型无线产品，帮助操作人员灵活应用，增加操作范围，减少物理限制，实现解放双手的目的，既提升了操作人员的使用便利，又优化了消费者的购物体验。在工业智造领域，近年来公司针对复杂工业条码解码需求，结合人工智能和机器视觉，依托完全自主的核心技术，开发了全新的工业解码算法和视觉算法库，实现工业制造中图像识别、缺陷检测、测量、定位等应用，公司的产品也在工业生产的多个领域，实现了国产替代，部分性能已超过国际一流工业条码设备。

作为数字支付终端领域领先企业，公司一直处于全球第一梯队。公司是全球领先的POS设备及解决方案提供商，在终端技术、新零售、支付生态、互联网科技等多领域持续为客户提供有竞争力、可信赖的产品、解决方案及服务，具有较强的行业影响力和较好的品牌口碑。根据尼尔森发布的2022年全球收单及POS机具市场情况报告，2022年全球各类POS机具出货量达1.48亿台，同比增长4.5%。各大POS机具厂商的排名发生较大变动，其中新大陆以8.3%的市场份额跃居全球第一，出货量同比增长接近10%。

公司的领导地位来源于深耕行业多年，打造了响亮的品牌形象。公司坚定以“成为数字中国建设的先锋企业”为发展目标，以数字人民币、可信数字身份等数字中国建设重要组成部分的建设与推广为发展方向，明确基于智能终端的分布式算力及基于场景的算法应用能力为公司未来发展的核心技术支撑。随着公司技术和业务的不断发展，公司领先的数字化解决方案提供商的形象正在得到国家、地方政府、社会各界及产业的认可。

多元场景和核心数据处理能力为公司积淀交叉优势。公司一方面在长期经营中积累了人脸识别、条码识读、大数据、云计算等核心技术，另一方面在信息感知识别、电子支付、收单服务、移动通信和高速公路信息化等领域积累了应对海量、高频、安全需求的数字化处理能力，上述交叉优势保证了公司面对新应用、新需求时具备快速集成与融合和创新的能力，而这些能力又使公司在政务服务、商户运营、智慧交通、数字医疗、数字食安、数字身份安全等产业数字化建设中逐渐显现出竞争优势。

稳定、持续的关键行业客户战略合作关系助力公司行稳致远。公司长期坚持面向行业应用，与三大运营商、金融机构、政府部门、互联网巨头等关键行业客户形成了稳定、长期可持续的战略合作关系，公司的技术和服务能力得到高度认可，保证了公司业务的未来持续性。

面向数字时代的发展浪潮，公司近些年通过主动布局和产业积累，已经形成数字化、国际化、生态化的核心竞争体系。在数字化方面，公司对内要求强化数字治理，尤其是疫情期间，公司数字治理水平进入新阶段，成为防范系统性风险的核心要素之一。数字化时代，治理能力将成为企业的核心竞争力之一，新大陆数字治理初步实现一体化和可视化；对外积极培育数字产业，2015年，新大陆开始布局数字中国，先后布局数字公民、可信数字身份、数字人民币，强化产业协同和商业模式创新；在数字技术领域，公司在人工智能、边缘计算、大数据、区块链等领域持续创新，并进行商业化布局。近年来，公司营收和利润常年保持双位数增长，实现了快速发展。

2023年，集团上市公司（新大陆数字技术股份有限公司）营业总收入和净利润均创历史新高，营业总收入82.50亿元，较上年同期增长11.94%，归属于上市公司股东的净利润10.04亿元，剔除公司持有的股权资产价格变动等非经营性扰动，公司扣非归母净利润10.84亿元，较上年同期增长136.82%，公司经营活动产生的现金流量净额达到22.27亿元，是归母净利润的2倍。与此同时，公司持续提高投资者回报水平，2023年全年现金分红合计达每10股5.00元（含税）。2023年公司研发投入金额达6.32亿元，占营业总收入比达7.66%。数字化转型发展持续深入，效果显著。

（二）加码人工智能，助力垂直场景建设

数据优势和技术优势是公司拥抱人工智能大模型的最大助力。新大陆在人工智能大模型上的优势可以总结为两方面。

其一是数据优势，新大陆在商户运营及增值服务、运营商大数据服务等领域，通过持续深耕，积累了高频海量的数据资源。以中国铁塔为例，新大陆是中国铁塔最大的软件服务提供商，同时中国铁塔大模型的标注库及算法服务整体都是由新大陆主导设计的。新大陆具有产业端合作的先发

优势。

其二是技术优势，新大陆具备边缘侧算法优势，紫东太初大模型具备天生的泛化性优势，在此基础上，新大陆具备云边协同、软硬结合的优势叠加，尤其在行业场景里，基于行业数据的敏感性和安全性，需要做私有化部署，新大陆在智能终端领域尤其是数字支付、智能感知识别领域拥有全系列产品和软硬件创新能力，通过云侧和边缘侧结合，形成分布式算力，赋能产业数字化。

借力人工智能，公司视觉感知算法向多维延伸。伴随人工智能技术的演进，公司积极构建面向数字时代的技术底座，实现从一维或二维条码识别算法、三维3D人脸识别算法向多维动态视觉感知算法延展。在感知人工智能维度，公司基于丰富的智能数据采集终端，叠加边缘算力，提供对人、事、物的识别与判断力，为中国铁塔等运营商推出边缘智能网关产品和专用人工智能模组，同时布局边缘网关芯片与设备的国产化覆盖，构建可信边缘计算生态。

在人脸识别算法方面，公司实现从支付场景向安防场景的技术拓展，并通过公安部一所安防级别检测认证，假体检测通过率超95%，真人通过率为100%。在认知人工智能维度，公司与中国科学院自动化研究所紫东太初大模型、清华大学ChatGLM开源模型、百川智能开源模型合作，在提升既有神经网络模型准确率的同时，实现对新任务的快速训练支持，缩短开发周期。公司基于对场景的理解能力，深入垂直场景需求通过数据蒸馏形成高质量小模型算法，并运用于垂直场景的分析和预警。目前，公司大模型应用已服务涵盖运营商、教育机构等领域。

同时，新大陆注重产教融合。2021年，新大陆数字技术股份有限公司入选首批国家产教融合型企业，是福建省唯一一家入选国家产教融合型企业名单的企业，公司构建了产教深度融合、校企协同育人的人才培养模式。北京新大陆时代科技有限公司依托新大陆科技集团领先的“芯—码—链—数—智—端”产业背景，面向人工智能、物联网、工业互联网、大数据、数字商业等战略性新兴产业和专业，与全国 2000 多所院校开展了各种形式的校企合作。凭借在数字技术相关职业领域的高公信力和号召力，新大陆参与国家人才技能标准、教学标准、新职业标准制定及题库开发，是“物联网工程技术人员”“大数据工程技术人员”等多项国家职业标准起草单位，还是“区块链应用操作员”等国家职业技能等级认定题库开发单位。

2023年，第十六届中国大学生计算机设计大赛人工智能应用（新大陆杯）——边缘智能应用挑战赛中本科组使用的边缘智能计算平台，便是出自新大陆之手。该产品面向人工智能等相关专业的学科基础知识和专业技术教学，采用国产化人工智能算力芯片，支持主流深度学习框架模型的转换后部署。实验平台通过人工智能技术教学分解与典型行业案例实战，让

公司研发的人工智能前端设备应用实训平台

学生掌握人工智能计算机视觉、边缘计算、终端感知控制等相关人工智能知识。

二、新时代：智能识别的新时代

（一）全球数字化，智能识别前景广阔

全球制造业智能化转型加速，智能感知识别技术应用前景广阔。全球范围内的制造业智能化转型步伐正在加速，智能制造作为先进制造技术与信息技术深度融合的成果，也是我国建设制造强国的主攻方向。自动识别与数据采集（AIDC）技术与人工智能等技术的融合，有助于推动制造业迈向全方位、深层次的智能化，其中机器视觉是AIDC智能化转型的重要方向，并开始逐步应用在各大场景。根据高工产业研究院（GGII）预测，至2025年我国机器视觉市场规模将达到349亿元，其中2D视觉市场规模将超过291亿元，3D视觉市场规模将超过57亿元。从视觉厂商的市场竞争看，近几年伴随着国内机器视觉产业的不断发展，本土品牌优势不断发挥，国产品牌销售额占比持续提升，而新大陆正是本土品牌的佼佼者之一。

公司在巩固条码领域的核心技术优势外，加快向机器视觉、射频识别（RFID）、OCR、超宽带（UWB）、定位等技术领域拓展，与人工智能技术相融合，构建从条码识读到机器视觉的多样化、智能化的场景解决方案；在算法领域，基于行业与场景沉淀，公司自研的深度神经网络自动训练平台与视觉算法库，支持复杂环境条码识读、OCR和视觉各方面的应用，目前已完成产品化导入，支撑多个零售和体外检测（IVD）场景应用；在产品创新上，公司在物流、零售、医疗行业推出多款自研新品，包括仓储可穿戴系列产品、外卖接单打印机产品、体外检测（IVD）专用的

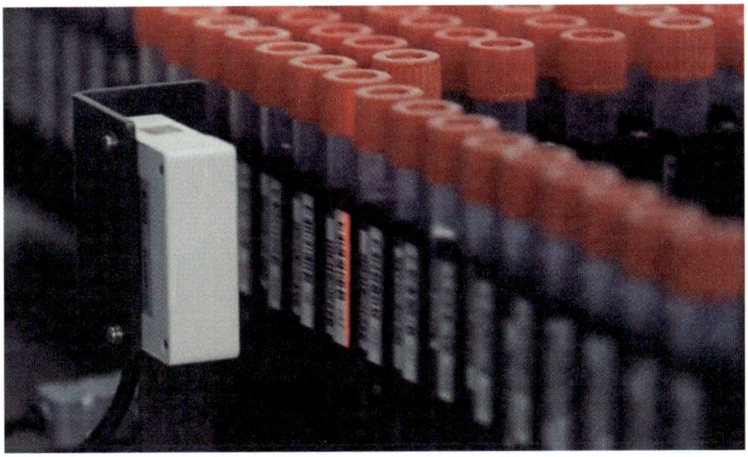

医疗场景下高通量IVD分析设备样码高效采集

人工智能视觉检测产品等。

公司持续深耕垂直行业场景，重点布局零售、物流、医疗、工业四大领域。在物流与零售领域，2023年公司通过加大商机挖掘力度，成功入围多家互联网及物流头部企业的供应商名录，打开了增量市场；在医疗领域，公司布局体外检测（IVD）、临床护理配套和医药物流等场景，稳步推进业务，实现部分头部医院与医药客户合作；在工业应用领域，持续聚焦新能源、3C电子和汽配三大主要行业，扩大产品路径研发，形成条码识别、RFID识别、视觉识别产品相结合的AIDC产品组合，有效提高头部客户订单体量。在海外市场方面，公司持续加大海外本地化部署和人才队伍建设，构建全球化的渠道销售网络，进一步提升品牌与产品认知，目前已跻身欧洲、非洲、中东三地区销售第一梯队。

（二）积极出海，受益数字支付率提升

近年来，国内市场受经济发展周期性影响，实体经济尤其是中小微商户经营压力尚未完全缓解，以及第三方支付机构在行业格局变化中采用更

加谨慎的机具投放策略，这些因素共同导致国内市场呈现下滑趋势。据中国人民银行发布的数据显示，截至2023年一季度末，银联跨行支付系统联网特约商户2561.38万户、联网POS机具3309.74万台，较上季度末分别减少161.47万户、246.33万台。全国每万人拥有联网POS机具234.44台，环比下降6.93%。

然而海外市场方面，疫后消费复苏及消费习惯的趋势性变化仍在持续，数字支付终端行业在全球范围内呈现持续发展的态势，尤其是发展中国家非现金支付和移动支付渗透率快速提升，数字支付终端的市场规模进一步扩大。据市场研究机构Mordor Intelligence数据显示，2024年全球移动支付市场规模预计为945.1亿美元，预计到2029年将达到4089.6亿美元，在预测期内（2024—2029年）的年复合增长率为34.04%。与此同时，全球供应链短缺局面有所缓解，技术迭代进程加快，在此背景下，具备更强综合实力、更早本地化部署的中国厂商将有更大的机会在全球竞争中成为引领者。

近年来，公司进一步把握海外移动支付渗透率上升的发展机遇，加快海外本地化部署，形成了更加优质的客户服务与完备的供应链保障体系，进一步强化了与海外客户的联系和合作，在拉美、中东、亚太、非洲、西欧等地区，公司实现了多家头部银行和知名收单机构的规模销售，并在软件及平台服务层面的销售实现突破性进展，打开了公司在国际市场硬件销售之外的增量空间，为公司的全球化、智能化产业布局打下坚实的基础。2022年公司实现智能POS、标准POS、新型扫码POS、泛智能终端等产品销量合计超1100万台，其中海外销量超400万台，海外业务收入同比增长超58%。

未来，公司将重点以“国际化”为发力点，加快海外本地化部署，持续输出数字化解决方案。公司将通过优化人才结构，扩大海外本地化销售及支撑队伍，并进一步强化供应链布局，通过新产品品类突破新市场、新赛道，挖掘公司整体长期发展潜力，同时公司将加大研发投入，推动终端全面智能化，并进一步丰富产品线，实现从单一硬件向端云综合解决方案的整体升级，为公司的国际化可持续发展打下坚实基础。

三、新机遇：数字中国，数字生态

（一）数字中国春风已至

近年来，中国连续发布“数字中国”战略相关政策。《“十四五”数字经济发展规划》的核心是将数字技术深度融入各个行业，以提高生产效率和创新能力，同时促进数据要素市场的形成和发展，为数字化提供必要的市场动力和资源配置优化。《数字中国建设整体布局规划》规划中强调要通过强化数字技术创新和安全能力，确保技术发展与应用的可持续性。

2018 年新大陆发布全球首颗数字公民安全解码芯片

此外，该规划还通过提升国际合作，将中国的数字化发展与全球数字经济的发展相联结，增强国际影响力。

在首届数字中国建设峰会上，新大陆推出了数字公民安全码及全球首颗数字公民安全解码芯片，是其在通用二维码上创新“复合赋码”技术研发的防篡改、防伪造、防抵赖的安全二维码。数字公民安全解码芯片是从底层奠定二维码安全基石，与数字公民安全码共成一套安全体系。

依托于与国家战略同频共振的思路，新大陆的数字化战略于2019年正式开启。公司以“新时代·新品牌·新战略——发现数字世界的新大陆”为会议主题，紧跟国家数字中国战略，全面启动新大陆数字升级战略。

（二）数字生态蓬勃发展

新大陆集团的数字生态方案主要涵盖4个领域，结合中央的政策，通过数字技术，实现数字世界与物理世界的融合，助力各行各业的数字化转型。

在数字商业领域，新大陆通过部署高效的IT基础设施和先进的通信网络支持商业活动的数字化。这包括使用企业资源规划（ERP）系统来整合内部管理和外部关系，以及利用5G网络加速数据交换和提高交易效率。新大陆以这样的技术帮助企业实时分析市场动态，优化库存管理，提高客户响应速度。

数字公民项目强调通过互联网和物联网技术实现政府服务的无缝连接和智能化。例如，物联网设备可以用于自动数据收集和监控（如环境监测、公共安全），而互联网则支持这些数据的即时传输和处理，实现政务服务的高效和透明化，如智能城市管理和在线政务服务。

在数字农贸中，新大陆利用大数据分析和虚拟现实技术优化农产品的生产和销售。通过大数据分析，可以预测作物的生长模式和市场需求，优化资源分配。虚拟现实则可用于模拟农业环境和培训，提高农业生产的效率和质量。这些技术的应用不仅提升了农业生产的科学性，还增强了市场的适应性和响应性。

在数字教育领域，新大陆通过集成人工智能和机器人技术来创建更具互动性和个性化的学习环境。人工智能能够根据学生的学习习惯和进度提供定制化的教学内容，而机器人则可以在实验室或实际操作中辅助教学，如进行科学实验或语言学习辅助。这些技术的整合不仅使学习具有吸引力、增强了学习的有效性，还扩展了教育的边界，使得远程教育和终身学习成为可能。

在项目方向上，可信数字身份与数字人民币或成为首先落地的领域。“数字公民”是数字世界诞生的基础，数字人民币则是数字经济运行的基础，二者是构成数字中国建设的“可信根”和“数据源”。新大陆紧抓这两大领域数字基础要素发展机遇。

最新数据显示，截至2023年6月末，数字人民币交易总量达9.5亿笔，数字人民币交易额达1.8万亿元，开通钱包1.2亿个。数字人民币市场规模保持快速扩张趋势。新大陆科技集团在数字人民币领域有较为成熟的商业化案例。

在“数字人民币产业联盟”方面，作为联盟的一员，新大陆联合包括多家大型国有银行在内的37家成员单位，共同推动数字人民币的技术创新和产业发展。这一联盟旨在深入推进数字中国战略的实施，优化数字货币的基础设施建设，并促进行业知识与资源的共享。

此外，新大陆在过去一直引领着支付技术的演变，从现金支付到卡支付，再到码支付乃至人脸支付，其在数字支付领域的创新为数字人民币的试点开发提供了坚实的基础。新大陆已建立了包括智能金融支付终端、银行数字人民币受理系统到第三方支付运营服务在内的完整“数字人民币+”生态圈，并成为国内六大银行中唯一的总行级受理系统建设服务商。

另外，新大陆还针对可信数字身份推出了“一码通”解决方案。

一码通行作为一个集成了健康数据、身份验证等多种功能的平台，主要服务于数字公民领域。它通过提供一种简化且安全的方式来验证个人身份和健康状态，支持公民在享受公共服务和权利时的数字身份使用，强化了个人数据的安全性和隐私保护。

新大陆科技集团在疫情期间提供的“一码通行”服务在应对健康危机时发挥了关键作用，主要体现在两个方面。

一是集成健康数据。通过整合用户的健康状态、体温信息和核酸检测结果等关键医疗数据到一个二维码中，新大陆的解决方案显著提高了公共场所的疫情防控效率。这使得公共健康管理部门能够迅速识别和隔离潜在的疫情风险，从而减缓病毒传播。

二是便捷的健康监测和报告。“峰会码”的应用使得用户可以在进入任何公共场合前轻松展示自己的健康状态和行程历史。这种无缝的健康监控和报告系统为疫情防控提供了实时数据支持，有助于相关部门快速响应疫情变化。通过这些措施，新大陆科技集团不仅使疫情防控高效，还保证了在公共卫生危机中个人信息的安全和隐私保护，展现了其在高科技领域的领导力和创新能力。

新大陆始终坚持内修技术，通过海内、外双轮驱动，在信息科技的发展浪潮中，受益于数字中国大趋势与海外数字支付率提升两大机遇，有望成为新质生产力企业中一颗闪亮的新星。

第九章　智慧卫浴，洁净生活——九牧卫浴

引　言

2015年，知名财经作家吴晓波撰写了一篇题为《去日本买只马桶盖》的文章，吴晓波在描述了日本智能马桶盖多样化的功能及我国游客的追捧后评论道：“‘我国制造’的明天在于让中产不用越洋去买马桶盖。”文章在发布之后掀起全国人民热议，并引发了日本制造与中国制造孰优孰劣之争，马桶成为当年现象级论题，甚至成为当年全国两会的重要议题。

两会中，代表们纷纷呼吁升级“中国制造”。著名经济学家、全国政协委员厉以宁在经济界别小组讨论会上表示，企业要在经济新常态发展中转变思路，让产品更个性化、让服务更人性化。商务部原部长陈德铭和工信部部长李毅中在两会期间也分别谈到应该重视中国产品的品质问题。

“如厕”虽然是一件隐私话题，但却是关乎人们生活质量的重要日常环节，是体现社会文明的独特标签，也是衡量一国创新制造的标尺。回顾历史，近现代坐便器发展的中心主要在欧美日韩，而如今，以智能一体机为代表的中国制造，尤其是以九牧卫浴为代表的国产品牌经过创新研发、大力培育新质生产力，已站在新时代的聚光灯下。

一、新产品：科技卫浴，引领潮流

九牧集团于1990年成立，从卫浴五金切入马桶等卫浴产品，目前已实现浴室空间的全方位覆盖。经过30余年发展，从艰苦初创到科技引领，九牧已成为一家以数智卫浴为核心，集研发、制造、营销、服务为一体的全产业链、创新型国际化企业。九牧聚焦“科技卫浴”战略，围绕“智能、绿色、颜值、健康”四大核心，布局未来智能、未来能源、未来空间、未来健康四大未来产业，引领科技卫浴新未来。

2023年九牧的品牌价值达1368.25亿元，多年蝉联行业第一。目前九牧在世界范围已布局16个研发中心与15家高端数智工厂，全球销售网点超30万个，每年研发投入占比不低于销售额的10%。在企业高速发展的背后，是产品力、品牌力、制造力、研发力综合竞争优势沉淀后的厚积薄发。放眼未来，从国产替代到走向国际，从民族品牌到世界品牌，以新质生产力为驱动，九牧有望继续谱写新篇章。

20世纪90年代，国内大部分制造企业偏向为外资企业代工，而九牧则坚持发展自主品牌。在坚持发展国产自主品牌的企业定位下，九牧实现了高速发展。2006年，九牧卫生陶瓷产品系列问世，企业从单一的水暖卫浴跨入整体卫浴的生产行列，逐步成为卫浴空间一体化发展的综合品牌。

到2009年，九牧年销售卫浴产品3500多万件，年销售额逾20亿元，成为规模最大的本土卫浴企业之一；2010年至2016年，九牧全方位均衡发展，实现了年营收额从20亿元到近100亿元的跃升；2017年，九牧年销售额突破100亿元；2020—2022年三年累计销售额超500亿元。进入新的发展阶段，依托智能坐便器大单品、多元产品，以及布局和日积月累下的品牌势能，九牧将持续在卫浴领域打造新国货标杆。

伴随着居民收入水平提升，家居消费不断升级，智能坐便器逐步成为中国消费者装修及换新的热门产品。近年来，中国智能坐便器渗透率迎来加速提升，目前智能产品在一线城市、新一线城市、三四线城市及乡镇渗透率分别为10%、5%、1%，综合渗透率约为5%。数据显示，中国智能坐便器家庭普及率每提升10%，市场会有接近8000亿元的需求增量；如果对标日本智能坐便器90%以上的普及率，我国智能坐便器市场将迎来万亿市场机会。

工信部、商务部等多部门近年来发布系列政策，从创新技术运用、增加健康智能绿色产品供给、促进绿色智能家电消费等方面推动家居行业向数智化、绿色化方向发展。中共中央、国务院发布的《关于促进民营经济发展壮大的意见》指出，要着力推动民营经济实现高质量发展，支持提升科技创新能力。在建设“数字中国”、实现“双碳”目标等战略背景下，中国卫浴制造迎来新的发展机遇。

在需求增长、政策支持、企业综合能力提升等因素的共同驱动下，国产卫浴品牌纷纷主动把握智能坐便器增量市场机遇，打破原本由外资主导的卫浴市场，逐步开拓出深具特色的发展新态势。国产品牌主要在科技创新、产品形态、渠道发展方面与外资品牌形成错位竞争，并已形成一定的竞争优势。其中，以九牧为代表的头部国货企业，凭借优秀的科技力、产品力和渠道力已成为国产品牌突围先锋。

产品形态方面，以TOTO为代表的外资卫浴品牌的龙头产品主要是智能马桶盖，国产品牌则凭借功能性、实用性更强的智能马桶一体机错位竞争。据奥维云网数据，我国智能坐便器零售规模中，智能马桶一体机占比高达82%，而智能马桶盖仅占18%。早在2005年，九牧便开启了智能产品的研发，研发智能坐便器的初衷一是紧跟国内健康消费、消费升级的大趋势，如果价格实惠，智能坐便器在中国会有很大的市场空间；二是虽然当时日本在智能坐便器领域暂时领先，但日本坐便器的使用环境、水质与中国差别很大，中国必须研发适合本土环境的产品。2007年，拥有近10年智能坐便器研发经验的团队加入九牧，团队用了3年多时间自主研发新技术，设计与制造九牧智能坐便器。2011年，九牧系列智能坐便器产品正式上市。

销售渠道方面，电商平台是我国特有的高增长渠道，国产品牌凭借市场洞察与本土优势，在与外资品牌的竞争中逐渐占据上风；而在原本由外资品牌主导的精装修市场中，九牧也引领国货成功突围。据奥维云网数据，在2022年智能坐便器线上销售额市场占有率统计中，九牧以16%的市场占有率位居第一，其他排名前三的品牌也全部为国产品牌。

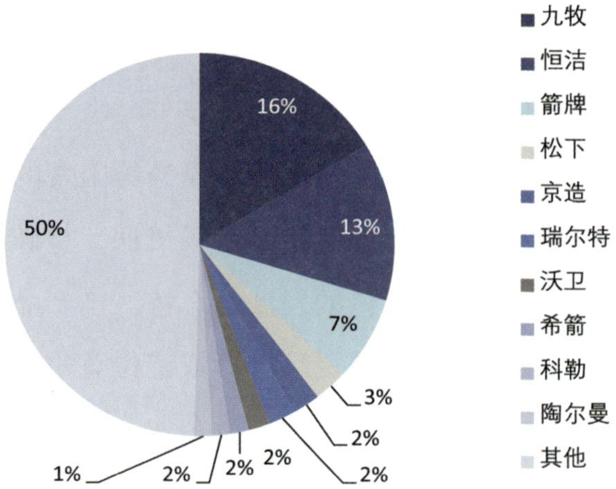

2022 年智能坐便器一体机线上竞争格局

精装修市场中，智能化、舒适美、健康化成为行业主要方向，并成为精装卫浴市场一大趋势。九牧在数智化的领先优势，在工程合作中受到不少百强地产的青睐，2022年，在国内精装修渠道中，九牧智能坐便器亦在国产品牌中位居前列。

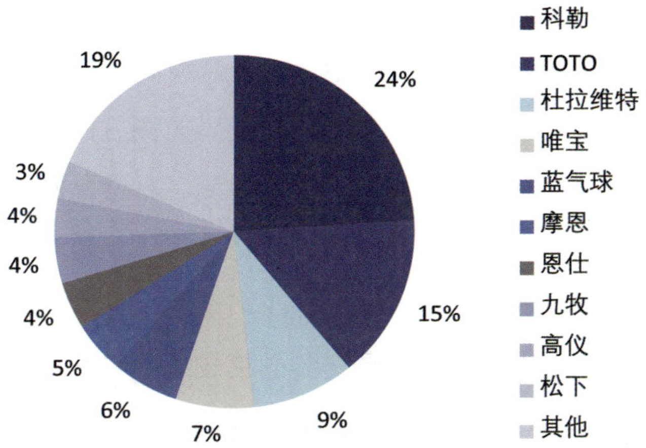

2022年精装修智能坐便器品牌竞争格局

制造业发展的根本是创新。九牧发展之初，便将创新根植于企业发展基因。企业早期以卫浴五金产品为主，彼时九牧便研制出矿用喷淋式健康除尘系统、中国首创陶瓷芯水龙头、行业首创淋浴洗澡花洒等创新型产品。在更加强调研发创新以打造品牌差异化的智能卫浴时代，九牧的创新基因为企业的领先发展带来了得天独厚的优势。目前，九牧拥有技术研发人员超5000人，其中科学专家占比超过40%，外籍专家占比超过15%，拥有全球30%以上的行业高端专业人才，累计先进专利超2万个，入围“2023中国民营企业研发投入500家榜单”和“2023中国民营企业发明专利500家榜单”，技术研发力在家居消费品领域位居前列。

以智能坐便器为例，目前座圈加热、免触开盖、强力冲洗等核心功能已经成为智能坐便器的基础标配，产品的进一步差异化则需要企业洞察消费市场，在现有产品的基础上创新升级。九牧针对消费者对坐便器清洁的痛点，持续功能迭代。2023年，九牧举办了行业首个以“科技战略”为主题的发布会，推出i90数智马桶，产品应用九牧行业首创的“全水路除菌”系统，加装了外置阻垢过滤器，高精度滤除杂质、软化水质，全程进行紫外线杀菌，冲洗喷嘴的弧形喷杆经过银离子抗菌、使用前后自动清洗两道程序，做到不净不出杆、不回膛，达至A级清洁标准，从水源、水路到水洗末端，打造了全水路洁净如厕。在健康监测方面，九牧自主研发的健康护理智检机，可以一键完成尿液健康检测，日常检测多个健康指标，为被痔疮、直肠癌、妇科疾病等困扰的数亿人提供预防与诊断。此外，九牧的智能底座平台经过四代迭代，更加小巧简易，拥有稳定的集成电主系统、更快速的集成加热系统和更易安装的集成冲洗组件。

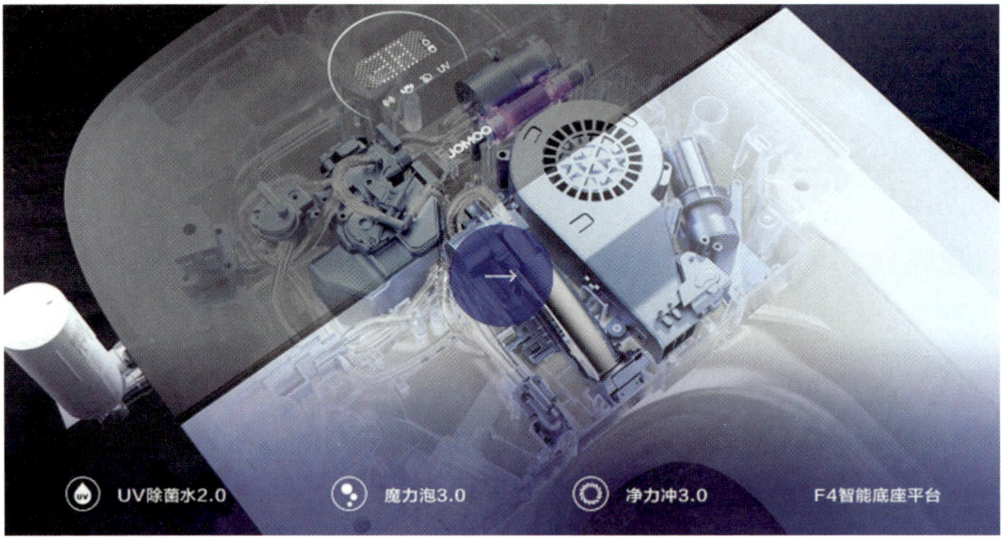

九牧智能坐便器核心技术

在智能坐便器之外，九牧在五金件、浴室家具等领域亦持续研发革新。如按摩爪式醒雨水，实现了花洒动态喷嘴出水，犹如手抓式按摩，舒缓神经；如将烘手机与吹风机合二为一的浴室洗头柜，以及智能熏香、美妆浴室柜等，各类前沿卫浴设备为企业产品发展带来更广阔的空间。

经过30多年的发展，九牧产品矩阵不断夯实扩张，从五金龙头到卫浴洁具，再到一整套厨卫空间解决方案。2023年9月，九牧宣布进军家用机器人战略性新兴产业，智能家用机器人产业园项目正式签约落地，聚焦数智淋浴、数智如厕、数智美妆、数智理疗、数智晾晒等场景应用，着力研发机器人洗澡机、机器人马桶、机器人清洁机等家用机器人，有望继续打造九牧产品的第二成长曲线。除了单一产品升级，九牧还不断布局全屋智能卫浴空间，实现卫浴空间全场景升级。九牧联合保时捷设计工作室推出MX Collection数智卫浴空间，融合人工智能、物联网、大数据等技术，打造梳洗、如厕、沐浴三大场景的多设备超级终端协同体验；另外，九牧还打造了支持鸿蒙智联技术的"智尚套间"，通过手机便可一键智控整个卫浴空间产品。

九牧保时捷 MX Collection 数智卫浴空间

品牌方面，九牧坚持"科技卫浴，世界九牧"的定位，已逐步成长为"中国第一、世界前三"的全球数智卫浴领跑者。除传统零售及工程市场，九牧品牌亦积极拓展公共商用领域，强势入驻故宫、北京大兴机场、鸟巢、三星堆博物馆等超级地标，进一步强化品牌高端定位，凸显民族品牌的市场价值。在2023年的亚洲品牌500强排行榜中，九牧以强大的综合实力与品牌影响力，与海尔、腾讯、国家电网等各知名品牌共同上榜，连续6年入选亚洲品牌500强，蝉联卫浴行业第一。依托智能卫浴的高增长赛道，九牧紧抓智能坐便器等潜力品类机遇，以领先的产品与先进的技术创新，成为中国智能卫浴第一品牌。

九牧集团在大力发展主品牌的基础上，还瞄准年轻人市场，扩展了年轻化高端智能卫浴品牌——小牧卫浴，并以国潮设计为发力点，打造出一系列深受年轻人喜爱的特色卫浴产品。近年来，在国货振兴、国潮汹涌的背景下，人们的国潮审美与文化自信日益增强，小牧卫浴紧紧抓住市场需求，紧跟市场趋势，将中国传统文化融入产品设计，深入洞察年轻人的个性化审美与高品质生活追求，助力传统文化焕发新机。小牧品牌陆续推出以国潮色、“敦煌飞天套系”、“颐和清风国潮系列”等为代表的特色产品，为年轻一代的消费者带来兼具国潮范与科技感的新国潮卫浴体验。

小牧卫浴国潮系列

二、新时代：智能制造的时代

1597年，英国贵族约翰·哈灵顿发明了世界上第一个抽水马桶。18世纪后期，英国发明家约瑟夫·布拉梅又改进了抽水马桶的设计，发展出防止污水管逸出臭味的U形弯管，19世纪晚期，随着欧洲的各大城市安装自来水管道和排污系统，抽水马桶才实现真正的普及。智能马桶盖则源于美国、兴于日本。世界第一台智能马桶盖诞生于1964年的美国，Arnold Cohen为患病的父亲研制出由脚踏板控制的集冲洗和烘干为一体的智能马桶盖。但由于文化习惯及技术不成熟，产品在美国销售初期并未取得成功，Arnold Cohen将智能马桶盖专利授权给日本TOTO。20世纪80年代，TOTO推出了经过改良的智能马桶盖产品卫洗丽，并引入人体感应、座圈加热、女性清洗等功能，在拥有独特如厕文化、重视清洁的日本，卫洗丽一经推出便大获成功，现如今，日本智能马桶盖的家庭渗透率已达80%以上。

从以TOTO为代表的智能马桶盖推广至全球，再到2015年吴晓波引发的针对国内智能坐便器的现象级讨论，国内掀起一波坐便器消费升级的浪潮，也为中国卫浴制造打开新的发展局面。2015年后，国产品牌依托在得天独厚的链优势基础上，持续深耕市场洞察、产品研发，苦练内功，后来居上，由国产品牌推动的从智能马桶盖向智能马桶一体机的升级，成为中国制造进化升级的重要反映。据《2021智能马桶线上消费趋势报告》，2017—2020年4年间，智能马桶盖销量翻番，智能马桶一体机销量翻了10倍；特别是疫情之后，具有家庭健康护理属性的智能马桶，渐渐成为中国家庭居家生活标配。而曾经由外资卫浴品牌垄断的精装修市场，以九牧卫浴为代表的国产品牌也实现了赶超。

（一）品质为本，服务为先

在我国智能坐便器加速发展的背景下，除了高颜值、高科技、人性化，高品质更是关乎消费者体验与品牌口碑的重要因素，对产品质量的把控是我国智能卫浴行业可持续发展的根本。由于智能坐便器加入了电机电控设备，且长时间处于潮湿的浴室空间，相比普通马桶，智能坐便器对产品质量、安装维护、保修服务的需求更大、要求更高。

经过多年发展，我国智能家居行业已经形成了从产品到交付、安装、维修等各流程严格的服务标准，目前大部分国产智能坐便器品牌保修期均在5～6年，相比外资品牌的3年时间具备较大领先优势。九牧秉承“以用户体验为中心”的核心价值观，在品质服务方面走在行业前列。目前，九牧在全国设置了4000家以上的服务网点，配备的服务工程师超过1万名，为保证服务的时效性，在全国设置5个备件分仓，实现全区域备件订单60%当日送达、100%次日送达的高效率运营。同时，九牧于2022年推出“优装服务”，针对智能坐便器提供了水电监测、设计测量、送货上门、拆旧安装、电路改造、旧件清运等一站式服务。九牧以积极的举措，为卫浴行业树立了不仅负责前期安装、更覆盖全方位维护的标杆样本。

同时，九牧将新质生产力融入用户服务。依托数字化，九牧打造了个性化线上服务模式，只需要用户说出咨询问题，便可快速识别需求、匹配对应客服，九牧还针对老年群体设置了服务专线，并设置视频客服辅助服务。另外，九牧独创的CSS数字化系统，串联线上线下服务，实时监控、分析服务流程，实现服务资源的合理调度与高效使用。

（二）智能工厂，绿色标杆

我国作为制造业强国，在集成了传统陶瓷卫浴与电子器件的智能坐便器领域具有得天独厚的供应链优势。潮州地区有成熟的陶瓷供应链，台州地区具有智能坐便器品类开创优势，厦门地区有成熟的注塑、电镀解决方案，深圳东莞昆山地区有先进的电子电路解决方案等。传统卫浴行业是典型的劳动密集型产业，从原料生产、制模到磨边烘干、施釉、干燥固化，再到质检、运输等都需要大量人力，因此，自动化工厂能够大大降低人力成本的优势，能够让生产全面提质提效，智能工厂是卫浴行业制造创新、高质量发展的重要里程碑。

九牧早在2010年就确立了向智能化升级的战略，通过搭建数据化的基础平台，实现了从传统制造工厂的机械化生产智能1.0向自动化生产的智能2.0升级，布局、完善了电子商务和运营商ERP系统、门店分销系统和移动办公系统，以及自主研发陶瓷、淋浴房等产品的生产管理系统。

九牧的数字化制造不断迭代，进入平台、共享、全球化的3.0发展阶段；融合了5G、云计算、大数据人工智能等先进技术的智能4.0阶段也加速铺开。2020年，九牧永春5G陶瓷工厂作为福建省首家5G智慧陶瓷工厂

九牧永春 5G 陶瓷工厂智能机器人

顺利落地。九牧永春5G陶瓷工厂利用5G技术、物联网等搭建起5G智慧云仓和智慧物流、人工智能视觉质量检测、生产全过程自动化数据采集等智能生产场景，实现绿色数智化升级。通过数字化提质、降本、增效，为工业产业提供高质量发展引擎。

2022年，九牧5G智能马桶工厂正式落地，该工厂是全球单体产量最大的智能坐便器工厂，2023年入选全球首家“绿色黑灯工厂”，这标志着中国卫浴企业在智能制造、5G技术、绿色节能等方面的领先。在数字化及智能化的赋能之下，九牧的综合效率提升37%，物流运输效率提升45%，零件良率从93%提升至99.6%，单台坐便器生产能耗下降25%。同时，该工厂又节能环保，每年节约用电超1亿度，每年减排超1.8万吨，每年节约用水超1个杭州西湖水量。

一直以来，“灯塔工厂”是基于国外企业的标准和规则制定而评选出

九牧 5G 智能马桶工厂入选“绿色黑灯工厂”

的，最早由世界经济论坛（WEF）和麦肯锡公司共同提出，旨在识别、表彰在第四次工业革命中表现卓越的制造业企业和生产设施，以行业“灯塔”的姿态为世界制造业提供学习标杆。虽然中国制造业起步较晚，也未直接参与国际标准的制定，但至2023年12月，在全球153座“灯塔工厂”中，中国占据了40.52%的比例，为我国制造业发展的后来居上再添范本。九牧获此称号，彰显了卫浴行业中国制造的全球领先优势，助推中国打造自己的智能制造标准。

2023年底，九牧发布数智战略5.0，集团运营总裁林晓伟指出：“数字人、机器人、硅基人、人机场景，一个智能社会新生态正在构建，新商业、新业态、新赛道应运而生，卫浴行业进入转型升级的关键期。”数智战略5.0从全局高度展开，从技术、运营、智慧场景应用等多个维度入手，带动产业以换位战略实现弯道超车。战略聚焦数智淋浴、数智如厕、数智美妆、数智理疗、数智晾晒等场景应用，致力于研发机器人洗澡机、机器人马桶、机器人清洁机等家用机器人。此外，九牧集团还整合全球资源，协同先进的技术和平台，打造家用机器人全球重点实验室，开展核心技术攻关，提升产业链供应链安全技术保障。

在从“中国制造”向“中国智造”转型的发展节点上，九牧以领先的智能制造布局交出了一份亮眼的成绩单。

三、新机遇：进军全球卫浴高端市场

（一）跨界合作，高效赋能

智能家居行业作为数字产业与家居产业跨界融合的典型代表，“合作—创新—共赢”是恒久不变的主题。通过不同产业之间的互相学习、相互借鉴，各产业之间的优势被有效放大，实现“1+1＞2”的成果。随着我国5G、人工智能等新技术的蓬勃发展，相关产业的领军企业积累了令人瞩目的成果，九牧积极与相关企业合作，通过跨界合作，为企业创新提质增效。目前，九牧是华为鸿蒙行业首家战略合作伙伴，华为在高新技术、智能生态领域的领先优势与九牧在卫浴制造、品牌的强大影响互相赋能、共享成长。

早在2016年，九牧与华为便达成初步共识，规划将智能厨卫与物联网技术的合作应用，实现智慧厨卫。2019年，九牧联合华为、中国电信等共同打造行业首个5G智慧产业园，实现了生产端的增质提效。2021年，九牧率先加入鸿蒙智联生态圈大家庭，持续拓展合作深度，双方建立合作伙伴关系，一起联合研发智能家居产业鸿蒙生态圈、网络化、数字化、智能化，九牧也成为鸿蒙伙伴峰会中唯一专场签约的卫浴企业。

九牧鸿蒙签约仪式

2022年，九牧与华为的合作持续深化，多项鸿蒙生态卫浴产品落地，以创新合作产品展示了全屋数智新形态。在华为开发者大会中，九牧作为合作伙伴亮相，会上九牧展示了智能马桶、风暖浴霸等一系列鸿蒙智联产品。同时，九牧还首次发布五大智慧生活套间，其中科技套间打造了阳、厨、卫等一体化智慧空间，九牧与华为创造性地将物联网智能理念融入厨房的整体设计中。融合众多创新科技的智能厨房，涵盖了智能烟灶联动、燃气泄漏报警、水浸探测报警、语音识别控制系统，为消费者创造了舒适、便利的健康生活体验，也为科技赋能生活做出了深刻的诠释与实践。

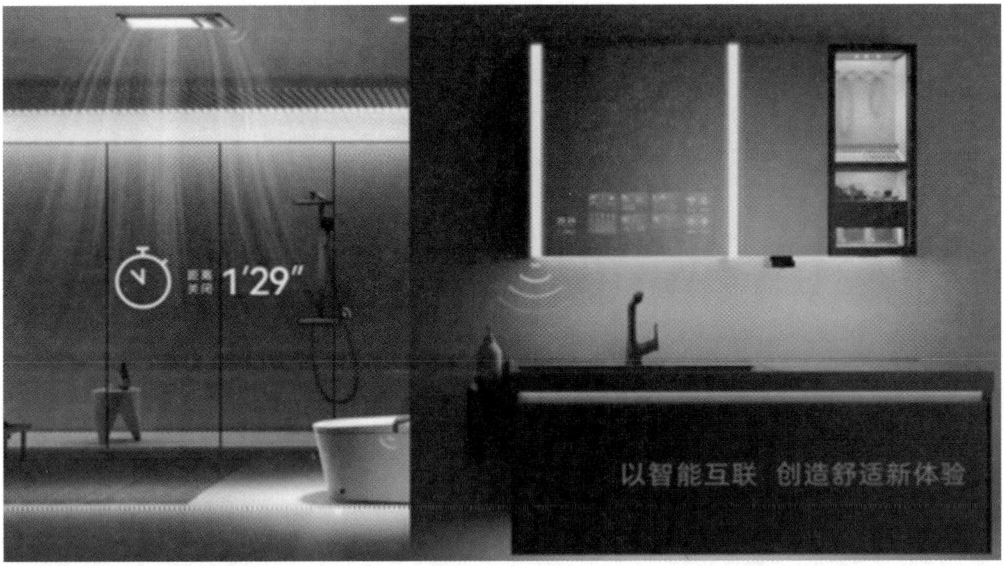

九牧鸿蒙智慧卫浴空间

（二）放眼全球，走向世界

回顾坐便器、智能坐便器的发展历程，欧美、日本一直是聚光灯下的主角。而之前“中国消费者出国买马桶盖”的现象，如今似乎已销声匿迹；我国卫浴企业在过去数年的不懈发展中已蓄势待发，逐步瞄准全球市场，酝酿发展新机。

目前，九牧在德国、法国、新加坡、韩国、日本、俄罗斯、美国等地布局多家研发运营中心、制造工厂。同时，九牧合作入驻国家超120个，国际旗舰项目包括阿布扎比八星皇宫酒店、阿拉伯塔酒店、柬埔寨吴哥窟等，行业创新技术和产品生于全球、遍布全球、领跑全球。

2020年，九牧逆势收购全球两大顶级卫浴品牌法国THG、德国顶级橱柜品牌博德宝（Poggenpohl），有助于九牧覆盖顶尖和高端市场，并协同九牧拓展国际项目，九牧全球化布局也迈出坚实脚步。如今，九牧集团旗下拥有全球顶级奢华卫浴品牌法国THG、全球顶级奢华橱柜品牌德国Poggenpohl、法国豪华卫浴品牌Urban、德国豪华衣柜橱柜品牌Goldreif、高端卫浴品牌JOMOO九牧、年轻高端卫浴品牌小牧卫浴等六大品牌，通过不同的品牌定位来满足不同人群的需求，实现消费者的全覆盖。

九牧秉承“全球卫浴，世界九牧”发展格局，持续推进国际战略布局，积极深耕国内外市场，先后与越南、卡塔尔、蒙古等30多个共建“一

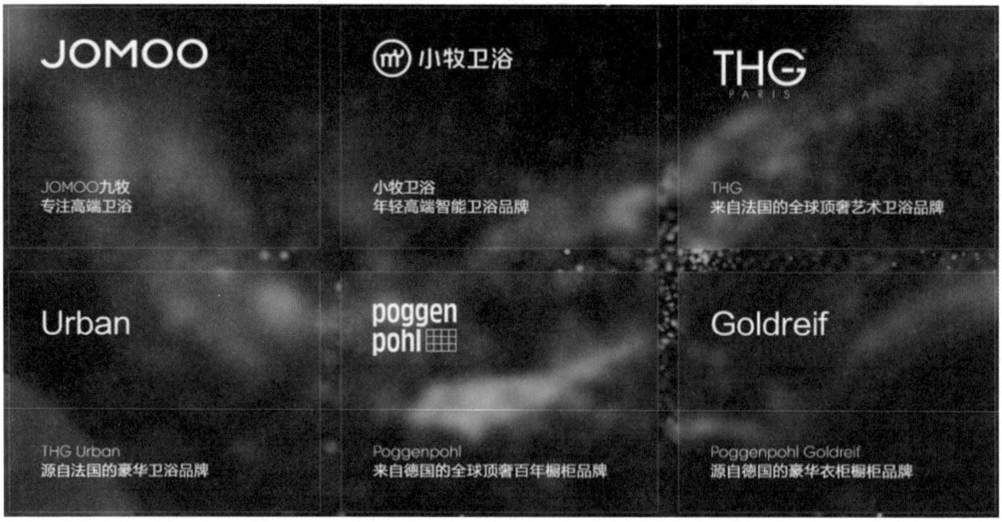

九牧多元覆盖的品牌矩阵

带一路”国家建立深度合作关系，引领民族品牌走向世界。近年来，九牧品牌海外拓展捷报频传，共建“一带一路”国家拓展成果突出，非洲安哥拉旗舰店、马来西亚沉浸式体验店、入驻菲律宾建材中心项目、越南经销商扩展项目纷纷落地。通过与多个共建“一带一路”国家建立紧密的合作关系，九牧不仅引领中国品牌走向世界舞台，更为中国卫浴行业的繁荣与创新发展做出了重要贡献。

（三）聚焦下沉，高质发展

2023年，在面对世界经济复苏乏力、国内自然灾害频发、改革发展稳定任务艰巨等挑战之下，我国经济整体呈现波浪式发展、曲折式前进的恢复过程；房地产行业调整换挡，多项指标受大环境影响仍有承压。在我国经济新周期下，高质量发展及创新对产业发展的重要牵引成为发展的核心要点。

卫浴行业作为与房地产链条、居民消费紧密关联的行业，普遍受到大环境影响，有所承压。九牧却在2023年逆势向前，实现了销售、利润双位数增长，牢牢巩固“中国第一、世界前三”的行业市场地位，并在各大消费促销活动中持续霸榜，在个别细分品类超越科勒（中国），拿下行业多项第一。2024年初，在九牧集团高质量发展大会上，“五重下沉、量利增收”成为会议主题，定调2024年为九牧的质量年，九牧集团要通过超前战略实现换道超车，要不断以科技卫浴为战略，专注传承、创新发展、艰苦奋斗，从而实现持续领先。

近年来，在国家供给侧改革、促进农村家居消费、鼓励绿色建材下乡等多重举措推动下，乡镇下沉市场有万亿空间、发展前景广阔。2024年中央财经委员会第四次会议指出，要推动各类生产设备、服务设备更新和技术改造，鼓励汽车、家电等传统消费品以旧换新，鼓励有条件的地方对消费者购买绿色智能家电给予补贴。3月，以“科技九牧共筑美丽乡村”为主题的2024年九牧卫浴下乡镇活动正式启动，在行业中率先启动“卫浴下乡”。2024年开年以来，九牧卫浴下乡镇活动已在全国陆续开启，目前已在福建、西安、绵阳、南充等城市落地，九牧以五金为核心品类，涵盖智能、浴室柜、淋浴房、陶瓷、生态等产品，并制定针对下乡镇活动的专门订货政策。

科技是第一生产力，是经济社会发展的重要引擎。纵观九牧的发展历程，科技创新一直为其高质量发展保驾护航，也是九牧自初创以来的企业基因。面对进入发展新时代的机遇与挑战，林孝发认为：“越是寒冬的时候，越要投资未来、投资科技、投资人才，才能增强实力，抢占市场先机，在新一轮竞争中建立新优势。”无论是在产品端的积累式、渐进式创新，还是在制造端的跨越式、领先式创新，九牧的发展诠释了中国式高质量发展与持续创新的潜力。从“产品”到“智品”，从“制造”到“智造”，从“民族品牌”到“世界品牌”，九牧将不断砥砺前行，推动品牌强国，践行高质量发展。

2024年九牧卫浴下乡镇活动正式启动

第十章　AI映智，美启未来——美图公司

引　言

在人类文明演变中，追求美的脚步从未停歇。在古希腊时期，柏拉图、亚里士多德等思想家深入研究了美的本质，提出“形式美”的概念。到了文艺复兴时期，达·芬奇、密西里等艺术家利用透视法和比例模数系统描绘人体的“外在美”。工业革命时代，绘画、摄影等技术手段的出现加之印刷术的普及，使“美”得以量产传播，开启了大众美术的新纪元。

进入21世纪，智能手机的普及把个人化、数字化美学推向高潮，各类APP、社交平台成为大众自我表达与互动的新舞台。社交软件上创意之风弥漫，进一步促进了文化交流与创新。随着人工智能时代开启，美图公司以AI技术加持审美创意双轮驱动，在数字美领域发挥重要的影响力。

一、新技术：大模型助力数字美

美图公司是一家以美为内核、以人工智能为驱动的科技公司。致力于打造优秀的影像与设计产品，让图像、视频、设计的制作变得更简单，并通过美业解决方案助力产业数字化升级。公司致力于计算机视觉、深度学习、计算机图形学等人工智能相关领域的研发，以核心技术创新推动公司

业务发展。

自2022年11月开放人工智能中心（OpenAI）公布了ChatGPT以来，以大模型为代表的生成式人工智能（AIGC）的发展迎来了爆发式增长，迅速成为近年来最为热门的人工智能细分领域。早在2017年，谷歌（Google）公司颠覆性地提出了基于自注意力机制的神经网络结构——Transformer架构，奠定了大模型预训练算法架构的基础。2022年11月，搭载了GPT-3.5的ChatGPT横空出世，凭借逼真的自然语言交互与多场景内容生成能力，迅速引发业界广泛关注。2023年3月，OpenAI发布超大规模多模态预训练大模型——GPT-4，引发了全球人工智能领域的强烈反响。

目前，在大数据、大算力和强算法的结合下，促使各大科技企业纷纷加入AIGC技术研发的竞争行列。

（一）AI视觉大模型MiracleVision（奇想智能）

美图公司自2010年成立MT Lab（美图影像研究院）起，便致力于AI领域相关研究。2016年，美图公司应用深度学习技术，结合人脸技术、美颜技术、图像语义分割技术等，成功研发AIGC雏形产品——“手绘自拍”；2017年，美图公司基于影像生成技术（核心是自主搭建的生成网络），结合人脸技术、图像分割技术，推出全球首款将人工智能用于绘画的产品——“绘画机器人Andy”，产品上线3个月累计使用量达2.8亿次；2019年，美图公司推出“AI动漫化身”，单月保存图片数达4680万张，通过构建生成模型，构建真实图像域到期望图像域之间的转换桥梁，输出风格化、卡通化等有趣的生成效果；2022年起，美图公司连续推出AI绘画、百变AI头像、AI动漫、AI写真、AI商品图、AI模特试衣等多项AIGC功能与玩法，受到广大用户欢迎。

随着研发能力的增强，美图持续进行AIGC算法迭代升级。2023年6

美图深耕AI领域14年，产品丰富多元

月，美图公司发布美图奇想大模型（MiracleVision）1.0版本，随后，美图公司在短时间内相继推出2.0、3.0和提升了奇想大模型在AI图像、AI视频、AI设计领域的表现能力。

MiracleVision1.0版本可以看作是“基础训练”阶段，主要完成大模型架构搭建和模型美学体系的建立，为后续升级打下坚实基础。在2.0版本，美图更加关注生成效果的美感、细节与多元化，依托对高质量数据集的针对性持续训练，大模型在创作方面的表现力获得显著提升，视觉理解和推理的能力增强，生成的结果更具想象力，同时也更加贴合审美取向。进入3.0版本后，大模型更关注视觉创作场景的工作流提效，不仅实现对细节更加精准地把控，明显提升了生成质量和质感。此外，在应用层面上，3.0版本可提供更多的智能辅助功能帮助创作，降低了大模型使用门槛。

MiracleVision 4.0版本的主打AI设计与AI视频两大能力，其中，AI设计具备四大功能，包括矢量图形、文字特效、智能分层和智能排版，可以满足AI设计的基础需求。MiracleVision4.0还上线了全新的视觉模型商店，提供多种风格的视觉模型。AI视频具备文生视频、图生视频、视频运镜、视频生视频四大功能，可以使使用者快速融入行业工作流，尤其是电商和广告行业从业者。

目前，美图奇想大模型（MiracleVision）除全面应用于美图旗下影像与设计产品外，还将持续拓展在电商、广告、游戏、动漫、影视五大行业的应用，助力工作流提效。

致力于打造AI产品生态的美图公司，其战略布局从模型层到应用层，实现了模型能力的全面覆盖。这一生态系统的核心是美图奇想大模型（MiracleVision），它为美图的产品提供了强大的底层支持。

在大模型的基础上，美图构建了生态层。2024年2月，美图公司收购了设计师创意平台站酷，包括设计师社区站酷、商用版权平台站酷海洛、专业设计平台站酷高高手。这些平台和服务共同构成了一个强大的生态层，为优质内容的孵化提供了肥沃的土壤。

在应用层，美图公司的产品矩阵覆盖了AI图片、AI视频、AI设计三个关键领域，同时，美图秀秀作为集大成者，提供了一站式的综合AI影像服务。这一系列产品不仅满足了用户的多样化需求，也为创作者和设计师提供了丰富的创作工具和平台。

垂直场景的深度挖掘是AI技术得以有效应用的关键。美图公司通过聚焦垂直场景，已经在用户增长、付费订阅用户转化及收入增长等方面取得了显著成效。以美图设计室为例，这一面向生产力场景的平台通过构建AI原生设计工作流，实现了收入的大幅增长。这表明，AI技术在特定领域的应用能够带来商业价值的显著提升。

在面向生活场景的AI功能方面，美图提供了丰富多元的玩法与功能。

例如，旗下产品美图秀秀的“美图AI”模块集成了AI绘画、AI设计、AI视频等AIGC功能，可为用户提供文生图、图生图、AI形象照、AI消除、AI动漫等具有高可玩性的服务，进一步巩固了美图公司的王牌产品在行业中的领先地位。

在面向工作场景的AI功能方面，美图设计室不断向外界展示自身助力电商营销降本增效的能力。以美图设计室的“AI商品图”为例，无需专门的场景布置和费时的渲染处理，只需拍摄商品图，即可在AI技术的帮助下自动抠图，并生成高匹配度的场景图；“AI模特试衣”则通过道具模特图或随意拍摄的素人上身图，可一键生成试衣图。目前，集合了“AI商品图”“AI模特试衣”等功能的美图设计室的“AI商拍”模块，已获得用户与行业的广泛认可。数据显示，目前美图设计室“AI商拍”服务电商用户218万人次，累计生成商品图1.3亿张。

美图云修也通过AI修图能力为商业摄影行业带来高效的一站式AI修图解决方案。商业摄影行业长期面临后期修图标准化缺失、品效低、成本高等核心痛点问题，美图云修依托前沿AI算法，为商业摄影行业提供全方位的AI精修服务，应用场景灵活丰富，涵盖约拍、旅拍、新生儿上门拍摄等即时修图场景，照片直播等即拍即修场景，以及在普通或低配电脑配置环境下，大批量照片快速修图等场景，能够有效提升商业客户的修图效率，为客户节省修图成本，提升照片二次销售概率，助力商业摄影行业降本增效与数字化转型。数据显示，美图云修自上线以来，年累计修图量已突破5亿张，服务超3万家商业摄影品牌与机构，用户数累计近百万。

（二）美图“算法中枢”——美图影像研究院（MT Lab）

2010年，美图成立了核心研发部门——美图影像研究院（MT Lab），致力于计算机视觉、深度学习、计算机图形学等人工智能相关领域的研

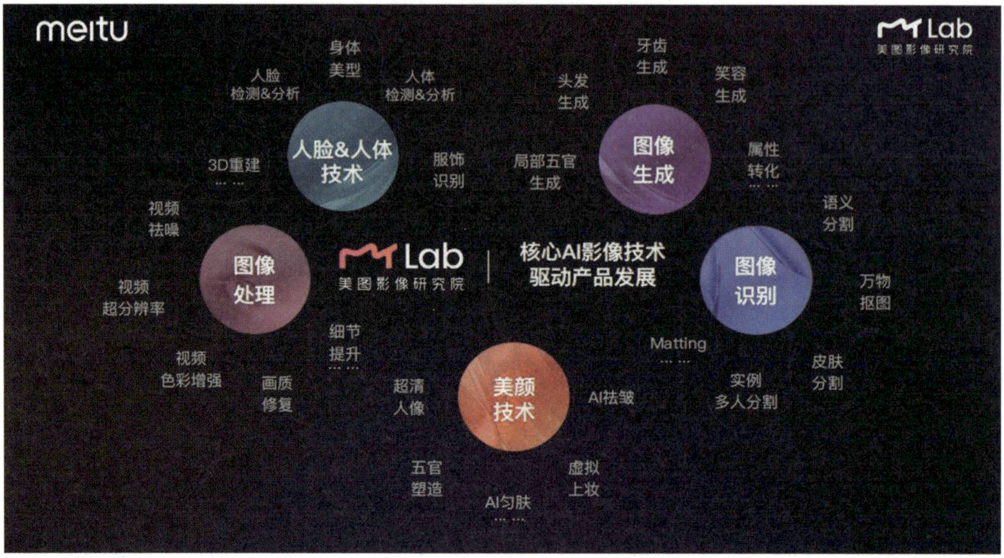

核心 AI 影像技术驱动产品发展

发，以核心技术创新推动美图公司业务发展。

美图影像研究院（MT Lab）深耕人脸、人体技术，以及图像识别、图像处理、图像生成、美颜技术等领域的前沿性技术研究，为美图秀秀、美颜相机、Wink、美图设计室等美图旗下全系列软硬件产品，以及美图奇想大模型提供技术支持，同时面向影像行业内多个垂直场景提供针对性的软件即服务（SaaS），通过领先技术助力美图建设产品生态。现已开发了一系列专有技术，目前，美图已注册超过457项专利（其中发明专利381项），并持有238项软件产品的著作权。

美图影像研究院曾先后参与了电气与电子工程师协会举办的国际计算机视觉与模式识别会议（CVPR）、计算机视觉国际大会（ICCV）、欧洲计算机视觉国际会议（ECCV）等计算机视觉国际顶级会议，并斩获了“ISIC Challenge 2018”比赛皮肤癌病灶分割赛道冠军、ECCV 2018图像增强技术比赛冠军、CVPR-NTIRE 2019图像增强比赛冠军、ICCV 2019服饰

美图公司加大研发投入，强化 AI 技术储备

关键点估计比赛冠军等十余项世界冠亚军。2019年荣获国家科学技术进步奖，2023年荣获教育部技术发明奖。在AAAI、CVPR、ICCV、ECCV、NeurIPS、ACM MM等国际顶级会议及TPAMI、TIP等国际顶级期刊上累计发表49篇学术论文。

至今，美图影像研究院已经在人工智能领域深耕14年，凭借在计算机视觉、计算机图形学、深度学习、增强现实等领域的算法研究、工程开发和产品落地的多年技术积累，为美图公司在AI领域的技术探索与布局提供坚实保障，通过前沿AI技术成果驱动美图AI产品生态建设，为用户提供优质的影像与设计服务，并助力行业降本增效。

尽管在视频工具领域，美图公司仍然处于追随者的位置，但通过专注于图影、视频、设计等垂直场景，美图公司在影像领域构建了独特的竞争优势。

全球化是美图公司构建商业模式的重要一环。美图产品已覆盖195个国家及地区，公司重视在地化运营，通过生成式AI相关爆款产品构筑品牌影响力。在全球化的路径上，美图公司通过精细化运营，针对不同国家用户的个性化审美偏好提供服务，这不仅提升了用户体验，也为公司的全球扩张奠定了坚实基础。

在AIGC带起的革命浪潮中，当别人还在技术层面挣扎时，美图正悄悄凭借AI驱动产品，赢得更多用户、更多收入，跑通AI商业化模式。美图公司通过构建全栈AI产品生态系统，不仅为用户提供了全面的服务，也为创作者群体提供了强大的支持。

通过不断迭代和优化美图奇想大模型，美图正在推动AI技术在影像与设计行业的深入应用，同时也为整个社会生产关系和社会制度体系的变革贡献了力量。未来，随着AI技术的不断进步，美图有望在新质生产力的推动下，实现更快速的发展，并为美妆行业乃至整个社会经济的进步做出更大的贡献。

二、新时代：AI 浪潮中砥砺前行

（一）大模型在视觉领域逐步普及

以美图奇想大模型在视觉领域的应用为例，其普及将经历三个阶段：2024年之前为探索期，2024—2025年为高速发展期，2026—2030年为成熟期。随着大模型在视觉领域的生产端的应用走向成熟，大模型将助力千万设计场景，引领美学的升级与社会经济增长。

在探索期间，AI视觉技术以实验性质为主，艺术家们探索AI在视觉艺术中的应用场景。这些初步的实验可能局限于单一任务，比如自动生成图像或进行简单的图像识别。这些应用在质量上可能仅仅是及格的，但它们

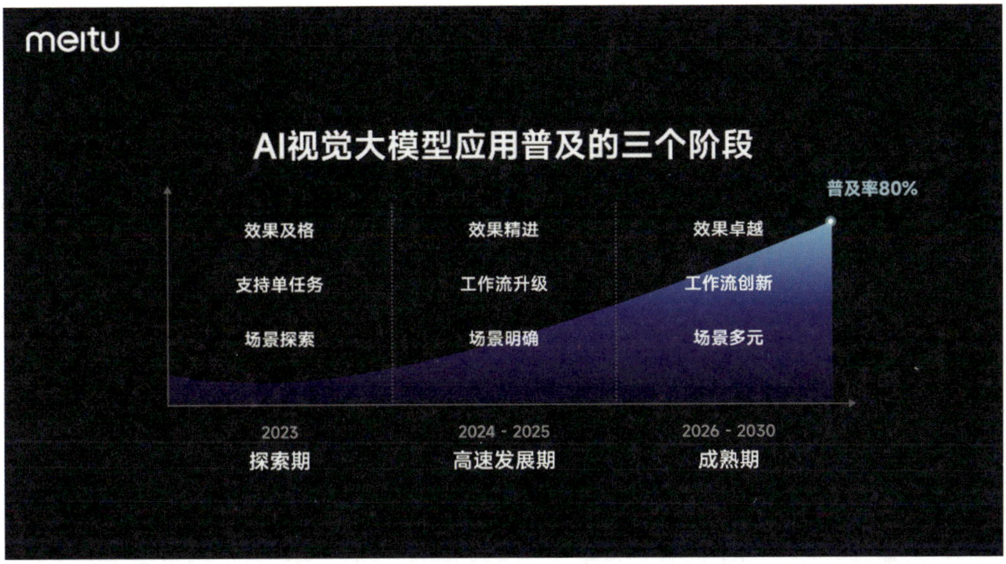

美图公司AI视觉大模型应用普及的三个阶段

对艺术家而言是学习和理解AI能力的宝贵机会。画廊和艺术展览可能开始展示这些早期的AI艺术作品，引发公众对技术和艺术结合潜能的讨论。

随着技术的进步，AI视觉技术的应用场景将更加明确，艺术家们将在这一阶段更精确地定义AI在创作过程中的角色。工作流程将升级，艺术家和技术开发者将协同工作，优化AI工具以适应复杂的艺术创作流程。AI在这个阶段将能够完成更复杂的任务，如细腻的风格转换、动态内容生成和高级图像编辑。效果精进意味着AI创作的艺术作品质量将显著提高，能够达到专业水准，并在艺术市场上得到认可。

到了成熟期阶段，AI视觉技术将成为视觉艺术领域中的常态。技术应用场景多元化，包括互动艺术、多媒体展览、虚拟现实和增强现实等。工作流程创新可能包括利用AI进行实时艺术表演、参与艺术品的动态变化，以及实时观众反馈的整合。这些技术将推动艺术作品的效果达到卓越，艺术表现将更加个性化和情感丰富。

普及率达到80%的目标意味着AI技术将不仅限于艺术创作本身，还将渗透到艺术推广、教育、批评和销售等方面。这种深度整合将推动整个视觉艺术领域的技术革新和文化变革，开启艺术创作和欣赏的新纪元。根据腾讯发布的《AIGC发展趋势报告2023：迎接人工智能的下一个时代》，预计在未来五年内，AI将参与生成10%至30%的图片内容，并有望创造超过600亿的市场规模。

（二）政策助力AI腾飞

自人工智能成为全球科技创新的热点以来，中国政府积极出台了一系列政策文件，以确保在这场科技革命中占据优势地位。政策的发布旨在营造一个有利于人工智能研究与商业化的环境，包括《“十四五”国家科技创新规划》《中国制造2025》，以及具有里程碑意义的《新一代人工智能发展规划》。

这些政策文件不仅表明了国家已认识到AI技术的重要性，也为整个产业的发展指明了方向，既包括长期的战略布局，也涉及具体的执行计划，以确保中国在全球AI领域的竞争力不断提升。

具体而言，中国的人工智能政策涵盖了法律法规和伦理规范建设、推动产业落地及推动技术创新发展三个关键领域。

法律法规和伦理规范旨在构建一个规范的AI发展环境，包括确立合法的数据使用和隐私保护标准、促进公平竞争，以及建立伦理指导原则，以预防AI技术可能引发的社会伦理风险。

推动产业落地政策集中于实现AI技术的商业化和产业化，通过税收优惠、资金扶持、技术服务平台建设及试点示范区的创建等手段，促进AI技术在各个经济领域的广泛应用。

而推动技术创新发展政策则着眼于科技前沿，鼓励国内外企业、研究机构和高校开展基础研究，支持创新项目和人才培养计划，提供必要的研发资金，并设立国家实验室等高端平台，以推动AI领域的科技创新和持续发展。这些政策综合起来，不仅推动了技术创新，更为整个产业链的升级和生态建设提供了强有力的支持。

（三）专注生产力特定场景

海外科技巨头如Adobe和OpenAI通过将生成式AI技术（如Adobe Firefly和DALL-E）集成到他们的工具软件中，正在积极拓展B端市场，并吸引入门级用户。这种策略不仅降低了软件的使用门槛，激发了用户的创意潜力，而且挑战了那些在工具软件领域拥有强大模板优势的独角兽公司。这些大厂的生成式AI技术能够快速迭代，可能逐渐取代现有的模板优势。

相比之下，美图公司的美图设计室专注于针对生产力特定场景的应用，提供模板化和轻量化的设计解决方案。美图设计室通过其独特的AI功能，如抠图、消除、生成式设计等，定位于电商和设计领域，推出了针对性的AI海报和商品图功能，这些特色功能直接对标Adobe Firefly的部分功能。

凭借自研的大模型和轻量化的产品特点，美图在AI生产力工具软件市

美图设计室功能

场展现出很强的竞争力，其潜在市场规模可能远超消费级工具软件市场，预计达到后者的数倍。美图公司的这种针对性和专注度，使其在细分生产力市场中更具竞争优势。

值得注意的是，从财报看，AI驱动下2023年美图公司影像与设计产品业务全年收入13.3亿元，同比增长52.8%。这也是经调整后归属于母公司权益持有人净利润大幅增长的主要因素。该业务的主要收入模式为付费订阅。除此之外，影像产品组合的付费订阅用户渗透率持续快速上升，进而推动付费订阅用户大幅增长。截至2023年底，美图付费订阅用户数超911万，同比增长62.3%。

AI推动付费订阅用户数创新高

从长音频到电商类应用，在相对刚性需求软件的培养下，用户的订阅习惯已逐渐成熟。以影音产品为例，相关软件订阅主流付费率在16%～30%区间。这也表明采用付费订阅模式的影像与设计产品将在未来成为美图公司收入的主要增长来源。

三、新机遇：聚焦“生产力”和“全球化”，AI 赋能

互联网流量见顶，进入存量竞争时代已成为大家的共识。在大趋势发展和更多新兴竞争者加入的大背景下，以广告收入为核心的传统互联网盈利模式似乎不再那么“吃香”了。同时，在新的时代背景下，竞争加剧，细分赛道对于其他企业而言更能够建立差异化竞争优势。

基于认知转变，2023年美图将“生产力”和“全球化”作为未来的战略方向，并将业务重点放在影像与设计产品、美业解决方案上。

（一）订阅付费商业模式转型

近几年，美图大力推进付费订阅业务领域的发展策略取得了显著的转变，这一转变依赖于美图在生活场景和生产力场景的新产品创新。这些新产品不仅展示了美图对市场需求的敏锐洞察，也体现了其在发展新质生产力方面的前瞻性思维。

在生活场景产品方面，美图利用其先进的AI技术，成功捕捉了现代消费者对个性化和社交分享的需求。核心应用如美图秀秀和美颜相机，通过高度定制化的图像和视频编辑与处理技术，不仅提供了表达个性的工具，还加强了用户之间的互动体验。这些互动不仅限于用户与内容之间，更扩展到用户群体之间，进一步推动了用户的活跃度。

除了传统面向个人客户的美图秀秀业务，美图拓宽生活场景边界，把视线放到生产力场景，聚焦“影像与设计”刚需群体，于2023年推出七大AI新品。新产品涵盖AI视觉创作服务、AI修图、视频编辑等广泛应用，标志着公司在AI技术融合视觉创作领域的深度探索与创新。例如，WHEE和美图设计室2.0X-Design通过提供一站式AI视觉创作服务和智能设计服

务，极大地提升了设计师和商业用户的设计效率和创作自由度。开拍和WinkStudio简化了视频制作流程，提高内容质量，为视频营销提供高效工具。拓宽了个人娱乐和商业应用的可能性。

这些产品不仅满足了用户对个性化和高质量视觉内容的需求，还通过增强用户体验和创新功能，显著提升了订阅渗透率和用户黏性，为美图的VIP订阅服务带来了稳定的增长动力。

同时，美图继续深耕美业市场，包括面向美容测肤解决方案的美图宜肤、专注化妆品行业的ERP及供应链管理的美得得，这些SaaS解决方案提供了行业专属、高性价比的服务，有效填补了市场空白。

此外，影像与设计产品业务在帮助美业产业数字化转型方面展示了前瞻思维和创新实践。例如，美图通过其先进的AI技术，利用美图设计室、WHEE等产品的AI功能为美业品牌营销和内容生产提供了革命性的解决方案。这些自动化内容生成工具大幅提升了生产效率和质量，降低了成本，并提供了前所未有的创意自由度，使品牌能快速实现营销创意并有效地与目标消费者建立情感连接。

通过“聚焦影像核心，拓宽应用场景”的新策略，美图不仅在寻求减少对传统广告收入的依赖，更在激烈的市场竞争中寻找到了一条生存和发展的新路径。这同时表明美图正通过引入和实施新质生产力的战略，努力转型为一个更加灵活和创新的技术企业。

最新财报显示，美图在月活跃用户数量保持稳定的情况下，实现付费订阅用户数量的持续增长，2020年到2023年底，付费渗透率从1%上升至约3.7%，这说明公司战略聚焦效果持续显现。

新产品在市场上的优良表现，不仅是美图应对市场同质化挑战的策略，也是其利用新质生产力重构商业模式的表现。特别是付费订阅业务，它通过提供高效的数据管理和分析工具，成为企业运营的核心动力，显示出强大的市场吸引力和增长潜力。同时，付费订阅服务的成功推出，标志着美图在向用户提供更多增值服务上取得了实质性进展，这不仅为公司带来了新的收入流，也为其长期可持续发展奠定了基础。

（二）AI重塑产品竞争力

新产品的核心竞争力来自其在AIGC新技术领域的深厚积累。这些技术的优势主要体现在三个方面：算力、算法和数据，彰显了新质生产力在现代企业技术革新中的重要作用。

在算力方面，美图与头部云服务商深度合作，如华为云等，主要采用租赁方式来获取必要的算力资源。这种模式使得美图能够利用大规模的集群计算力，实时支撑超过20亿用户的AI视觉创作需求。此外，美图通过优化算力集群调度并结合一系列的AI引擎深度优化，大幅提升算法处理效率，持续提升用户体验，这也为美图向产品付费模式转型及AI技术的商业化应用提供支撑，同时推动AI技术不断迭代升级，这是新质生产力在算力层面的具体体现。

在算法方面，美图的技术优势源自其完整的算法体系，其核心研发部门——美图影像研究院培养了一个超过百人的研发团队，专注于人工智能领域的技术研发。美图AI开放平台则专注于提供市场验证的AI算法服务，支持企业用户在人脸技术、人体技术等领域的应用需求，这些都是新质生产力在算法技术领域的显著成果。

数据显示，美图的月活跃用户数已达2.47亿，并且仍在增长中。基于用户的真实需求，美图公司能够精准调整和优化产品功能，持续提升用户体验。美图在影像美化领域的深耕更积累了大量的垂直场景，进一步增强了公司产品的市场竞争力。

在新互联网时代浪潮的推动下，美图公司充分把握机遇，积极转变战略思维，以AI为“新”驱动力，打磨新产品，探索新商业模式。这种前瞻性技术投入和市场导向的战略布局，体现了新质生产力在现代企业中的关键作用，预示着在AI和数字技术快速发展的今天，公司面临着不可估量的新机遇。这些举措不仅巩固了美图在已有市场的地位，也可能为公司在未来的技术和市场发展中开辟新的道路和可能性。

第十一章　数字纪元追光者——柯尔微电子

引　言

掌握核心技术，才有话语权。多年以来，液晶面板显微检测技术一直被国外企业垄断。缺乏核心技术、设备依赖进口，这种辛酸无奈，最了解的莫过于国内电子行业的从业者。在国际形势风云变幻、纷繁复杂的背景下，提升半导体领域的国产自主研发能力、在产业链“卡脖子”环节实现国产替代迫在眉睫。

于是，一个追逐“光”的故事就此发生。柯尔微电子在大尺寸液晶面板高速微显检测技术领域展开了大量调研与论证，对技术难点进行攻坚，仅用四年多的时间就取得了技术突破，成为目前业内唯一一家能够生产出在大尺寸面板领域实现导电粒子和微裂纹全检设备的公司。柯尔微电子不仅打破了国外垄断，而且实现了“更准、更快、更清晰”的多维度超越，因此获得了来自海外的订单，实现了振奋人心的“设备出海”。

作为国家高新技术企业、专精特新“小巨人”企业，柯尔微电子重视人才团队建设，坚持自主研发创新；深耕细分领域，在电子产业链中的关键环节“补短板”“锻长板”“填空白”，拥有专利及软件著作权数十项，掌握行业领先技术，成为液晶面板显微检测方面的领跑者。扎实低调的柯尔微电子完美诠释了什么是“新质生产力”。目前半导体检测设备依旧被国外高度垄断，而液晶面板检测和半导体检测有诸多共同之处，打破半导体检测设备的国外垄断将是柯尔微电子攀登的下一座高峰。

一、新技术：玩转光路，多领域检测

柯尔微电子成立于2010年10月，公司主要致力于液晶、半导体行业自动化方案及实施，以及视觉与光学检测设备的研发，主要产品为AOI半导体光学检测设备、激光类半导体设备和LCD设备，以及其他工艺设备。作为中国自动化设备领域的杰出企业之一，柯尔微电子在高速显微检测系统及设备领域的技术优势明显，在行业内拥有远超其经营规模的影响力。

随着消费电子技术发展日新月异，元件呈微型化、复杂化趋势，同时产能效率不断提高，两者都对检测的精度、准确性及检测效率提出了更高要求。所以状态稳定、准确度高、可适应大规模生产、检测速度快的自动检测设备代替检测工人是必然的发展趋势。

除此之外，在工业检测过程中，图像数据采集需要运用到各种光学技术，光学检测是工业制造的“智慧之眼”。光学系统的设计和优化对于设备检测效果非常关键，一流的检测设备需匹配被测物的光学采集技术，才能以更高精度、更高准度、更高速度、更多维度的方式采集信息。因此，在工业4.0时代，工业制造装配与生产线使用自动光学检测设备已成为普遍趋势。

自动光学检测是一种基于光学原理、结合电子影像及电脑算法判断输出检测结果的检测方式，主要用以检测组件、部件与产品，提高企业质量管理能力。自动光学检测设备广泛应用于PCB（印制电路板）、FPD（平板显示）、半导体、光伏、汽车电子等行业的工业检测，满足现代工业高精密、高质量、高效率的生产与制造需求。

而制造一流的自动光学检测设备是一个复杂的过程，需要涵盖多个技术领域。一方面，一流的光学检测设备需要精确的光学元件组装和精确的调试。光学组装技术包括对光学元件的对准、固定和连接等工艺。调试过程中需要进行对光路的调整、对光学参数的优化和对干扰源的排除。这些技术都需要先进的工具设备。

另一方面，制造一流的光学检测设备需要强大的数据处理和分析技术。光学检测设备通常会产生大量的数据，需要进行实时处理、滤波、配准和分析。这涉及图像处理、数据算法、统计分析和机器学习等技术领域。

总而言之，自动光学检测设备于现代工业制造而言，是一个不可或缺且复杂精细的领域，需要企业具备高水平的专业知识经验储备、长期的技术人才积累，才能实现高质量的产品落地。

在工业制造领域中，半导体行业是集制造复杂性、尖端技术密集性、精度要求苛刻性为一体的基石行业。在半导体生产中，过程控制被定义为检查（Inspection）、测量（Metrology）与成品率控制（Yield Control）。过程工艺控制是晶圆厂的眼睛和耳朵，能够洞察哪些运作正常而哪些运作不正常，有利于提升良率。其中，半导体检测分析是指运用专业技术手段，通过对半导体产品的检测以区别缺陷、失效原因，以及验证产品是否符合设计目标或分离好品与坏品的过程，是半导体全产业链流程中的重要环节。

检测设备作为能够优化制程、控制良率、提高效率与降低成本的关键，在半导体产业中占据重要地位。而光学检测是半导体检测中的重要技术分支，应用光学检测技术的设备可以相对较好地实现高精度和高速度的均衡，并且能够满足其他技术所不能实现的功能，如三维形貌测量、多层膜厚测量等应用。

柯尔微电子拥有同行业先进的光路技术，掌握第一原理，简化光路检测程序，实现了用单设备媲美同行业公司双设备的极简系统。公司研发的第五代产品荧光版完成了行业最高放大倍率20倍，产品被誉为“行业第一的铁拳产品”。公司运用长达7年的时间，钻研核心技术，依托于成熟产业链的垂直一体化，产品核心组件自研自制，具有高度可控和低成本的特点。基于出色的技术能力，在液晶显示面板行业，柯尔微电子仅经过4年多的研发就完成了技术突破，成为目前业内唯一一家能够生产出能在大尺寸面板领域实现导电粒子和微裂纹全检设备的公司。

柯尔微电子深耕液晶显示面板行业多年，拥有先进的光路检测技术，已在该领域站稳脚跟。随后，柯尔微电子凭借多年的技术与资源积累，纵向精深产品技术，横向拓展产品品类，进军半导体高端检测装备领域，绘制全新成长曲线。

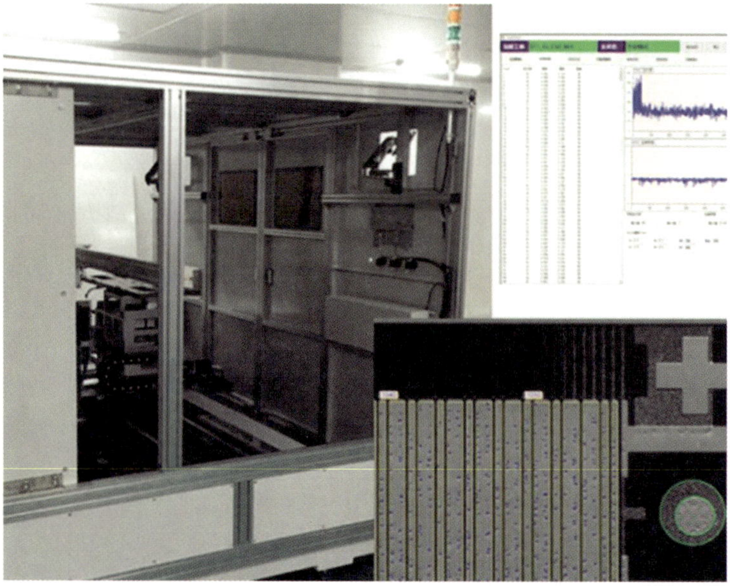

柯尔微电子 Lead Check 导电粒子检查机

半导体检测设备领域长期被国外厂商高度垄断，半导体设备行业属于技术密集型行业，其复杂性和专业性决定了进入该行业具有高度的技术壁垒。而半导体检测设备需要光学、电子学、移动平台、传感器、数据计算软件等多个系统密切配合，每个设备厂商都会针对系统设计出独特的技术产品，这进一步提高了准入门槛，形成垄断优势。

2019年，柯尔微电子正式进军半导体行业，开发了全自动晶圆检查机和全自动检查分选一体机。面对国外对中国半导体行业的原材料、EDA软件、高端设备三大领域的制裁，公司在半导体检测设备领域从逆向开发到正向研发，从零开始攻克技术难关，终于打破国外垄断，并在“更准、更快、更清晰”这三个维度上实现了对国外厂商的超越。

为了加速追赶，公司还积极与国际先进企业进行技术交流，保持技术的更新迭代速度。通过长期的技术积累，公司打造了检测机和激光打标机两大突出产品大类，检测机包括晶圆检查机、晶圆量测机、In Tray AVI检查机、激光单体检查机。该系列产品在国内已被广泛应用，并与通富微电子、长电科技、华天科技、晶方半导体等多家国内半导体领军企业形成深度合作，部分产品获得海外订单，成为国内少有的在半导体行业进军海外的企业，实现了振奋人心的“设备出海”。

近年来，公司加大研发投入，大力开发具有自主知识产权的机型，并

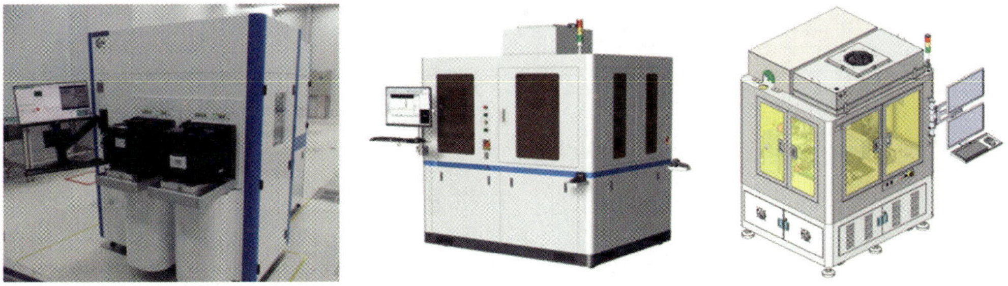

柯尔微电子晶圆检查机（左）、晶圆量测机（中）、激光单体检查机（右）

获得多项专利，截至2024年4月，公司拥有知识产权国内专利55件、商标13个、软件著作权17项，技术实力有目共睹。

柯尔微电子能取得今天的成就，离不开创始人孙会民的务实作风，也离不开公司的研发人才。公司拥有高水平的原生研发团队，团队成员背景覆盖了光学、机械、电气、算法等多个领域，为半导体检测设备的研制提供了必要的人才支撑。对于公司的研发团队建设，董事长孙会民不盲目追求高级专家、海外精英，而是根据公司的需要，挖掘、培养最适合公司研发路线的人员，唯才是举，强调实用，正如董事长孙会民一直提到的“我们不是科学家，但是我们都是很好的工程师”。更为难能可贵的是，柯尔这样一家高科技企业并没有进行大量融资，而是凭借其优秀的技术和产品，早早实现了盈利，也更凸显了柯尔微电子务实的作风。

二、新时代：半导体回暖，国产化正当时

（一）半导体景气度持续回暖

半导体行业是现代科技的关键支撑，随着全球科技的不断进步和数字化转型的加速，半导体产品的需求量不断增加，无论是消费电子、通信、汽车、工业自动化还是人工智能等领域，都对高性能、高效能的半导体技术有着巨大的需求。同时，中国市场作为全球最大的市场之一，对于半导体产品的需求不断增长，为行业提供了广阔的发展空间。半导体产品的需求持续增长，技术不断突破，高水平成果大量涌现，市场前景广阔，这为行业参与者带来了积极的发展机遇，并将推动整个行业向更高水平发展，为人类社会的科技进步做出更大的贡献。

受宏观经济、供求关系和技术创新等多种因素影响，半导体市场呈

周期性波动。根据以往经验，半导体周期普遍为3～4年，而上一次半导体市场销售额低点出现在2019年4月，当前，半导体领域正呈现回暖复苏之势。

在需求端，据美国半导体产业协会（SIA）最新发布的报告指出，2024年2月全球半导体行业销售额总计462亿美元，同比增长16.3%，创2022年5月以来的最大增幅。与此同时，2023年11月，全球半导体行业销售额实现自2022年8月以来的首次同比转正，2023年11月至2024年2月，全球半导体销售额持续保持同比正增长，整体呈现出稳步上升的态势。

在供给端，据国际半导体产业协会（SEMI）数据，一方面，到2024年，全球芯片产能将增长6.4%，且中国将引领世界半导体生产量的增长；另一方面，全球前端的300毫米晶圆厂的设备支出将于2024年恢复增长。由此可见，半导体行业正多方面释放景气、回暖的积极信号。

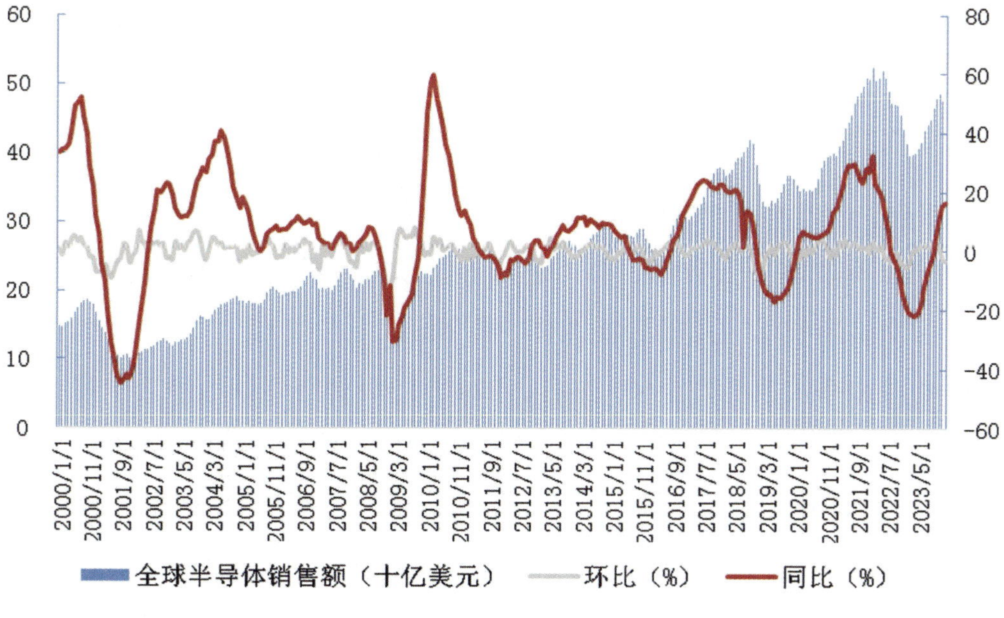

2000年1月—2024年2月全球半导体销售额趋势

随着全球电子制造业向发展中国家和地区转移，中国半导体行业保持较快发展。中国半导体行业市场规模从2015年的986亿美元增长至2022年的1803亿美元，年均复合增长率为9%，约占全球半导体行业市场规模的三分之一。2024年2月，根据美国半导体行业协会（SIA）的数据，中国半导体销售额为141.3亿美元，同比增长28.8%。

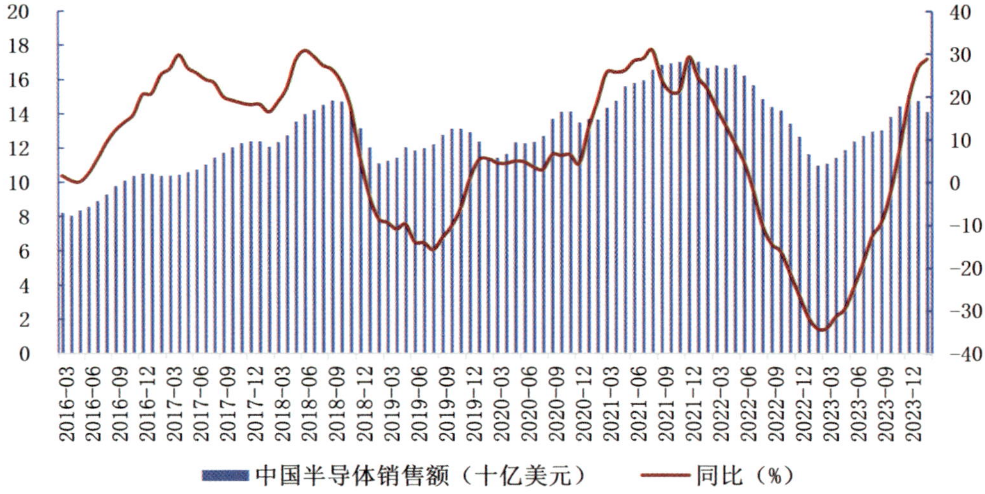

2016 年 3 月—2024 年 2 月中国半导体销售额趋势

首先，汽车电子板块的智能化趋势是拉动半导体市场回暖的一大动因。5G、车联网、云数据、算力芯片等技术或产品的发展，使得汽车早已成为众多新技术应用的智能载体。据预测，到2025年，L1、L2级智能驾驶的渗透率快速提升至60%左右，L2+、L3级智能驾驶的渗透率将稳步提升至20%左右，L1～L3级智能驾驶的渗透率到2025年预计可达80%。

汽车智能化趋势毋庸置疑，而其水平高低亦逐渐成为一个影响消费者是否购买汽车的重要选项。在产业政策和技术发展的双向加持下，与智能驾驶、智能座舱、车路协同、智能灯控、线控底盘等相关的芯片、连接器、光学器件等都将迎来机会。而持续扩张的芯片需求也将传导至上游，为半导体市场带来新的市场规模突破点，也有望成为半导体测试设备未来重要的增量市场。

再者，AI大模型引发了内容生成范式的革命，随着AI大模型的快速发展，AI或将成为个人办公学习的重要助手。而智能终端之于AI大模型，既是实际落地场景也是边缘算力支撑。形式多样、使用场景多样的智能终端可显著提升生产效率，故而各类传统电子终端有望老树逢春。

一方面，个人电脑（PC）和手机作为AIGC落地的核心端口，有望随着AI浪潮掀起下一轮“换机潮”。另一方面，AI除了在已有智能终端中实现升级，以AI PIN为例的新智能终端也将纷至沓来。因此，AI大模型有望重构终端产业，拉动新一轮的创新周期。而AIGC与端侧AI先行，或将倒逼终端设备的升级，硬件基础设施成为发展基石，推动算力芯片等核心环节受益，并以此推升上游设备的需求。

除此之外，消费电子行业正企稳回升，有望催生半导体行业的新需求。PC方面，根据互联网数据中心（IDC）全球季度个人计算设备跟踪数据显示，全球PC市场在经历了连续两年的下滑之后，于2024年第一季度首度迎来了季度同比增长，共计出货量5980万台，同比增长1.5%。值得一提的是，2019年第一季度全球PC出货量为6050万台，换言之，全球PC的出货量也重新回到了疫情前的水平。

尽管增长幅度有限，但2024年第一季度的增长释放了PC出货量或将触底回升的信号，并为全年度PC市场的表现奠定了良好基础。市场研究咨询公司Canalys表示，厂商和渠道已经在进行最后阶段的库存调整，虽然个别市场的宏观经济状况仍抑制需求，但受益于Windows 11的更新和AI PC的发展，PC市场将在2024年全年加速增长。智能手机方面，研究机构

Counterpoint Research预测，在经济型细分市场（150～249 美元）和高端细分市场（600～799 美元）的推动下，2024年全球智能手机出货量将同比小幅反弹3%，达到12亿部。

整体来看，消费电子领域温和复苏，换机需求的拉动和产品创新形态的更迭，将为上游制造领域注入新的源头活水。

（二）半导体检测设备率先国产化

自中美贸易战起，美国频繁对我国高科技领域实施技术封锁，且手段日趋严厉，我国被列入美国商务部实体清单的企业达到数百家。此外，日韩及欧洲与美国针对中国半导体“脱钩”达成不同程度的协议，共同对我国科技领域进行封锁。2023年，美国商务部工业和安全局（BIS）新规对半导体设备的限制，使国内厂商关键技术自主可控的意愿愈发强烈，国产化进程加速，势在必行。

半导体设备是支撑电子产业发展的基石，是整个半导体产业链环节中市场规模最广阔、战略价值最重要的一环，同时也是半导体产业链中急需要解决的“卡脖子”领域之一。

虽然半导体检测设备相对于晶圆设备市场规模较小，但却是半导体设备国产化落地的关键环节。

半导体检测设备使用各种测试技术和方法评估器件的关键参数和功能，通常应用于对制造过程中的半成品和成品芯片进行质量控制和性能测试。在芯片生产过程中，半导体检测设备可对芯片进行精确的检测，以便发现和纠正任何可能导致芯片缺陷的问题，其高精度的测量技术和快速判定能力，有助于提高芯片制造的稳定性和效率。此外，在芯片出厂前，半导体检测设备还能进行最终测试，以确保芯片的性能和可靠性完全符合客户的要求。在互联网时代，芯片制造产业整体需求量预计会不断上升，这也将带动半导体检测设备市场规模的扩大。

国际和国内市场检测设备被国外高度垄断，目前国内绝大部分半导体设备依然高度依赖进口，提升“核芯技术”的自主化率和国产渗透率已经迫在眉睫。半导体设备行业属于技术密集型行业，其复杂性和专业性决定了进入本行业具有高度的技术壁垒，对于行业新进入者而言，短期内无法突破核心技术，所以形成了技术壁垒。

半导体检测设备需要光学、电子学、移动平台、传感器、数据计算软件等多个系统密切配合，每个设备厂商都会针对系统设计出独特的技术产品，行业壁垒和技术壁垒较高。此外，制程升级也带来了新的难点，同样大小的缺陷在成熟制程中是非致命的，但在先进制程中却是极有可能导致电路失效的致命性缺陷，因此要求检测设备具有更高的灵敏度，更迅速、更精确的检查测量能力。

目前，全球半导体测试设备行业已经形成了泰瑞达、爱德万两家垄断的局面，国内半导体测试设备厂商想要提高市场份额面临极大挑战。然而受中美贸易摩擦影响，供应链的安全日益受到重视，国产测试设备将借机得到更多的使用机会。在中低端模拟测试机和分选机领域，国产替代明显提速。

随着半导体检测和量测设备的国产化落地日趋紧迫，且本土企业在技术水平和市场认可度上正加速追赶海外企业，预计国产半导体检测设备国产替代进程将加速推进。

三、新机遇：自主研发填补国内空白

（一）扎实的技术积累与迁移

当前，在半导体行业景气度回暖、创新应用百花齐放和自主可控迫在眉睫的合力拉动下，半导体检测设备作为推动半导体产业发展的关键，国产化率有极大的提升空间。

中国半导体产业链上中下游行业深度绑定，国产替代已然成为半导体设备行业主旋律。在国家政策、资金及下游制造端客户需求的三重加持下，将开启半导体设备下一轮快速增长。中国半导体产业生态即将形成，共同推动半导体设备国产化。

在此时机，柯尔微电子的战略转型显得极为明智。柯尔微电子是一家有着LCD检测设备背景的公司，其转型生产半导体检测设备的举措体现了其敏锐的市场洞察力和战略眼光。这种转型不仅对公司自身发展有利，也有助于填补国内半导体检测设备领域的空白，为行业的技术和产品创新带来新的机遇。

柯尔微电子在LCD检测领域拥有长达20年的技术积累。在LCD检测和半导体检测之间，存在着一些关键交叉点和技术转移的可能性。首先，LCD检测中使用的光学检测技术涉及对面板表面图案和尺寸的精准测量，该技术也能够适用于半导体晶圆的表面检测。其次，LCD检测需要对大量图像进行分析和处理，以检测任何缺陷或不良点，该图像处理技术同样可以应用于识别晶圆的微小缺陷。且LCD检测设备某些组件和模块的技术与半导体制造有所重叠。基于这些技术优势和便利条件，公司在进军半导体检测的四年内研发成果卓著，并将在未来保持良好的发展势头。

（二）初窥半导体领域，硕果颇丰

柯尔微电子拥有高水平的原生研发团队，团队成员背景覆盖了光学、机械、电气、算法等多个领域，为半导体检测设备的研制提供了必要的人才支撑。基于优良的团队配置，公司近年来创新成果频出，并且获得大量客户订单。

自步入半导体检测行业以来，公司团队顺利完成了晶圆检查机（中段Bump制程检验）的开发，并在2022年1月获取了第一份订单。此外，2022年其他机型市场成果同样极其丰硕，与诸多行业巨头达成了订单合作。公司最新研制的In Tray AVI检查机，也在2023年6月完成了第一台成品的交货，并且接到了另外4台的订单。

表2-11-1　2022年部分订单展示

机器型号	COG	COG	FO+CIS	Panel FO
订单数量	一台	一台	一台	一台
订单类型	正式订单	复购订单	试用订单	试用订单
下单时间	2022年2月	2022年4月	2022年2月	2022年2月
来单地点	扬州	合肥	青岛	青岛
客户名称	汇成	新汇成	富士康	富士康
验收进度	验收完成	验收完成	验收完成	验收中
收款进度	已收款	已收款	已收款	待收款

柯尔微电子十年如一日地坚持在自动化解决方案与光学检测设备上，从零开始，所有技术均来源于自主研发。公司抓住半导体国产化机遇，积极转型半导体领域，并且初窥门径就已小有成就。在设备国产化这条路上，柯尔微电子创始人及其团队展示了其以务实、创新为本质的民企力量，这恰恰是企业培育新质生产力所需要的基本要素。未来，柯尔微电子将继续夯实技术，创造更多自主研发的国产设备。

后记：为发展新质生产力注入金融动能

2024年以来，在党中央、国务院一系列利好政策的推动下，中国经济在复苏进程中稳步向前。与此同时，制约我国高质量发展的内外部因素依然存在：从内在条件看，我国一些领域关键核心技术受制于人的局面尚未根本改变；从外部环境看，全球通胀黏性尚存，百年未有之大变局全方位、深层次加速演进。当下，我国经济已处在新旧动能转换的关键时期，“新质生产力”的概念应运而生，这既是我国应对当前发展问题的新思考，也是对于全球可持续发展未来的新创见。

改革开放的40余年里，福建省的经济增长取得了令人瞩目的成就，民营经济发展良好，制造业增长势头强劲。然而，随着经济总量的持续增长，福建省也逐渐迈入了经济增速的换挡期。经济结构的优化调整、新旧动能的持续转换、新质生产力的培育发展，已经成为福建省域经济发展的关键问题。从产业结构上看，近年来福建省投资增速放缓，第二产业比重逐年下降，第三产业的占比逐步上升。2023年，福建全省实现了4.5％的地区生产总值增长速度，其中第三产业占比已达50%，发挥了关键的增长引擎作用。从企业层面看，福建是民营经济大省，民营经济贡献了全省70%的地区生产总值和税收、80%的就业和研发投入、90%的企业数，因地制宜发展新质生产力，就需要充分发挥民营企业优势，支持民营企业聚焦主业、深耕实业，加快数字化、智能化、绿色化转型，激发全省新质生产力的发展活力。

第一，产业基础是福建发展新质生产力的优势所在。福建省传统制造产业体量大、新兴产业发展热潮涌，新质生产力的培育要兼顾新兴产业“从无到有”的建构和既有产业“从有到优”的重构。其中，提高福建省制造业的科技含量，以科技创新推动产业创新，从而建立起新的竞争优势，正是现阶段解决省内部经济结构主要矛盾的关键思路。同时，发展新质生产力需要全产业链的协同发力，自上而下地发挥政府主管部门、上下游企业、创新型民营企业、高校科研机构等不同主体的优势，贯通产学研用等环节。发展新质生产力离不开各界资源的整合，而这正是金融研究机构应当自告奋勇担负起的责任，也是编写这本《福建省新质生产力发展研究》的用意。

第二，企业优势是福建发展新质生产力的核心抓手。民营经济以独特的模式和强大的动力，为福建经济社会发展注入了源源不断的活力。例如，宁德时代、安踏体育、恒申集团等知名企业，均已成长为各自领域的知名企业。这些企业不仅展现了福建民营企业的实力和潜力，也彰显了福建省在新能源、新消费、新材料等领域的产业优势和发展方向。因此，发展福建的新质生产力，就一定要发挥福建民营企业活力足、转型快的优势，做大做强一批产业关联度大、竞争力强的龙头骨干企业，培育一大批专精特新“小巨人”企业和“单项冠军”企业，促进更多技术创新在企业开枝散叶，让更多“科研之花”结出“产业之果”。

第三，金融服务是福建发展新质生产力的助推动力。福建省不仅产业特色鲜明，金融基础也十分扎实，因此发挥金融体系的优势力量，为福建发展新质生产力做好保障，亦是实现福建高质量发展的必由之路。2024年初召开的省委金融工作会议上，省委领导再次强调做好科技金融、绿色金融、普惠金融、养老金融、数字金融这“五篇大文章”，让科技金融为创新驱动加油助力、绿色金融为“双碳”目标保驾护航、普惠金融为民生发展雪中送炭、养老金融为银发经济赋能添彩、数字金融为数字福建添砖加瓦，为金融机构助力省内新质生产力发展指明了方向。

立足特色，发扬优势，是福建因地制宜发展新质生产力的关键所在。福建省域经济优势明显，特色鲜明。做大做强做优数字经济、绿色经济，发挥海洋经济、文旅经济的比较优势，是福建省顺应经济发展规律、发挥自身优势特色、再造经济新引擎的必然要求，是对福建区域经济和资源禀赋的有效发挥。华福证券作为福建省属国有金融机构，一直以服务福建、深耕福建为使命。在中国新老经济的交替之际，依托资本市场、立足福建省情，华福证券福建研究院正式挂牌成立，旨在更好地为各级政府和各类企业提供“智库”服务。这本《福建省新质生产力发展研究》就是华福证券福建研究院立足福建的经济特点，研究如何培育福建新质生产力的重要成果。

本书第一部分梳理了我省及各地市过去十年经济高质量发展上取得的成就，以及省内能代表新质生产力或有新质生产力潜力的重点企业名录。第二部分则重点对省内11家各行业领先的龙头企业进行了调研分析。在本书编写过程中，通过对这11家公司进行全方位、多角度地梳理，力求分析其在过去取得的优异成果，以及现在形成的优质生产力，并基于公司过去的成功经验和战略布局，与公司一起展望未来即将形成的新质生产力。本书是华福证券坚持“深耕省内、服务省内”这一经营战略的一次集中体现，是省内研究的初次尝试。如有不足之处，希望能够得到各界读者的批评指正。

编委会

2024年6月